AUTOBIOGRAFIA DE HANS KELSEN

COLEÇÃO PAULO BONAVIDES

Diretores:

José Antonio Dias Toffoli e Otavio Luiz Rodrigues Jr.

Obras da Coleção:

1. *Autobiografia de Hans Kelsen* – Hans Kelsen
(Tradução de *Hans Kelsen im Selbstzeugnis*, por Gabriel Nogueira Dias e José Ignácio Coelho Mendes Neto)

2. *A Firma, o Mercado e o Direito* – Ronald Coase
(Tradução de *The Firm, the Market and the Law*, por Heloisa Barbosa)

3. *Direito Constitucional e Direito Privado* – Konrad Hesse (no prelo)
(Tradução de *Verfassungsrecht und Privatrecht*, por Otavio Luiz Rodrigues Jr.)

O GEN | Grupo Editorial Nacional – maior plataforma editorial brasileira no segmento científico, técnico e profissional – publica conteúdos nas áreas de ciências jurídicas, exatas, humanas, da saúde e sociais aplicadas, além de prover serviços direcionados à educação continuada e à preparação para concursos.

As editoras que integram o GEN, das mais respeitadas no mercado editorial, construíram catálogos inigualáveis, com obras decisivas para a formação acadêmica e o aperfeiçoamento de várias gerações de profissionais e estudantes, tendo se tornado sinônimo de qualidade e seriedade.

A missão do GEN e dos núcleos de conteúdo que o compõem é prover a melhor informação científica e distribuí-la de maneira flexível e conveniente, a preços justos, gerando benefícios e servindo a autores, docentes, livreiros, funcionários, colaboradores e acionistas.

Nosso comportamento ético incondicional e nossa responsabilidade social e ambiental são reforçados pela natureza educacional de nossa atividade e dão sustentabilidade ao crescimento contínuo e à rentabilidade do grupo.

COLEÇÃO PAULO BONAVIDES

AUTOBIOGRAFIA DE HANS KELSEN

5ª EDIÇÃO

Tradução:
Gabriel Nogueira Dias
José Ignácio Coelho Mendes Neto

Introdução:
Matthias Jestaedt

Estudo Introdutório:
Otavio Luiz Rodrigues Jr.
José Antonio Dias Toffoli

A EDITORA FORENSE se responsabiliza pelos vícios do produto no que concerne à sua edição, aí compreendidas a impressão e a apresentação, a fim de possibilitar ao consumidor bem manuseá-lo e lê-lo. Os vícios relacionados à atualização da obra, aos conceitos doutrinários, às concepções ideológicas e referências indevidas são de responsabilidade do autor e/ou atualizador.

As reclamações devem ser feitas até noventa dias a partir da compra e venda com nota fiscal (interpretação do art. 26 da Lei n. 8.078, de 11.09.1990).

Traduzido de
HANS KELSEN IM SELBSTZEUGNIS, FIRST EDITION

Copyright © Hans Kelsen-Institut, Matthias Jestaedt and Verlag Mohr Siebeck

All rights reserved.
The work was translated into Portuguese with permission granted by Hans Kelsen-Institut, Vienna, Austria,
Matthias Jestaedt, Freiburg, Germany, and Verlag Mohr Siebeck, Tübingen, Germany.

Autobiografia de Hans Kelsen
ISBN 978-85-309-5627-1
Direitos exclusivos da presente edição para o Brasil
Copyright © 2018 by
FORENSE UNIVERSITÁRIA um Selo da EDITORA FORENSE LTDA.
Uma editora integrante do GEN | Grupo Editorial Nacional
Travessa do Ouvidor, 11 – 20040-040 – Rio de Janeiro – RJ
SAC: (11) 5080-0751 | faleconosco@grupogen.com.br
bilacpinto@grupogen.com.br | www.grupogen.com.br

O titular cuja obra seja fraudulentamente reproduzida, divulgada ou de qualquer forma utilizada poderá requerer a apreensão dos exemplares reproduzidos ou a suspensão da divulgação, sem prejuízo da indenização cabível (art. 102 da Lei n. 9.610, de 19.02.1998).

Quem vender, expuser à venda, ocultar, adquirir, distribuir, tiver em depósito ou utilizar obra ou fonograma reproduzidos com fraude, com a finalidade de vender, obter ganho, vantagem, proveito, lucro direto ou indireto, para si ou para outrem, será solidariamente responsável com o contrafator, nos termos dos artigos precedentes, respondendo como contrafatores o importador e o distribuidor em caso de reprodução no exterior (art. 104 da Lei n. 9.610/98).

5ª edição – 2018
Tradução: Gabriel Nogueira Dias e José Ignácio Coelho Mendes Neto
Notas: Matthias Jestaedt e Hans Kelsen-Institut
Estudo Introdutório: Prof. Otavio Luiz Rodrigues Jr. e Min. José Antonio Dias Toffoli
Revisão Técnica: Prof. Otavio Luiz Rodrigues Jr.

Fotografia de capa: Instituto Hans Kelsen

Editoração eletrônica: Anthares

CIP-Brasil. Catalogação-na-fonte.
Sindicato Nacional dos Editores de Livros, RJ.

K41a
5. ed.

    Kelsen, Hans, 1881-1973
    Autobiografia de Hans Kelsen / Hans Kelsen ; tradução Gabriel Nogueira Dias, José Ignácio Coelho Mendes Neto. - 5. ed. - Rio de Janeiro : Forense Universitária, 2018.
    ; 21 cm.   (Paulo Bonavides ; 1)

    Tradução de: Hans Kelsen im selbstzeugnis
    Apêndice
    Inclui bibliografia
    ISBN 978-85-309-5627-1

    1. Kelsen, Hans, 1881-1973. 2. Memória autobiográfica. 3. Juízes - Checoslováquia - Biografia. I. Dias, Gabriel Nogueira. II. Mendes Neto, José Ignácio Coelho. III. Título. VI. Série

18-48773
CDD: 923.4
CDU: 929:34

    Meri Gleice Rodrigues de Souza - Bibliotecária CRB-7/6439

Sumário

Nota à Quinta Edição... IX

Nota à Quarta Edição... XI

Prólogo... XIII

Prefácio... XV

Hans Kelsen, o jurista e suas circunstâncias (Estudo introdutório para
a edição brasileira da "Autobiografia" de Hans Kelsen)...................... XVII

Introdução.. 1

Autoapresentação (1927)... 23

Autobiografia (1947).. 35

Apêndice.. 111
    Cronologia de Hans Kelsen.. 113
    Árvore Genealógica.. 122
    Fotografias.. 123
    Referências das Fotografias.. 143

Nota à Quinta Edição

A "Autobiografia" de Hans Kelsen prossegue em sua bem-sucedida trajetória com a publicação de sua quinta edição no Brasil. Trata-se de uma obra que tem obtido grande ressonância internacional, com traduções para o japonês (2007), o espanhol (2008), o italiano (2008), o coreano (2009) e a presente versão para a língua portuguesa (cuja primeira edição data de 2011), que vem sendo reeditada e aprimorada a cada nova estampa. Figurar o Brasil como um dos centros de divulgação de uma obra tão significativa para se compreender a vida e a obra do maior jurista do século XX é mais do que uma honra. É um símbolo do amadurecimento da cultura jurídica nacional, que deixa de receber tardiamente as grandes produções intelectuais contemporâneas.

Como nas edições anteriores, a busca pela permanente atualização das fontes bibliográficas e da melhoria do Estudo Introdutório, que tem por objetivo contextualizar a "Autobiografia" para o leitor brasileiro, são simultâneas ao desejo de aprimorar a qualidade do texto oferecido à generosidade do público de língua portuguesa, que transformou este livro em um grande sucesso, com 5 edições no intervalo de poucos anos.

Esta quinta edição incorpora a correção da grafia de diversas palavras em húngaro, que constavam do original em alemão, graças à colaboração muito gentil do professor Balázs Tokey, assistente de Direito Civil da Universidade Eötvös Loránd –ELTE (*Eötvös Loránd Tudományegyetem*) [*antiga Universidade Real da Hungria*], de Budapeste. No Estudo Introdutório, foram acrescidas notas de rodapé, informações ou correções de caráter histórico e teórico, além de se ter procedido à atualização das listas de acórdãos que citam Kelsen e dos livros e artigos, em português, escritos sobre ele ou sobre sua obra.

O ano de 2014 marcou o centenário do início da Primeira Guerra Mundial, o trágico conflito que pôs fim ao Império Austro-Húngaro, a pátria de Hans Kelsen, e também à hegemonia política, militar e econômica da Europa. A guerra deu a Kelsen, como o leitor poderá comprovar nas páginas seguintes, uma inesperada oportunidade de servir ao regime imperial e real, como assessor do ministro da Guerra, e de se aproximar do gabinete do imperador

Carlos. Esses novos vínculos abriram-lhe as portas para a sonhada cátedra universitária, menos talvez por seus méritos do que pelo odor de poder que ele exalava no ano de 1918. Esta quinta edição, portanto, torna-se ainda mais significativa se compreendida à luz daqueles dramáticos acontecimentos, cujo término se deu há 100 anos, em 1918.

Ao leitor, que tem prestigiado essa obra, renovam-se os agradecimentos dos diretores da Coleção Paulo Bonavides, bem assim ao Instituto Hans Kelsen, na pessoa de seu representante no Brasil, Dr. Gabriel Nogueira Dias, e ao incansável trabalho do Prof. Dr. Matthias Jestaedt, diretor da *Forschungsstelle Hans Kelsen*.

Brasília e São Paulo, 25 de março de 2018.
30 anos da Constituição Federal de 1988.
José Antonio Dias Toffoli
Otavio Luiz Rodrigues Jr.

Nota à Quarta Edição

Os escritos autobiográficos de Hans Kelsen chegam à quarta edição, em menos de um ano do lançamento de sua tradução em língua portuguesa, o que vem a converter este livro em um autêntico *best-seller*, ao menos para os padrões do mercado editorial jurídico. Conserva-se o compromisso dos autores do Estudo Introdutório de, a cada edição, ampliá-lo e apresentar ao leitor mais elementos de interesse sobre a vida e a obra do grande jurista austro-húngaro, de mercê a que os escritos autobiográficos sejam apreciados em toda sua riqueza.

Nesta edição, foram acrescidas diversas notas de pé de página, com novas referências bibliográficas, especialmente a biografia de Hans Kelsen, elaborada por seu discípulo e amigo, o professor húngaro Rudolf Aladár Métall, que viveu alguns anos no Brasil. Em *Hans Kelsen. Leben und Werk* [Hans Kelsen. Vida e obra], publicada em Viena em 1969, pela editora Franz Deuticke, Métall "dialoga" com a "Autobiografia", que é constantemente citada. Agora, faz-se com que seu livro "dialogue" com a "Autobiografia", por meio do Estudo Introdutório.

Aditou-se uma seção sobre seus tempos na Faculdade de Direito de Viena e a questão das "licenças matrimoniais", o episódio que precipitou a saída de Kelsen do Tribunal Constitucional austríaco, foi mais bem examinada. Sua demissão da Universidade de Colônia também mereceu maior detalhamento, com a listagem dos nomes dos catedráticos que ficaram a seu lado, naquele difícil momento. Prestou-se uma homenagem histórica àqueles homens, que tudo tinham a perder com esse ato, mas não vacilaram em defender o judeu Hans Kelsen contra os novos governantes nacional-socialistas. Alguns desses professores são conhecidos da doutrina brasileira, especialmente no Direito Civil, mas não é sabida essa parte tão nobre de seu passado, o que, ainda, permite registrar o papel da resistência alemã a Hitler. O problema da nacionalidade de Kelsen também foi examinado, por ser um ponto de recorrentes erronias, como a de considerá-lo um jurista tcheco ou austro-americano.

A útil relação de livros e artigos publicados sobre Kelsen e sua obra foi transferida para o final do Estudo Introdutório. Por conter dados de grande interesse para os pesquisadores, deu-se maior destaque a esse rol, que agora contempla publicações dos últimos vinte anos.

A "Autobiografia", por evidentes razões, não foi alterada, exceto por um interessante detalhe: corrigiu-se a grafia de diversos nomes húngaros, cuja redação era equívoca mesmo nos originais da publicação alemã. É de todos conhecida a dificuldade do idioma húngaro e essa revisão só foi possível graças à colaboração muito gentil do professor Balázs Tokey, assistente de Direito Civil da Universidade Eötvös Loránd –ELTE (*Eötvös Loránd Tudományegyetem*) [antiga Universidade Real da Hungria], de Budapeste.

Ao leitor, que tem prestigiado esta obra, uma vez mais, os agradecimentos dos diretores da Coleção Paulo Bonavides, bem assim ao Instituto Hans Kelsen, na pessoa de seu representante no Brasil, Dr. Gabriel Nogueira Dias.

Brasília, 15 de fevereiro de 2012.
José Antonio Dias Toffoli
Otavio Luiz Rodrigues Jr.

Prólogo

Por ocasião do 90º aniversário de Hans Kelsen, a República da Áustria criou, em 1972, a Fundação Federal "Instituto Hans Kelsen". De acordo com seu estatuto, o Instituto tem por missão documentar a teoria pura do direito e sua repercussão científica no país e no exterior, prestar informações sobre ela e fomentar sua difusão, continuação e desenvolvimento. Para isso, são realizadas a documentação completa das obras de Kelsen e a construção de uma biblioteca que as abranja, assim como uma documentação tão extensa quanto possível da bibliografia secundária.

A atividade científica desempenhada pelo Instituto Hans Kelsen está documentada nos relatórios destinados ao conselho administrativo e na coleção de publicações, que hoje comporta 28 volumes. O Instituto mantém contato com estudiosos no mundo todo e promove a herança de Hans Kelsen. Um ponto especialmente importante sempre foi o aperfeiçoamento da bibliografia das publicações de Kelsen e a edição de obras do seu espólio (*Allgemeine Theorie der Normen* [Teoria geral das normas], 1979; *Die Illusion der Gerechtigkeit* [A ilusão da justiça], 1985). Enfim, o Instituto tentou sistematizar os escritos publicados e não publicados de Kelsen sobre os filósofos gregos. O Instituto também se sente responsável pelos seguidores e discípulos diretos de Kelsen, especialmente por Adolf Julius Merkl. Neste momento está em andamento um projeto que compreende as obras e histórias de vida dos discípulos e discípulas de Kelsen espalhados por todo o mundo.

Na inauguração do busto de Kelsen nas arcadas da Universidade de Viena, em 23 de novembro de 1984, o atual presidente federal e antigo ministro da Ciência e Cultura, Heinz Fischer, deixou claro o significado histórico de Kelsen para a Áustria: ele acompanhou os altos e baixos do desenvolvimento da nossa pátria e foi, de certo modo, atingido por eles no seu próprio corpo. Porém, ele sempre permaneceu ligado à Áustria e criou uma obra que resistiu às intempéries da história.

Os responsáveis pelo Instituto Hans Kelsen já estavam conscientes há muito tempo de que o momento era propício para uma edição histórico-crítica integral da sua obra. No entanto, os limitados recursos financeiros e pessoais até agora não haviam permitido encetar essa tarefa. Por isso, alegramo-nos que Matthias Jestaedt, um notável professor da nova geração, tenha se juntado a nós: é graças ao seu empenho – e à disposição de agências austríacas e alemãs de liberar fundos públicos para tanto – que conseguimos as condições para essa empreitada ambiciosa. A promoção da obra de Hans Kelsen ganha, assim, uma nova dimensão. O Instituto Hans Kelsen em Viena acolhe com alegria a colaboração auspiciosa com o Centro de Pesquisa Hans Kelsen da Universidade Friedrich Alexander de Erlangen-Nuremberg!

Viena, agosto de 2006.

Robert Walter e *Clemens Jabloner*
Diretores do Instituto Hans Kelsen

Prefácio

Em 11 de outubro de 2006 festeja-se, pela 125ª vez, o aniversário do mais famoso e mais importante teórico do direito em língua alemã do século XX. Nessa ocasião, o Conselho Nacional da República da Áustria, o Instituto Hans Kelsen, em Viena, e o Centro de Pesquisa Hans Kelsen, em Erlangen, organizaram uma comemoração em homenagem a Hans Kelsen (1881-1973). No âmbito desse evento, apresentamos o presente texto com depoimentos pessoais de Hans Kelsen. Ele representa igualmente a publicação inicial das "Obras de Hans Kelsen". Essa edição, que abarca a obra integral de Kelsen, já publicada e ainda inédita, está a cargo do abaixo-assinado em cooperação com o Instituto Hans Kelsen. O editor recebe o apoio técnico de um conselho científico de 16 membros composto de especialistas em Kelsen com renome internacional. O acompanhamento editorial foi assumido pela editora Mohr Siebeck.

Sem a participação e a colaboração de muitas pessoas, esta publicação especial não teria sido possível. Algumas delas recebem agradecimentos expressos a seguir, como partes que representam o todo. Primeiramente, devemos agradecer aos dois diretores do Instituto Hans Kelsen, Robert Walter e Clemens Jabloner, ambos em Viena, pela sua confiança e abertura na cooperação. Agradecemos calorosamente à neta de Kelsen, Anne Feder Lee, em Honolulu, que não apenas abriu generosamente o baú da família para fornecer a maior parte das fotografias reproduzidas neste livro pela primeira vez, mas também contribuiu consideravelmente apara a realização deste projeto com numerosas informações sobre a vida privada de Kelsen. Cabe também um agradecimento especial para Stanley L. Paulson, em St. Louis, que, de maneira altruísta, colocou à disposição o exemplar que possui da autobiografia de Kelsen de 1947, a qual se pensava estar desaparecida. A "boa alma" do Instituto Hans Kelsen, Klaus Zeleny, e o diretor do serviço constitucional da Chancelaria Federal, Georg Lienbacher, ambos em Viena, estiveram sempre dispostos sobremaneira a dar informações e auxílio. O principal apoio financeiro foi fornecido pelo Conselho Nacional da República da Áustria, em Viena, e pela Comunidade de Pesquisa Alemã, em Bonn; a ambos também expressamos aqui o nosso agradecimento sincero. O acompanhamento editorial, tão amável quanto profissional, foi realizado pela editora Mohr Siebeck, em Tübingen, nas pessoas de Franz-Peter Gillig e Ilse König. Por fim, é para mim um dever e um prazer agradecer às colegas e aos colegas do Centro de Pesquisa Hans Kelsen – sobretudo a Brigitte Schöning, em Osnabrück, e Jörg Kammerhofer, em Erlangen – o seu empenho incansável, sua criatividade, sua paciência e seu otimismo.

Erlangen, agosto de 2006.

Matthias Jestaed

Hans Kelsen, o jurista e suas circunstâncias

(Estudo introdutório para a edição brasileira
da "Autobiografia" de Hans Kelsen)

por

José Antonio Dias Toffoli
Otavio Luiz Rodrigues Jr.

Sumário

I. A "Autobiografia" e sua divulgação em língua portuguesa....................	XVIII
II. Hans Kelsen e a atualidade de seu pensamento: influência na doutrina e na jurisprudência brasileiras....................	XX
III. Kelsen: um filho do Império Austro-Húngaro....................	XXII
III.1. "Súdito de Sua Majestade Imperial e Real de fé mosaica": o Judaísmo, o universo austro-húngaro e a luta pela ascensão social..........	XXII
III.2. Faculdade de Direito, Livre-docência [*Hauptprobleme*] e a experiência de guerra: primeiros fachos de brilhantismo e testemunha ocular da liquidação da Monarquia Dual....................	XXVIII
III.3. Kelsen e sua ideologia: tempos republicanos....................	XXXVII
III.4. Kelsen, Freud e Weber....................	XLI
IV. Kelsen e o Tribunal Constitucional....................	XLV
V. Mudança para a Alemanha, o fantasma do nacional-socialismo e Kelsen *internacionalista* em Genebra....................	XLVIII
V.1. Alemanha, Carl Schmmit e Hitler....................	XLVIII
V.2. Genebra, estudos metajurídicos e o Direito Internacional....................	LII
VI. Praga....................	LV
VII. "O último refúgio do viajante cansado" [*Wandermüden letzte Ruhestätte*]....................	LVII
VIII. O processo editorial da "Autobiografia": palavras finais....................	LXIII
IX. Apêndice – Relação das publicações de autores brasileiros sobre Hans Kelsen ou sua obra....................	LXV
IX.1. Livros e outras obras monográficas....................	LXV
IX.2. Artigos, ensaios e resenhas....................	LXVII

I. A "Autobiografia" e sua divulgação em língua portuguesa

Não há exagero em se considerar Hans Kelsen como o grande filósofo do Direito do século XX, e, provavelmente, não apenas dessa centúria.[1] Como já se escreveu alhures,

> "[s]ua concepção de Direito seduz, como encantam as sinfonias do Romantismo, lógicas, concatenadas e fortes. A cada movimento, uma nova descoberta, sem que fique esmaecida a noção de conjunto. Às desconcertantes propostas do mundo pós-moderno, sempre em roda da insegurança, fragmentariedade e ilogicidade, é difícil abandonar um navio que singra esses mares tenebrosos com a suntuosa elegância da Bela Época".[2]

Hans Kelsen é, antes de tudo, um autor marcado pela polêmica, cuja existência ele não nega e que teve grande relevo em sua trajetória profissional. Em seu caso, a polêmica é alimentada por motivos diversos. Existe a má-fé de muitos de seus detratores, que pouco leram de seus escritos ou, o que é pior, não foram venturosos em compreendê-los, escolhendo Hans Kelsen como verdadeiro depositário de anátemas e centro de todas as mazelas da teoria do Direito ou de sua aplicação prática. E, evidentemente, há o campo das oposições legítimas, como os jusnaturalistas, seus antagonistas historicamente mais visíveis, e de autores contemporâneos que pretendem rediscutir os fundamentos metodológicos do Direito, sem, contudo, recorrer ao discurso fácil do sincretismo.[3]

---

1 Ele foi considerado por Horst Dreier o "jurista do século" (Hans Kelsen (1881-1973): Jurist des Jahrhunderts?. In: Heinrichs, Helmut et al. (Ed.). *Deutsche Juristen jüdischer Herkunft*. Munique, 1993. p. 705-732). Em sentido idêntico: Akzin, Benjamin. Hans Kelsen – in memoriam. *Israel Law Review*, v. 8, n. 3, p. 325-330, jul. 1973.

2 Rodrigues Junior, Otavio Luiz. Considerações sobre a coação como elemento acidental da estrutura da norma jurídica: a idéia de pena e sanção premial. *Arquivos do Ministério da Justiça*, v. 51, n. 190, p. 287-322 (p. 290), jul./dez. 2006.

3 São exemplos, respectivamente, dessa postura coerente na literatura jurídica brasileira as obras de Arnaldo Vasconcelos (*Teoria da norma jurídica*. 6. ed. São Paulo: Malheiros, 2006) e Lenio Luiz Streck (*Verdade e consenso*: Constituição, hermenêutica e teorias discursivas da possibilidade à necessidade de respostas corretas em Direito. 3. ed. rev., ampl. e com posfácio. Rio de Janeiro: Lumen Juris, 2009). Como demonstração dessa seriedade da crítica a Kelsen (e de que é possível fazê-la de modo isento), pode-se citar trecho do prefácio de Arnaldo Vasconcelos

Conhecer esse gigante, como bem aponta Matthias Jestaedt na Introdução deste livro, é um desafio intelectual dos mais saborosos para qualquer jurista, e não apenas para o jurista. Ocorre, porém, que a vida de Hans Kelsen é praticamente desconhecida de tantos quantos vivem o mundo jurídico e fazem uso de suas ideias, de seus escritos e que são impregnados por sua influência no modo de pensar o Direito. Esse hermetismo não é privilégio do biografado. Trata-se de um problema recorrente dos estudos jurídicos de tradição romano-germânica.[4] Há pouca preocupação em se investigar as circunstâncias históricas nas quais se forjaram os grandes nomes do Direito, bem assim suas opções políticas e ideológicas.

A "Autobiografia" de Hans Kelsen é uma oportunidade ímpar para o leitor de língua portuguesa conhecer esse jurista em sua intimidade

---

à segunda edição de seu livro *Teoria pura do direito*: repasse crítico de seus principais fundamentos. 2. ed. rev. ampl. Rio de Janeiro: GZ, 2010. p. XIII-XIV), no qual ele ressalva ter formulado "críticas rigorosamente com base naquilo que Kelsen realmente tenha dito, e nunca em afirmações reelaboradas de maneira livre por mim próprio ou colhidas ao acaso, de segunda mão". Conclui, ainda, o autor, que é um dos maiores filósofos do Direito do País: "Posso, assim, parafraseando Santo Agostinho, afirmar que as fortes críticas aqui formuladas se dirigem mais exatamente contra as posições doutrinárias de Kelsen, e nunca contra a pessoa humana do jusfilósofo que, com seu extraordinário cabedal de conhecimentos, marcou de modo indelével o inteiro espaço da cultura jurídica do século passado. Por isso, ler Kelsen significará sempre tomar contato direto com a filosofia contemporânea do Direito."

4 "A relação do Direito com seus grandes nomes é um tanto singular. Em vida, há intensos debates sobre sua produção acadêmica ou técnico-jurídica, quando não se lhes prestam homenagens sob a forma de citações elogiosas ou se lhes outorgam comendas ou títulos universitários. Pouco ou nada, todavia, é registrado sobre a vida desses homens e mulheres que, em larga medida, dedicaram-se à causa do Direito e da Justiça com a força de um sacerdócio. Com seu falecimento, só os textos por eles escritos testemunham sua passagem entre nós, sem que as circunstâncias nas quais se forjaram seus caracteres e suas contribuições teóricas venham a lume. Se, para Ortega y Gasset, o homem é ele e suas circunstâncias, em relação aos grandes juristas, essas últimas tornam-se objeto de franco desconhecimento" (Dias Toffoli, José Antonio. Apresentação. In: Schubsky, Cássio (Org.). *Clóvis Beviláqua*: um senhor brasileiro. São Paulo: Lettera.doc, 2010. p. 9).

e ter condições de compreender a gênese de seu pensamento.[5] E não se cuida de examinar os livros que o marcaram ou a posição preeminente de alguns de seus professores ou colegas de academia. Esses elementos estão presentes na obra, e não somente nela. Dá-se à comunidade jurídica lusófona o acesso não a uma *biografia*, mas à *autobiografia* de Hans Kelsen, acompanhada de ricas notas explicativas de Matthias Jestaedt e do Hans Kelsen-Institut. A estrutura do texto é agradável e consegue manter o leitor, mesmo aquele não afeto à linguagem jurídica, interessado na narrativa. A beleza do estilo de Hans Kelsen, timbrado pela maneira mais "latina" com que os austríacos escrevem a língua alemã, e a qualidade da tradução confirmam esse juízo sobre os méritos literários do livro ora publicado pela centenária Editora Forense, por meio do selo Forense Universitária.

II. Hans Kelsen e a atualidade de seu pensamento: influência na doutrina e na jurisprudência brasileiras

Um jurista não precisa ser confrontado com a pergunta: qual o interesse por uma biografia de Hans Kelsen? Mas, este livro tem vocação para atravessar os umbrais das Escolas de Direito e das Cortes Judiciárias. Ele interessará a historiadores, filósofos, sociólogos, comunicadores e cientistas políticos, para se limitar a certas classes de estudiosos. E assim se pode afirmar por diversas razões. No caso do Brasil, é nítida a considerável força do pensamento de Hans Kelsen em muitos centros jurídicos de excelência. Confessadamente ou não, as categorias kelsenianas modelam, inspiram e condicionam o modo de se expor e transmitir o conhecimento jurídico às novas gerações, a despeito da avassaladora onda crítica que se formou na última década contra sua teoria pura do Direito, posto que isso se trate de algo praticamente coevo ao surgimento de seus escritos no século passado.

---

5 Na opinião de seu discípulo Adolf Julius Merkl, não é possível compreender a Teoria Pura do Direito sem contextualizá-la no momento histórico em que foi concebida e sem levar em conta as convulsões políticas que então se sucediam na Áustria (Merkl, Adolf Julius. Zum 80. Geburtstag Hans Kelsens. Reine Rechtslehre und Morallordnung, *Österreichische Zeitschrift für öffentliches Rech.* Bd. 11, S. 293-313, 1961. S. 295).

Outro elemento digno de nota sobre a importância de Hans Kelsen nos círculos acadêmicos brasileiros é a fecundidade bibliográfica em torno de seus escritos. Em levantamento de textos publicados no período de 1990 a 2017, compreensivo, portanto dos últimos 28 anos,[6] encontra-se o significativo número de 50 livros e capítulos de livros e de 147 artigos jurídicos,[7] dedicados de maneira integral ou parcial ao exame e ao debate dos postulados teóricos kelsenianos. Não se desconhece que nesse acervo há materiais de qualidade irregular, além de alguns desses se servirem de Hans Kelsen como *autor-espantalho*, embora sua magnitude intelectual a isso não autorize. No geral, porém, essa quantidade de escritos é reveladora da permanência do debate sobre Hans Kelsen, especialmente quando se nota que muitos dos autores pesquisados são juristas ainda em fase de formação acadêmica em cursos de mestrado e doutorado.

Na jurisprudência do Supremo Tribunal Federal, o impacto de Hans Kelsen é parcialmente comprovável em termos quantitativos.[8] Em pesquisa que compreende os anos de 1977 a 2013, há nada menos que 66 julgamentos colegiados cujos fundamentos invocam as obras desse autor. É interessante destacar que, do total, 60 acórdãos foram julgados no período de 2001 a 2013. Mesmo quando não é citado,

---

6 Nas três primeiras edições, a relação de livros e de artigos apresentava-se em notas de pé de página. Nesta edição, optou-se por listar as obras na parte final do Estudo Introdutório e não mais conservá-las aqui. Duas razões presidiram essa mudança. A primeira é que se ampliou em mais 10 anos o espectro da pesquisa, o que dilatou bastante o número de trabalhos referidos. A leitura tornar-se-ia menos agradável, seja pelo excesso de informações, seja pelo aspecto visual da diagramação do livro. A segunda é que se facilita a consulta às referências e se permite aos leitores e pesquisadores localizar com maior rapidez os textos ali indicados. Remete-se, portanto, ao anexo do Estudo Introdutório, intitulado *"Relação das publicações de autores brasileiros sobre Hans Kelsen ou sua obra"*.

7 Consulte-se a *"Relação das publicações de autores brasileiros sobre Hans Kelsen ou sua obra"*, no final do Estudo Introdutório.

8 Diz-se que é "parcialmente comprovável" pelas seguintes razões, que carecem de ser informadas ao leitor: a) a pesquisa foi realizada na base de dados do Supremo Tribunal Federal, que não publica todos os acórdãos, o que torna impossível afirmar que os números correspondam à quantidade exata de citações de Hans Kelsen; b) a quantidade de citações, *de per si*, não é um dado que comprove a relevância da utilização dos textos de Hans Kelsen em cada julgamento, pois não é invulgar sua menção a título retórico.

Kelsen faz-se presente quando o STF usa expressões como tribunal constitucional; pirâmide, hierarquia ou escalonamento de normas e monismo jurídico. Na composição da Corte, os ministros Sepúlveda Pertence e Eros Grau declaravam-se adeptos das teorias de Hans Kelsen, posição que atualmente um dos autores deste Estudo Introdutório, na qualidade de ministro do STF, tem a honra de conservar na tradição do pensamento kelseniano. Não é um exagero, portanto, reconhecer que Hans Kelsen foi "um divisor de águas para toda a teoria jurídica contemporânea".[9]

No Brasil, os ataques a Hans Kelsen e à teoria pura do direito intensificaram-se na primeira década do século XXI. Antes, havia a oposição dos jusnaturalistas e daqueles ligados à teoria crítica do direito. Hoje, tem-se a prevalência do papel contestador de movimentos ditos neoconstitucionalistas ou pós-positivistas, conceitos ainda marcados por extrema assimetria de conteúdos teóricos e certa fluidez de discurso, especialmente no abuso com que se recorre aos princípios para se justificar determinadas posições de clara afronta à literalidade do texto normativo.

Em certa medida, a confrontação aos paradigmas kelsenianos escondem outro debate, que se relaciona com a ampliação do protagonismo judiciário, com o enfraquecimento do Poder Legislativo (e da própria lei) e com a necessidade de se conferir maior poder decisório (com discricionariedade mais ampla) aos magistrados. Observa-se, ainda, a confusa crítica ao positivismo jurídico, sem que se faça diferenciação entre suas várias acepções, e, nesse ponto, Hans Kelsen tem merecido injustas censuras por teses que ele nunca defendeu.

III. Kelsen: um filho do Império Austro-Húngaro

III.1. "Súdito de Sua Majestade Imperial e Real de fé mosaica": o judaísmo, o universo austro-húngaro e a luta pela ascensão social

Se não há dúvidas quanto à importância de Hans Kelsen para o direito brasileiro, seja em sua expressão teórica, seja para o ofício dos

---
9 Ferraz Júnior, Tércio Sampaio. Hans Kelsen, um divisor de águas (1881-1981). *Revista Sequencia*, n. 4, ano 2, p. 133-138, dez. 1981. p. 133.

tribunais, convém, agora, examinar aspectos da "Autobiografia" que se conectam ao ambiente histórico e às particularidades da vida do autor, muitas vezes excessivamente simplificadas por obras nacionais de caráter propedêutico.

Hans Kelsen é o produto da última floração intelectual daquela grande, antiga e notável entidade política multinacional que foi o Império Austro-Húngaro, uma Monarquia Dual, cujo chefe de Estado ostentava o título de imperador da Áustria e rei da Hungria, além de vários outros títulos hereditários relativos a territórios que hoje ocupam áreas correspondentes a 13 países.[10] As instituições político-administrativas da monarquia austro-húngara eram, portanto, como o leitor verá diversas vezes no livro, referidas como "Imperiais e Reais" (*kaiserliche und königliche*), ou, abreviadamente *k.u.k.*[11] Essa distinção nasceu do processo de autonomia político-administrativa das instituições húngaras, cujo marco mais importante deu-se em 1867, com a aprovação do *Ausgleich*, um verdadeiro tratado de reorganização do equilíbrio de poder entre austríacos e húngaros, a partir do qual os últimos passaram a gozar de direitos sem par com as outras nacionalidades do Império. Kelsen registra que sua estreia no magistério superior, logo após a livre-docência, deu-se com uma aula sobre esse tema (p. 52).

A nacionalidade original de Hans Kelsen, portanto, não era *tcheca*, ou melhor, boêmia, pois Praga era a capital do Reino da Boêmia (atual República Tcheca), parte integrante do Império Austro-Húngaro. Tecnicamente, Kelsen deveria ostentar em seus primeiros documentos a

---

10 O titular máximo do Império Austro-Húngaro era imperador da Áustria, rei apostólico da Hungria, rei da Boêmia, rei da Dalmácia, rei da Galícia e Lodoméria, rei de Jerusalém, arquiduque da Alta Áustria, arquiduque da Baixa Áustria, duque da Bucovina, duque de Caríntia, duque da Carniola, duque de Salzburgo, duque da Alta e da Baixa Silésia, duque de Estíria, margrave [*Markgraf*, literalmente "conde de marco", traduzível por marquês] da Morávia, conde-príncipe do Tirol, senhor do Estado do Vorarlberg, conde-príncipe de Gorizia e Gradisca, senhor da Cidade de Trieste, margrave da Ístria, rei da Croácia e rei da Eslovênia e senhor da cidade de Fiume. Ele era, ainda, o senhor da Bósnia-Herzegovina, além de outros títulos.

11 A esse respeito, confira-se a nota 60, p. 52, da "Autobiografia". Robert Edler von Musil, em seu clássico romance *O homem sem qualidades*, considerado uma das maiores obras em língua alemã, traça um retrato ácido do Império Áustro-Húngaro em seu declínio e a ele se refere como *Kakânia*, em uma alusão a "*kaiserlich und königlich*" (*k.u.k.*).

qualificação de "súdito de Sua Majestade Imperial e Real de *fé mosaica*".
E aqui entra outra interessante questão: suas origens judaicas, ponto de alusão frequente em qualquer texto que o mencione, até para se fazer o corriqueiro contraponto com a utilidade da teoria pura para a justificação de regimes como o nacional-socialista.

Os judeus gozavam, na Áustria dos Habsburgos – a dinastia reinante desde o período que é considerado como o da efetiva fundação do reino, no século XIV –, de relativa liberdade e das melhores condições de vida (e dignidade) entre os Estados europeus do Centro e do Leste. Os meios de desenvolvimento pessoal da comunidade judaica eram, nesse contexto, bastante superiores aos de muitos de seus irmãos em outras nações europeias. Desde 1782, a Áustria possuía um "Edito de Tolerância" [*Toleranzpatent*]. É certo que os imperadores austríacos prestigiavam os católicos e estimulavam a conversão dos judeus à religião oficial do Estado. Esse processo abria as portas para oportunidades muito mais interessantes para esses neocristãos. Independentemente disso, porém, houve relativa aceitação dos judeus, muitos dos quais prosperaram economicamente e outros, em menor quantidade, conseguiram o impensável em outras monarquias, como a obtenção dos cobiçados títulos de nobreza, ao exemplo dos Rothschilds (austríacos), os Arnstein e os Eskeles.

Seu patronímico – Kelsen – é o nome de uma pequena localidade situada em Merzkirchen, na área de Trier-Saarburg, que pertence à Renânia-Palatinado, na Alemanha, bem na fronteira com o Grão-Ducado de Luxemburgo. Rudolf Aladár Méttal afirma que, nos tempos do Império Romano, mercadores judeus acompanharam as legiões que defendiam as fronteiras contra os bárbaros, tendo aqueles se instalado na região de Trier-Saarburg. Com as perseguições aos judeus na Idade Média, eles migraram para o Leste, aproveitando-se da maior tolerância dos reis da República Polaco-Lituana, cujos domínios se estendiam ao território do que viria a ser a Galícia austro-húngara. Após a mudança dos nomes dos judeus, no processo de *germanização* adotado na Monarquia Dual, os antepassados de Kelsen, à semelhança de muitos dos semitas, adotaram o nome da terra de seus ascendentes mais remotos.[12]

---

12 Métall, Rudolf Aladár. *Hans Kelsen. Leben und Werk*. Wien: Franz Deuticke, 1969. p. 1.

O pai do jurista, Adolf Kelsen, nasceu na Galícia, região hoje pertencente à Ucrânia e à Polônia. A Galícia integrou, durante séculos, o antigo (e outrora grandioso) Reino da Polônia, mas foi incorporada pelos Habsburgos. Tratava-se da região fronteiriça mais perigosa do Império, por divisar com a Rússia dos czares. A Galícia constituía-se em uma área de preocupação para os austro-húngaros, ante a duvidosa lealdade de seus habitantes, que possuíam fortes ligações (religiosas e familiares) com os vizinhos russos, além de suas conexões com os poloneses. A aristocracia da Galícia era, sobretudo, originária do antigo Reino da Polônia, mantendo laços históricos e religiosos muito fortes com seus homólogos poloneses, o que implicava a adesão silenciosa ao movimento de restauração da Polônia como um Estado soberano. Havia um número expressivo de judeus na Galícia e, de outro lado, era forte a tendência migratória desse grupo para as áreas centrais do Império, onde o espírito mais esclarecido de cidades como Viena e Praga permitia sua ascensão social. Essa, talvez, haja sido uma razão ponderosa para Adolf Kelsen se mudar para Viena com apenas 14 anos.

A mãe de Kelsen, Auguste Löwy, nascida na Boêmia (atual República Tcheca), era judia. É curioso anotar que, provavelmente, seu nome patronímico original fosse Levi. Tal se deve porque o imperador austríaco baixou um decreto, no qual se determinava, de entre outras coisas, que os judeus *germanizassem* seus nomes, daí a nova grafia, e é por essa razão que muitos judeus possuem nomes tipicamente alemães, causando grande confusão quanto à sua origem.

Hans Kelsen nasceu, portanto, em meio a uma geração de judeus migrantes do leste do Império para as regiões centrais. Eles desejavam libertar-se das amarras e dos controles de seus líderes religiosos e assumir uma postura laica perante a vida moderna, além de evidentemente subtraírem-se aos níveis mais elevados de preconceito e obscurantismo de suas áreas de origem.[13] Muitas de suas decisões sobre

---

13 Confira-se o artigo de Luiz S. Krausz (O crepúsculo da ética imperial habsburga em Bruno Schulz e Joseph Roth. *Estudos de Sociologia*, v. 11, n. 21, p. 129-142, jul./dez. 2006), no qual se examina a vida desses dois escritores nascidos na Galícia, ambos judeus, mas ligados, respectivamente, às tradições literárias (e, portanto, culturais) da Polônia e da Áustria. O texto revela que o século XIX assistiu ao surgimento da *Haskalá*, ou o Iluminismo judaico, que se baseava na ideia de assimilação do povo judeu à sociedade dos gentios, defendendo sua integração e o

seu futuro, no início da vida adulta, são reveladoras de um estado de transformação do Império no final do século XIX e início do século XX. Uma dessas decisões, embora não se refira a isso na "Autobiografia", foi ter-se convertido ao catolicismo romano em 1905, apesar de seu agnosticismo à época, fato muito comum naqueles tempos nos meios intelectualizados.[14] Essa conversão, posteriormente seguida pela adoção da fé protestante em 1912, é tida por alguns como uma tentativa de melhor se integrar à sociedade austro-húngara.[15]

Recorde-se que o Estado Imperial e Real era organizado sob rígidas estruturas de classe. À Alta Nobreza (arquiduque [*Erzherzog*], duque [*Herzog*] e conde [*Graf*]) correspondiam as grandes funções e os principais postos de poder. A Baixa Nobreza (barão [*Freiherr*], cavaleiro [*Ritter*] e gentil-homem ou fidalgo [*Edler*]) figurava em posições intermediárias e de caráter técnico.

O século XIX assistiu a uma impensável abertura para os burgueses assumirem funções cada vez mais relevantes na Monarquia Dual.

---

abandono de valores religiosos. Essa postura encontrou no governo austro-húngaro o necessário encorajamento, por meio da inauguração de escolas alemãs (o *Gymnasium*), parte integrante do movimento de *germanização* do Império, levado a efeito pelo *kaiser* José II, ainda no século XVIII. Em contraponto, radicalizava-se o segmento dos judeus ortodoxos e dos judeus místicos (os *chassidim*), que pregavam, cada qual a seu modo, a retomada dos valores judaicos tradicionais ou o apego à religiosidade profunda. Os pais de Hans Kelsen, e ele próprio, fizeram clara opção pelo movimento iluminista e pela busca de integração ao universo germânico do Império Austro-Húngaro.

14 Hans Kelsen, conforme Benjamin Akzin (*Op. cit.*, p. 326), a despeito de sua origem judaica, não possuía relação particular com a tradição, a cultura ou as aspirações da comunidade judaica, ao menos até a ascensão do nazismo, após o que ele passou a se proclamar judeu e a demonstrar interesse pelo sionismo.

15 "*Although Kelsen was resolutely agnostic, he converted to Catholicism in 1905 in an attempt to avoid integration problems. His particular concern was to ensure that his ambition to lecture at university would not be jeopardized by his family's religious background. Unfortunately, this solution did not prove to be very useful*" (Ladvac, Nicoletta Bersier. Hans Kelsen (1881-1973). Biographical note and bibliography. *European Journal of International Law*, n. 9, p. 391-400 (p. 391), 1998). Embora não se referindo especificamente a Kelsen, há quem defenda que, salvo raras exceções, os judeus precisavam converter-se à fé cristã para assumir cátedras universitárias (Klausinger, Hansjoerg. Academic Anti-Semitism and the Austrian School: Vienna, 1918-1945. *Department of Economics - Working Paper N. 155*, Vienna University of Economics and Business, oct. 2013).

O direito constituía-se na porta mais larga para esse fim. A vida em tribunais era enfadonha para a Alta Nobreza, que buscava a carreira militar (com grandes possibilidades de ascensão), a administração das províncias (muito rentável), a carreira política (pelo exercício efetivo do poder) e o mundo diplomático (com as vantagens de uma vida cosmopolita). Os claros no universo judicial permitiam que muitos burgueses conseguissem realizar o sonho de se converterem em nobres. É desse período a grande outorga de títulos de barão, cavaleiro ou gentil-homem (fidalgo) para esses servidores. Expoentes do direito, da economia ou da literatura do século XX, como Robert Edler [fidalgo] von Musil (autor de *O homem sem qualidades*) e Ludwig Heinrich Edler [fidalgo] von Mises (insigne economista liberal e amigo de juventude de Hans Kelsen), eram filhos ou netos desses recém-nobilitados. Eles passavam a ostentar a partícula *von* (de) e o título de nobreza em seus nomes. Isso é bem perceptível no nome de alguns dos professores de Kelsen na Faculdade de Direito, ao exemplo de Karl Ritter [cavaleiro] von Czyhlarz. Após a Primeira Guerra Mundial e o fim do Império, a nova República da Áustria extinguiu esses títulos em 1919, por meio da *Adelsaufhebungsgesetz* [Lei de Abolição da Nobreza], e eles foram eliminados dos nomes próprios de seus possuidores.[16]

A discriminação contra os judeus é referida expressamente por Kelsen quando descreve os problemas relacionados com a obtenção de bolsa de estudos para assistir a aulas de Georg Jellinek em Heidelberg. Cabe aqui outra referência: a tolerância do governo austríaco para com os judeus não era bem aceita por parcelas significativas de seus súditos. Não foi sem causa que surgiram líderes políticos fortemente antissemitas (e por isso mesmo muito populares) no final do século XIX, ao exemplo de Karl Lueger, prefeito de Viena e ídolo de Adolf Hitler.[17] O elemento judeu na sociedade austro-húngara, por seu

---

16 Diferentemente do que ocorreu na Alemanha, que permitiu a incorporação dos títulos nobiliárquicos como nomes patronímicos de seus titulares.

17 "A eleição de Karl Luegger, o dirigente do partido *Partei der antisemitischen Christen* (Partido dos Cristãos Antissemitas) para a prefeitura de Viena em 1896, cujo programa político, estabelecido em 1882, decretava 'guerra ao grande capital internacionalmente organizado pelos judeus' foi um sinal importante de que as ambições do projeto integrador do Iluminismo judaico talvez não estivessem destinadas a realizar" (Krausz, Luís S. *Op. cit.*, p. 132).

dinamismo e sua adequação aos novos métodos do capitalismo industrial, chocava-se com o modelo de organização econômica herdado dos tempos feudais. Dessa maneira, a destruição desse "universo pelo capitalismo liberal do século XIX, ainda sob o domínio de Francisco José", serviu de argumento para que Karl Lueger imputasse aos judeus a responsabilidade por esse estado de coisas e, com isso, granjeasse "os votos de toda uma camada de antigos artesãos e pequenos comerciantes de Viena, que se proletarizaram com as transformações econômicas que assolavam a capital".[18] Além dessas classes sociais, os judeus encontravam forte oposição dos estudantes universitários de origem alemã, quase todos ligados ao movimento pangermânico e com ideias antissemitas, a ponto de defenderem a exclusão de colegas de origem judaica ou de outras nacionalidades do Império (italianos e eslavos, por exemplo) de seus diretórios acadêmicos.[19] Muitos desses jovens, anos depois, foram a ponta-de-lança da ocupação alemã da Áustria e serviram com ardor nas famigeradas *Waffen-SS*.

III.2. Faculdade de Direito, Livre-docência [Hauptprobleme] e a experiência de guerra: primeiros fachos de brilhantismo e testemunha ocular da liquidação da Monarquia Dual

No início do século XX, deram-se o ingresso de Hans Kelsen na Faculdade de Direito (1901), seu casamento com Margarete Bondi (1912), sua livre-docência (1911) e a fundação da tradicional *Zeitschrift für Öffentliches Recht* [Revista de direito público] (1914).

Criada em 1365 pelo duque Rodolfo IV [cognominado *der Stifer*, o fundador], a Universidade de Viena, a *alma mater* de Hans Kelsen, é a mais antiga em um país de língua alemã. A Faculdade de Direito (*Collegium Iuristarum*) é de 1385[20] e possuiu uma plêiade de grandes juristas ao longo dos séculos. Seus professores eram oriundos de

---

18 Krausz, Luís S. *Op. cit.*, p. 134.
19 Klausinger, Hansjoerg. *Op. cit.*, *loc. cit.*
20 Reiter, Ilse. *JuristInnenausbildung an der Wiener Universität: Ein historischer Überblick*. Disponível em: http://juridicum.univie.ac.at/index.php?eID=tx_nawsecuredl&u=0&file=fileadmin/PDFs/RWStud_online_relaunch07.pdf&t=13276030 53&hash=872c660a88bbc9138ba4cb4aedccc6aa. Acesso em: 25.1.2012.

diferentes regiões do Império, ou de outras nações, como demonstram os nomes de Joseph Ritter [cavaleiro] von Azzoni (Boêmia), Onofrio Taglioni (Emília-Romana), Joseph Unger (nascido em Viena, mas de origem húngara), Anton Menger Edler [fidalgo] von Wolfensgrün (Galícia), Franz von Liszt (nascido em Viena, mas de origem húngara) e Eugen Ehrlich (Bukowina). Esse ambiente era propício aos objetivos de Kelsen, apesar do já sensível aumento da oposição aos não alemães e, de modo especial, aos judeus, nos círculos universitários e políticos de Viena no final do século XIX.[21] É absolutamente notável que, em 1920, 10 das 22 cátedras da Faculdade de Direito da Universidade de Viena eram ocupadas por professores de origem judaica, muitos dos quais foram nomeados nos últimos anos do Império, como Joseph Hupka (1915) e Emil Goldmann (1916).[22] A despeito da tradição e da imponência de suas instalações, as primeiras imagens da Faculdade de Direito não foram as melhores. Segundo seu relato na "Autobiografia" (p. 40), as aulas iniciais "causaram-me amarga decepção. O romanista Czyhlarz ensinava direito romano sem levar em conta a relação deste com a cultura antiga ou sua importância para a sociedade do nosso tempo".[23] Em seguida, ele profere uma frase que pode soar comum para tantos que passaram pelos bancos universitários: "Logo descobri que, ao estudar seu manual, eu podia assimilar em poucas semanas o que ele levaria um semestre inteiro para expor em uma elocução não muito vivaz."

Nas Arcadas do prédio principal da Universidade de Viena há diversos bustos, placas e efígies em homenagem a seus antigos (e mais importantes) docentes. Por uma dessas ironias do destino, o busto de Kelsen, que se localiza na ala esquerda das Arcadas, fica há poucos metros da efígie em bronze de von Czyhlarz. Não são muitos os professores de Direito que receberam essa honra no edifício do número 2 da rua Dr.-Karl-Lueger-Ring. E não deixa de ser curioso ambos terem sido lembrados por seus pares – embora Kelsen seja superiormente

---

21 Informações extraídas de: Brauneder, Wilhelm (Hgs). *Juristen in Österreich (1200-1980)*. Wien: Orac, 1987.
22 Klausinger, Hansjoerg. *Op. cit.*, *loc. cit.*
23 Karl Ritter [cavaleiro] von Czyhlarz (1833-1914), jurista austro-húngaro, de origem boêmia, foi membro da Câmara Alta [*Reichsrat*] do Parlamento imperial. Ele terminou seus dias como professor da Universidade de Viena.

relevante – e estarem tão próximos mesmo depois de suas mortes. Outra curiosidade: a rua da Universidade leva o nome de Karl Lueger, prefeito de Viena, antissemita convicto e contrário à presença judaica no serviço público.

Hans Kelsen, ainda quando descreve sua passagem pela Faculdade de Direito, dá notícia de ter publicado *Hauptprobleme der Staatsrechtslehre, entwickelt aus der Lehre vom Rechtssatz* [Principais problemas da teoria do direito público, desenvolvidos a partir da teoria da norma jurídica], sua tese de livre-docência. Essa obra, cujo centenário se comemora neste ano 2011, é tida como um marco significativo de sua carreira, um facho de luz que antecipa o brilhantismo de seu porvir intelectual. A tanto, sua editora foi J. C. B. Mohr, dirigida por Paul Siebeck, de Tübingen, cuja casa publicadora é uma das mais prestigiosas da Alemanha até os dias atuais. Mas, como explica a nota n. 36, da "Autobiografia" (p. 45), não deixa de ser curioso (e estimulante para jovens juristas contemporâneos sem grandes conexões no mercado editorial) que Kelsen foi instado a "contribuir" com os custos da edição do livro, dado seu "caráter teórico" e, portanto, de baixo potencial de comercialização. Nada muito diferente dos dias de hoje...

Hauptprobleme der Staatsrechtslehre, entwickelt aus der Lehre vom Rechtssatz [Principais problemas da teoria do direito público, desenvolvidos a partir da teoria da norma jurídica] é uma obra cujo título, como anota Gabriel Nogueira Dias, "soa imodesto e pretensioso, mas deve ser levado totalmente a sério pelo leitor", porque "indica exatamente o que Kelsen almeja em grande parte de toda sua obra": a apresentação das "dificuldades mais importantes, justamente dos *Hautprobleme* aos quais a ciência do direito é levada pelas concepções jusnaturalista e pseudopositivista". Em suma, Kelsen "assume nesse sentido o papel de um *advocatus diaboli* do pensamento jurídico".[24]

A obra *Principais problemas* divide-se em três livros. O primeiro é dedicado às investigações preliminares [*Voruntersuchungen*], nas quais Hans Kelsen aprecia questões como a origem e as distinções entre as leis da natureza e as normas jurídicas, bem assim as gramaticais e as estéticas. Ele traça interessante paralelo entre a vontade do soberano

---

24 Dias, Gabriel Nogueira. *Op. cit.*, p. 133-134.

como criador da norma jurídica, cuja raiz está na deliberação política, e a vontade divina como reitora das leis naturais. Mas descreve a "emancipação" das ciências da natureza da ação causal dos deuses. A lei natural torna-se o mundo do ser [*Welt des Seins*], apresentando-se como uma aplicação específica da lei geral da causalidade [*des allgemeinen Kausalgesetzes*]. No segundo livro, Kelsen examina a forma objetiva da manifestação da norma jurídica [*objektive Erscheinungsform des Rechtssatzes*]. Ganham relevo problemas como a vontade psicológica, a vontade no direito privado e no direito penal e a vontade do Estado. Em seguida, ele desenvolve os conceitos de norma jurídica em sentido estrito, que seria aquela obrigatória para os súditos, e de norma jurídica em sentido amplo, a obrigatória para o Estado. O terceiro e mais amplo dos livros dos *Principais problemas* divide-se em duas seções. A primeira é relativa ao conceito de dever jurídico [*Rechtspflicht*] e a segunda, ao de direito subjetivo [*subjektive Recht*].[25]

Essa tese, elaborada por Kelsen aos 30 anos de idade, apresenta elementos que posteriormente seriam amplamente desenvolvidos na teoria kelseniana, a exemplo: a) a conformação da norma jurídica como um juízo hipotético; b) a compreensão do direito como um sistema de normas; c) a noção de norma fundamental (tomada como *petitio principii* e não inteiramente revelada, como adverte Gabriel Nogueira Dias);[26] d) os primeiros fundamentos da doutrina da identidade entre direito e Estado; e) as origens da lei causal e do princípio retributivo; f) as críticas à fundamentação teleológica do direito; g) o direito entendido como ordem coativa, participando o elemento coativo da essência da norma; h) a distinção entre o soberano e o destinatário da norma.[27] Na "Autoapresentação", Kelsen dá a exata medida da relevância de sua tese de livre-docência, quando anota que ele chegou

---

25 Optou-se pela tradução de *Rechtssatz* por "norma jurídica", embora literalmente possa-se traduzir por "proposição jurídica", ou, mais literariamente, "proposição normativa". Atentou-se para a erudita observação feita por Gabriel Nogueira Dias (*Op. cit.*, p. 166-168, nota 7) sobre a indistinção inicial entre *Rechtssatz* e *Rechtsnorm* na obra de Kelsen.
26 Dias, Gabriel Nogueira. *Op. cit.*, p. 188-192.
27 Não há versão em português dessa obra, daí o maior destaque a seu conteúdo neste estudo introdutório, que se utilizou da versão original da primeira edição de 1911: Kelsen, Hans. *Hautprobleme der Staatsrechtslehre, entwickelt aus der Lehre vom Rechtssatze*. Tübingen: J. C. B. Mohr (Paul Siebeck), 1911.

à "perspectiva decisiva para esse trabalho por meio da ideia de que a essência do direito é ser norma e de que, portanto, toda teoria jurídica deve ser uma teoria das normas, uma teoria das proposições normativas, uma teoria do direito objetivo" (p. 25).

Posteriormente, a "Autobiografia" relata a convocação de Kelsen para o Exército Imperial e Real, com o início das hostilidades em 1914 (p. 55-56). A doença impediu que seguisse para o *front* e ele foi destacado para serviços administrativos, atuando como o equivalente brasileiro de um oficial do corpo técnico, da área jurídica.

Como o leitor poderá observar, uma sucessão de acasos e acidentes de percurso, que se poderiam ter convertido em desastres para Kelsen, determinou sua ascensão fulgurante na hierarquia do Ministério da Guerra da Áustria-Hungria, tendo ele ocupado o cargo (equivalente no Brasil) de consultor jurídico da Pasta, talvez a mais importante do Gabinete Imperial naquele momento de grave crise.[28]

Kelsen descreve sua participação em acontecimentos de relevância internacional dos últimos momentos do Império dos Habsburgos. Para os historiadores, há detalhes inteiramente novos e de grande interesse para suas pesquisas, dado o caráter testemunhal dessas passagens.

Convém fazer aqui algumas observações contextuais sobre esse período. A Áustria-Hungria aliou-se ao Império da Alemanha contra o Império Britânico, o Império Russo e a República Francesa em 1914. Sua participação militar na Primeira Guerra foi extremamente desgastante, com elevadíssimo número de baixas, o que levou os alemães a

---

28 Na biografia de Kelsen, escrita por Rudolf Aladár Métall (*Op. cit.*, p. 18), encontra-se a narrativa de outro desses acidentes de percurso: no Ministério da Guerra, ele foi designado como representante do procurador militar (*Militäranwalt*) no Tribunal de Divisão de Viena (*Divisionsgericht*). Sua função era oficiar nos processos de crimes políticos. Em um dos casos sob sua responsabilidade, um oficial tcheco foi acusado por haver feito declarações de que a Guerra Mundial era um conflito entre eslavos e germânicos, o que, efetivamente, afetava o moral da tropa, com tantos não alemães engajados a serviço da Monarquia. Kelsen reuniu tantos elementos a favor do oficial, como a juntada de declarações similares de Richard Weiskirchner, então prefeito de Viena (evidentemente, enaltecendo a vitória dos germânicos contra os eslavos...), que ele foi absolvido. O crescimento do número de absolvições, graças ao trabalho inusitado do representante da Procuradoria, que, em tese, dever-se-ia esforçar pelas condenações, fez com que ele fosse transferido para a Consultoria Jurídica do Ministério.

assumir diretamente muitas linhas de combate no *front* oriental e, posteriormente, na Itália. As dificuldades do Exército Imperial e Real eram de três ordens: a) a incapacidade de administrar mais de uma dezena de nacionalidades, com línguas diferentes, nos diversos batalhões empregados nas ações bélicas, sob uma mesma autoridade; b) a ineficiência de muitos oficiais superiores, cujo recrutamento na alta aristocracia era algo anacrônico, pois o caráter da ascensão por mérito na hierarquia era pouco considerado; c) a falência da estrutura logística, com a ruptura das linhas de abastecimento para as tropas. Kelsen alude à sua participação em reuniões com diversas autoridades, como o próprio imperador Carlos ou o "chefe do Estado-Maior"; isso significa que ele lidou diretamente com o comandante em chefe *de facto* de todas as forças armadas austro-húngaras, algo impensável para um homem de suas origens em condições normais. Ele esteve, por exemplo, com Franz Graf [conde] Conrad von Hötzendorf, o comandante supremo austro-húngaro durante quase toda a guerra, que foi posteriormente demitido do cargo.[29]

Pode-se fazer coro ao que Kelsen escreveu sobre aqueles tempos: "Infelizmente, nessa época rica em acontecimentos eu não mantive um diário, e assim esqueci muitos detalhes interessantes ou guardei-os apenas obscuramente na memória" (p. 59).

Desses relatos, percebe-se um Kelsen pouco hábil no traquejo das manhas políticas. A visão do técnico sobrepujava o temor reverencial pelos superiores. Prova disso é que ele não se contém em fazer comentários desagradáveis, embora realistas, ao major-general Rudolf Stöger-Steiner Freiherr [barão] von Steinstätten, como o seguinte:

> Então o ministro me disse que era penoso, em uma época tão terrível, viver em cômodos tão suntuosos. "Sobretudo, Excelência, quando se sabe

---

[29] Há grande dissenso entre os historiadores sobre o real mérito (ou a ausência dele) de Franz Graf [conde] von Conrad von Hötzendorf como estrategista militar. Como se anotou no prefácio da mais recente biografia desse marechal austro-húngaro, a defesa de seu legado militar muita vez se confunde com a tentativa de preservar a honra do velho Exército Imperial. Entretanto, como bem anotou o biógrafo Lawrence Sondhaus (*Franz Conrad von Hötzendorf*: architect of the apocalypse. Boston: Humanities Press, 2000. p. IV-V), "[t]hereafter, his priorities became muddled, his judgment blurred, and he forgot many of his own lessens. The result was tragedy and disaster for Conrad personally, for the army he loved, and for Austria-Hungary".

que se é o último ministro da Guerra da monarquia." "O senhor está louco", replicou ele, "como o senhor pode dizer algo tão horrível!" "De acordo com a resposta que o presidente Wilson deu à nossa oferta", respondi, "não vejo mais nenhuma possibilidade de conservar a monarquia" (p. 59).

Ele falava como o técnico implacável a serviço da monarquia moribunda, indiferente aos efeitos políticos de suas declarações pouco sensíveis.

Kelsen teve participação ativa no que denominou "processo de liquidação da monarquia" (p. 60). É oportuno explorar esse momento histórico. O velho imperador Francisco José I falecera em 1916, em plena guerra, e fora sucedido por seu sobrinho-neto, o arquiduque Carlos Francisco José Luís Humberto Jorge Maria von Habsburgo-Lorena.[30] Na fase final do conflito, o novo imperador tentou estabelecer a paz em separado com as forças ocidentais, o que se revelou infrutífero. O presidente Woodrow Wilson, dos Estados Unidos da América, país que entrara na guerra em 1917, dera um *ultimatum* à dinastia Habsburgo para que esta implementasse a "autodeterminação dos povos" em seus territórios. Esse era o décimo dos famosos "quatorze pontos" de Wilson, apresentados ao Congresso norte-americano em janeiro de 1918.[31] Argutamente, Kelsen compreendera que isso representaria a "liquidação" do Estado multinacional. Na prática, muitos dos soldados de etnias minoritárias já haviam desertado

---

30 Carlos I da Áustria e IV da Hungria [Bem-aventurado Carlos da Áustria] nasceu aos 17.8.1887 em Persenbeug (Baixa Áustria) e veio a falecer no Funchal, em Portugal, a 1.4.1922. Filho primogênito do arquiduque Otto e da princesa Josefa de Saxônia, ascendeu ao trono como sobrinho-neto do *kaiser* Francisco José I. Sua posição sucessória foi assegurada pela morte, em circunstâncias obscuras, do filho de Francisco José, o arquiduque Rudolfo, e, posteriormente, do sobrinho do imperador (e seu tio), o arquiduque Francisco Ferdinando, assassinado pelo terrorista sérvio-bósnio Gavrilo Princip, em Sarajevo, no episódio que deflagrou a Primeira Guerra Mundial. Após a derrota da Áustria-Hungria e as tentativas de se conservar no trono, Carlos I, embora não tenha abdicado formalmente, exonerou seu Governo e renunciou a participar nos negócios da monarquia em 11.11.1918. O último imperador viria a morrer no exílio português, no Funchal, ilha da Madeira. Em 2004, Carlos I e sua esposa, a imperatriz Zita, foram beatificados por Sua Santidade o Papa João Paulo II. Para mais dados biográficos, confira-se: Rouillé, Michel Dugast. *Charles de Habsbourg*: le dernier empereur. Paris: Racine, 2003.
31 Rouillé, Michel Dugast. *Op. cit.*, p. 190.

ou se integrado a "corpos livres", embriões de seus futuros exércitos nacionais. O plano jurídico de Kelsen consistia em substituir o Império por uma federação de Estados associados, conservando a dinastia Habsburgo. Seu objetivo seria possível, não fosse a deterioração das condições político-sociais e a rejeição do projeto pelos tchecos (os boêmios), a terceira etnia mais importante do Império. Mais que isso, embora Kelsen não o diga, a franca hostilidade dos norte-americanos contra os imperadores da Alemanha e da Áustria-Hungria seria um óbice intransponível ao êxito de sua formulação.[32]

Os húngaros não eram tão indispostos com a ideia de manutenção do regime em novas bases. Grande parte dos problemas em relação a eles foi causada pela supressão do latim como língua burocrática do Império, substituído pelo alemão no século XIX, o que gerou um sentimento de despeito, pois os magiares eram obrigados agora a falar alemão, ao invés do idioma neutro (e morto) dos antigos romanos. A lealdade húngara ao imperador Carlos mostrou-se após a guerra e o fim da Monarquia Dual, quando se tentou entronizá-lo como rei da Hungria, o que não foi levado adiante em face da oposição norte-americana, além de outros fatores. Em 1921, fracassou a última tentativa de proclamá-lo rei da Hungria, por causa da traição do almirante Miklós Horthy.[33-34]

---

[32] E havia, como descrito na nota 85, p. 61, outros planos de salvação da Monarquia, como o apresentado ao ministro da Agricultura Ernst Emanuel Graf [conde] von Silva-Tarouca, um dos mais leais auxiliares do imperador Carlos. Registre-se, por curioso, que um antepassado de Silva-Tarouca foi conselheiro pessoal da imperatriz Teresa Cristina e que sua família é oriunda de Portugal, cujo ancestral mais remoto é Manuel Teles da Silva, conde de Vilarmajor e marquês de Alegrete.
[33] Rouillé, Michel Dugast. Op. cit., p. 223-238.
[34] Miklós Horthy de Nagybánya (Kenderes, Hungria, 18.6.1868 – Estoril, Portugal, 9.2.1957) foi almirante da Armada Imperial e Real, tendo sido designado por Carlos I como seu último comandante supremo. Liderou heroicamente a Armada na Batalha do Estreito de Otranto (1917), a última vitória relevante das forças austro-húngaras na Primeira Grande Guerra. Sua coragem pessoal levou-o a comandar os navios até desfaleler em razão de ferimentos decorrentes da artilharia inimiga. Esse episódio converteu Horthy em uma figura imensamente popular no Império. Foi chefe de Estado *de facto* da Hungria a partir de 1919 e regente após 1920 até 1944. A aproximação de Horthy com os regimes de Adolf Hitler e Benito Mussolini deu-se ao longo da década de 1930. O regime húngaro deslocou-se lentamente para as forças do Eixo, adotando políticas antissemitas e de perseguição a comunistas e dissidentes. No entanto, o ingresso na II Guerra Mundial, iniciada em 1939, não foi

Hans Kelsen, nos estertores do regime, mostrou-se mais sagaz politicamente do que antes: não aceitou participar de altas funções no último gabinete da Monarquia Dual.³⁵ Fato que não deixa de ser extraordinário é que Hans Kelsen conseguiu manter uma vida acadêmica em plena guerra. É de se lembrar que a Áustria, a despeito de ser o Estado-matriz do Império, sofreu mais do que a Hungria e outras províncias. A fome devastou parte significativa da população, com o desvio de meios (especialmente alimentos) para os combatentes. Ele destaca, com absoluta honestidade, que seu "cargo no Ministério da Guerra contribuiu fundamentalmente" para sua carreira acadêmica (p. 65). Seu ingresso na cátedra universitária austríaca deu-se, segundo ele, não pelo valor de sua trajetória acadêmica: "Não

---

automático. A resistência interna no país era grande e o conde Pál Teleki, primeiro-ministro húngaro, suicidou-se após não ter conseguido manter a Hungria em posição de neutralidade, como havia assegurado aos diplomatas britânicos. Horthy, sob forte pressão alemã, levou a Hungria, em 1941, de modo oficial, à guerra ao lado da Alemanha e da Itália, o que se revelou desastroso. Já em 1942, Horthy tentou dissociar-se da Alemanha. Em 1944, o regente húngaro buscou um armistício com os russos. O filho de Horthy, negociador plenipotenciário, terminou por ser raptado, em uma ação espetacular, por agentes alemães e foi levado como refém e garante da permanência húngara no conflito. O almirante foi deposto e Hitler ordenou que Budapeste, capital da Hungria, fosse mantida até o último homem. Quem visita a antiga sede do Ministério da Guerra, na capital húngara, pode observar o prédio cravejado de balas e bombas, em razão desse combate sanguinário entre russos, alemães e húngaros leais ao governo colaboracionista pós-Horthy. Com a invasão russa, o país converteu-se em um satélite soviético e adotou o regime comunista. Após deixar o poder, Horthy exilou-se em Portugal.

35 A relevância dos serviços prestados pelo jurista à Monarquia Dual foi reconhecida pelo imperador Carlos, que outorgou ao capitão Hans Kelsen, que começara a guerra como tenente, a medalha de mérito militar austro-húngara *Signum laudis am Bande des Militär-Verdienstkreuzes*, o que se constitui um gesto de profundo significado, dada a patente não muito elevada (de oficial intermediário) e seu não engajamento no teatro de operações. O imperador, assim, refletia a tradicional postura filossemita dos Habsburgos, além de recompensar aquele discreto assessor jurídico, que se mostrara de grande competência. Não é sem razão que Kelsen não quis participar, quando do Governo republicano de seu amigo Karl Renner, da elaboração da famosa Lei Habsburgo [*Habsburgergesetz*], de 1919, que impôs uma série de restrições aos direitos políticos e civis (especialmente de natureza patrimonial) da dinastia decaída. Essa lei foi aplicada em 2009 para impedir a candidatura à presidência austríaca de Ulrich Habsburgo-Lorena, sobrinho em terceiro grau de Otto von Habsburgo, filho do imperador Carlos.

duvidei que a atitude de Bernatzik [seu antigo professor na Universidade de Viena] tivesse sido determinada de modo decisivo pela minha posição no Ministério da Guerra. Esta causou sobre ele uma impressão maior do que todas as minhas publicações anteriores" (p. 65). Mostra de sua disciplina invulgar é o fato de ele ter-se mantido firme em sua produção acadêmica em plena Grande Guerra. É desse período que surgem as ligações com seus discípulos Adolf Julius Merkl,[36] considerado um autêntico "cofundador" da teoria pura do direito, e Alfred Verdross.[37]

III.3. Kelsen e sua ideologia: tempos republicanos

Kelsen, ainda no capítulo dedicado à "docência universitária", revela os problemas para a universidade austríaca advindos do novo regime republicano. À semelhança da Alemanha do pós-guerra, a Áustria foi regida por governos parlamentaristas de enorme instabilidade, ao menos até 1934, com a chegada ao poder do chanceler Engelbert Dollfuss.[38] A intervenção ideológica na universidade não se fez demo-

---

36 Ver nota biográfica sobre Adolf Julius Merkl na "Autoapresentação" (nota n. 17, p. 28).
37 Alfred Verdross (1890-1980) era filho de um oficial do Exército Imperial e Real, tendo estudado Direito na Universidade de Viena, na qual obteve o doutorado em Direito em 1913. Na Grande Guerra, assim como Hans Kelsen, serviu como oficial do corpo técnico da área jurídica na Imperial e Real Suprema Corte Militar (*k.u.k. Oberster Militärgerichtshof*). Após o fim do Império Austro-Húngaro, foi consultor jurídico do Ministério das Relações Exteriores e professor da Universidade de Viena. Foi membro suplente da Corte Constitucional da República da Áustria. Com a anexação da Áustria, foi impedido de lecionar, tendo voltado às funções docentes apenas em 1939, mas limitado ao direito internacional e não mais admitido ao magistério de filosofia do direito. Elegeu-se decano da Faculdade de Direito de Viena no período de 1946-1947 e foi reitor da Universidade de Viena entre 1951-1952 (cf. Alfred Verdross (1890-1980). Biographical note with bibliography. *European Journal of International Law*, n. 6, p. 103-115, 1995).
38 Engelbert Dollfuss (1892-1934) foi um líder político austríaco de direita, que ocupou o cargo de chanceler da República da Áustria em 1932 e tornou-se ditador a partir de 1933, após a dissolução do Parlamento e de vários partidos políticos, como o Partido Social-Democrata e o Partido Nazista Austríaco. Ele enfrentou uma verdadeira guerra civil na Áustria, que polarizou socialistas e os nazistas austríacos, grupos com os quais não se alinhava. Em 1934, ele aprovou a nova

rar. Essa situação causou profunda espécie a Kelsen, que deixou claro seu pensamento sobre a única postura a ser adotada pelo cientista em face do poder político: *independência*. Em suas palavras: "(...) eu era da opinião, e ainda sou hoje, de que um professor e pesquisador no campo das ciências sociais não deve se filiar a partido nenhum, pois a filiação a um partido prejudica a independência científica" (p. 70). Para a surpresa de muitos que hoje atribuem a Kelsen um profundo compromisso com ideias regressistas, ele deixa evidente sua simpatia por um regime socialista e democrático; contudo, "mais forte do que essa simpatia era e é minha necessidade de independência partidária na minha profissão" (p. 71).[39] Não é possível, no entanto, negar que sua formação e suas ideias originais, como ele próprio afirma na "Autobiografia", eram de natureza liberal. Trata-se do resultado do momento histórico de sua geração e de grande parte dos intelectuais austríacos do período, como seu amigo Ludwig Heinrich Edler [fidalgo] von Mises (judeu como Kelsen, nascido na Galícia, amigo de toda a vida),[40] Joseph Alois Schumpeter (de quem Kelsen foi padrinho de casamento)[41-42] e Karl Popper (judeu de classe

---

constituição austríaca, de ideologia corporativista, seguindo o modelo da constituição portuguesa do Estado Novo, elaborada sob o regime de Antônio de Oliveira Salazar. Engelbert Dollfuss foi assassinado em 25.7.1934 por um grupo de nazistas austríacos, que invadiram a Chancelaria em uma tentativa de golpe de estado. A despeito de seu regime ter conexões com os movimentos fascista e corporativista, ele sempre rejeitou a aproximação com o nazismo e manteve-se fiel à ideia de uma Áustria independente. Após sua morte, a Áustria experimentou grande instabilidade política até ser anexada pela Alemanha em 1928, no que ficou conhecido como *Anschluss*.

39 Hansjoerg Klausinger (*Op. cit.*, *loc. cit.*) anota que Hans Kelsen foi provavelmente o único professor com simpatias socialistas a ser nomeado para uma cátedra universitária austríaca após 1918, o que se deu provavelmente pelo fato de que ele não era um "homem de partido".

40 Ludwig Heinrich Edler [fidalgo] von Mises (1881-1973) é autor de obras fundamentais para o Liberalismo econômico em sua vertente contemporânea, a exemplo de: *Human action*: a treatise on economics. Chicago: Contemporary Books, 1966; e *Kritik des interventionismus*: untersuchungen zur wirtschaftspolitik und wirtschaftsideologie der gegenwart. Darmstadt: Wissenschaftliche Buchgesellschaft, 1976.

41 Métall, Rudolf Aladár (*Op. cit.*, p. 32).

42 Joseph Alois Schumpeter (1883-1950), economista, nascido na Morávia, então parte do Império Austro-Húngaro, hoje região da República Tcheca, ministro da

alta, nascido em Viena).⁴³ A relevância para Kelsen do Estado como agente forte na ordem econômica é perceptível nesse capítulo. Em "Atividade acadêmica em Viena, 1919-1929", Kelsen profere a marcante observação: "Desde o início considerei a teoria do Estado parte integrante da teoria do direito" (p. 71). A identificação entre direito e Estado, um dos pontos centrais de seu pensamento teórico, está aqui assentada. Mais do que saber que essa concepção é bem mais antiga do que suas obras clássicas *Reine Rechtslehre* [Teoria pura do direito], de 1934, e *General theory of law and State* [Teoria geral do direito e do Estado], de 1945, a leitura da "Autobiografia" torna saborosa a descoberta de que essa tese guarda sua estirpe no fato de que ele talvez "tenha chegado a essa visão porque o Estado que me era mais próximo e que eu conhecia melhor por experiência pessoal, o Estado austríaco, era aparentemente apenas uma unidade jurídica" (p. 72). Mais uma vez, surge o homem e suas circunstâncias. Aquele Estado multinacional e multiétnico,⁴⁴ que por tantos séculos prestou grande serviço à Europa, contendo conflitos e sustentando a diversidade de seus povos, era também o modelo real para a identificação entre Estado e direito, mas não porque o

---

Economia da República da Áustria (1919), é um dos mais importantes economistas do século XX. É muito conhecido pela ideia de "destruição criativa de mercados".

43 Karl Popper (1902-1994), filósofo da Ciência, posteriormente naturalizado britânico e tornado nobre pela rainha Elizabeth II, tem diversas obras de grande impacto no pensamento contemporâneo. Seu livro mais famoso é *Conjectures and refutations*: the growth of scientific knowledge, 1963, traduzido para o português com o título *Conjecturas e refutações*: o progresso do conhecimento científico (tradução Benedita Bettencourt. Coimbra: Almedina, 2003).

44 Muita vez, é esquecido que a Áustria-Hungria resistiu durante 400 anos às invasões europeias do Império Otomano, cujas forças chegaram às portas de Viena no século XVII, sob a liderança do grão-vizir Kara Mustafá Paxá. Quase todos os territórios não alemães da Áustria, inclusive a Hungria, foram conquistados dos otomanos após longas e custosas guerras. A conformação multinacional desse Império deu-se, portanto, não por desejos expansionistas dos austríacos, mas por sua atuação permanente em favor da retomada de territórios historicamente cristãos do poderio islâmico do sultão otomano, conhecido como "a sombra de Deus na terra". Com tal pano de fundo, a monarquia austríaca não poderia considerar o ideal de autodeterminação dos povos sem o necessário contraponto histórico relativo ao modo de formação de seus territórios magiares e eslavos.

primeiro se sobreporia ao último, e sim porque o último daria substância ao primeiro:[45]

> Com relação ao Estado austríaco, que era composto de tantos grupos distintos em raça, língua, religião e história, | as teorias que tentavam fundamentar a unidade do Estado em alguma relação sociopsicológica ou sociobiológica entre as pessoas juridicamente pertencentes ao Estado mostravam-se com toda evidência como ficções. (p. 72)

Nesse capítulo, os episódios envolvendo seu colega Max Adler e Fritz Sander, pupilo de Kelsen, são bastante reveladores. As renhidas lutas acadêmicas entre Adler, o marxista, e Kelsen não impediram que o último atuasse fortemente em favor do primeiro na obtenção de cátedra universitária. A despeito de artigos com pesadas refutações, de caráter recíproco, Kelsen mostrou-se antes de tudo um admirador da qualidade científica, independentemente de suas opiniões pessoais.

Em relação a Fritz Sander, por quem Hans Kelsen tanto fez e que reiteradamente o atraiçoou, inclusive com uma injusta acusação de plágio, além de sua inclinação para perdoar e esquecer os agravos, extrai-se da "Autobiografia" esta importante confissão: "Creio que um professor não pode cometer erro maior que esperar de seus alunos apenas um *jurare ad verba magistri*" (p. 75). A sentença de Horácio (*nullius addictus jurare in verba magistri*), segundo a qual não se é obrigado a jurar sobre as palavras do mestre, representa a subversão à praxe acadêmica de os discípulos serem meros reprodutores do pensamento do *caput scholae*. Nos rituais da universidade, em larga medida, vive-se o ciclo do pupilo obediente, a quem é dado parafrasear o mestre, até que, após a penosa ascensão na hierarquia universitária, ele ganhe o direito de escrever livremente. Em geral, é por essa época que o velho catedrático se terá jubilado e seu antigo discípulo ocupará seu lugar. Kelsen nega-se a ter a lealdade de seus seguidores pelo simples fato de ser ele o "chefe de Escola". Ele parece ter satisfação com o debate, a crítica, a refutação, posto que seja feroz em suas réplicas, como não deixa de ressaltar de tempos em tempos na "Autobiografia". Um exemplo disso está na

---

45 Entendimento semelhante é também defendido por Rudolf Aladár Métall (*Op. cit.*, p. 42-43) e por Mario G. Losano (Hans Kelsen: una biografía cultural mínima. *Derechos y libertades*: Revista del Instituto Bartolomé de las Casas, año n. 10, n. 14, p. 113-128, 2006. p. 114-115).

referência a um panfleto publicado pelo barão Schwind contra Kelsen, considerado por ele "absolutamente tolo". Para Kelsen, "foi uma brincadeira desarmá-lo na minha réplica", a ponto de que "o barão Schwind nunca se recuperou desse golpe, como me asseguraram os seus amigos em tom de repreensão" (p. 52). Esse destemor talvez seja uma das fontes de tantas polêmicas, e, por outro lado, permitiu que sua teoria fosse submetida a variegados testes e ainda permaneça útil nos dias de hoje.

Na "Introdução", Matthias Jestaedt menciona diversas vezes outro pupilo de Hans Kelsen (p. 5, 9-11, 15, 21-22), o húngaro Rudolf Aladár Métall (1903-1975), que é descrito como "aluno e assistente, biógrafo e bibliógrafo, companheiro e amigo de Kelsen" (p. 9). Ele não é referido na "Autobiografia", mas teve grande responsabilidade pela conservação do acervo de Kelsen, além de ser o autor da biografia *Hans Kelsen. Leben und Werk* [Hans Kelsen. Vida e obra], publicada em Viena em 1969, pela editora Franz Deuticke. Um dado notável é que Rudolf Aladár Métall, que também foi assistente de Kelsen em Colônia, posteriormente naturalizou-se brasileiro. Em nosso país, ele participou da formação de um grupo de austríacos no exílio, denominado Áustria Livre, de linha antinazista e legitimista, adepto da antiga Monarquia.[46]

III.4. Kelsen, Freud e Weber

A "Autobiografia" não menciona uma única vez Sigmund Freud (1856-1939), nascido em território boêmio, com ancestrais judeus da Galícia, assim como Kelsen. Não deixa de ser surpreendente essa omissão, dado o grande interesse de Kelsen pela psicanálise e o profundo respeito intelectual que havia entre os dois.

Freud, na verdade, está presente de maneira silenciosa em ao menos duas passagens da "Autobiografia".

No capítulo "Faculdade", Kelsen dá o crédito a Otto Weininger por sua decisão de se voltar para a Filosofia e para o estudo científico, apesar do desestímulo intelectual do ambiente universitário: "A personalidade de Weininger e o sucesso póstumo da sua obra influenciaram de modo decisivo minha decisão de realizar um trabalho

---

46 Kestler, Izabela Maria Furtado. *Exílio e literatura*: escritores de fala alemã durante a época do nazismo. Tradução Karola Zimber. São Paulo: Edusp, 2003. p. 178-179.

científico" (p. 41). Esse amigo tão estimado, "dois anos mais velho que eu [Kelsen]", foi suicida aos "23 anos e meio" (p. 40-41), pouco depois de haver publicado sua notável tese de doutoramento sobre "Sexo e caráter".

A causa não declarada do suicídio foi uma polêmica envolvendo uma acusação de plágio contra Weininger, com o envolvimento de Freud, que lhe teria transmitido o resultado de pesquisas de Wilhelm Fliess, um antigo discípulo e depois desafeto desse último.

Mario G. Losano defende a ideia de que a morte do amigo, em circunstâncias tão intimamente ligadas às disputas intelectuais entre um "chefe de Escola" e seus discípulos, não deixou de influenciar Kelsen, a ponto de ele ficar enojado e declarar, no prefácio de *Reine Rechtslehre*, que havia reunido seguidores em torno da Teoria Pura do Direito, mas que nunca formara em torno de si uma Escola.[47]

A segunda referência indireta a Freud surge no capítulo "Atividade Acadêmica em Viena, 1919-1929". Como já se assinalou, Kelsen foi acusado de plágio por seu pupilo Fritz Sander, a respeito de quem Kelsen faz o seguinte comentário na "Autobiografia": "Ele tinha um caráter altamente contraditório, e seu comportamento para comigo era um exemplo típico de amor e ódio, ou, para utilizar uma expressão psicanalítica, um complexo de Édipo" (p. 77). Não deixa de ser interessante comparar a atitude magnânima de Kelsen em relação a Sander com a de Freud no episódio Weininger, quando se nota aqui a presença de dois elementos identificáveis no suicídio de Otto Weininger: o plágio e o seguidor de um *caput scholae*.

A descrição edipiana de Fritz Sander não foi um simples exemplo de vulgarização teórica, tão comum nos dias de hoje. Trata-se de efeito direto da influência freudiana sobre Kelsen, que frequentara um seminário semestral do pai da psicanálise (os "encontros das quartas-feiras")[48] e que, em 1911, ano da publicação de sua tese de livre-docência, já havia sido admitido como membro da Sociedade Psicanalítica de Viena.[49]

---

47 Losano, Mario G. Kelsen y Freud. In: Correas, Óscar (Comp.) *El otro Kelsen*. México: UNAM, 1989. p. 103-104.
48 Losano, Mario G. *Op. cit.*, p. 108.
49 Jabloner, Clemens. Kelsen and his Circle: The Viennese Years. *European Journal of International Law* 9 (1998). p. 368-385. p. 382.

Em 1922, Kelsen publicou o texto de uma conferência proferida, a convite de Freud, na Sociedade Psicanalítica de Viena. Esse trabalho, que ganhou estampa na também freudiana revista Imago, intitulava-se "*Der Begriff des Staates und Sozialpsychologie. Mit Besonderer Berücksichtigung von Freuds Theorie der Masse*" [O conceito de Estado e a psicologia social. Com especial referência à teoria das massas de Freud].[50] Nesse material, ele fez instigantes aproximações entre Deus e o Estado, além de descrever as relações entre os indivíduos e esses dois entes sob o enfoque psicanalítico. Kelsen abordou o problema da Teodiceia (que se ocupa da coexistência de Deus Todo-Poderoso, conteúdo e continente da infinita bondade, com o mal no mundo) e afirmou que essa encontraria seu equivalente na teoria jurídica na figura dos *ilícitos de Estado*. Em outra seção do artigo, Kelsen propõe a analogia entre a concepção teológica do milagre e certos pontos da teoria do Direito e do Estado.[51] É evidente que houve discrepâncias entre eles ou alguma incompreensão das ideias de Freud por Kelsen, de modo específico no que se refere ao papel da *coesão das massas* na fundamentação do Estado.[52]

Dessa relação, ficaram muitas reminiscências pessoais, além da influência teórica. E ajudam a compreender a obra kelseniana. Segundo Ulises Schmill Ordóñez, que visitou Kelsen em sua residência, no ano de 1967, havia na parede de sua casa retratos de Einstein, Kant, Freud e de uma mulher "arrebatadoramente formosa". Schmill Ordóñez indagou-lhe o porquê da fotografia de Freud, tendo a seguinte resposta: "(...) era 'pela forma tão completa com que Freud havia-se identificado com sua própria teoria."[53]

Max Weber (1864-1920) é outra relevante personagem que pouco aparece no escrito autobiográfico de Kelsen.[54]

No capítulo "Livre-docência", após relatar sua decepcionante passagem por Heidelberg e seu contato não menos negativo com Jellinek, Hans Kelsen assinalou que: "Por causa disso deixei de ter contato mais próximo com o círculo de Max Weber, que lecionava então com

---

50 Jabloner, Clemens. *Op. cit.*, *loc. cit.*
51 Kelsen, Hans. Der Begriff des Staates und die Sozialpsychologie. Mit besonderer Berücksichtigung von Freuds Theorie der Masse. Imago, 8. Jahrgang, 1922, Seite 97-141.
52 Jabloner, Clemens. *Op. cit.*, p. 383.
53 Schmill Ordóñez, Ulises. Un poema de Kelsen. *Doxa*. n. 19, p. 33-36. p. 34.
54 Ver nota biográfica (de nº 44) na p. 48 da "Autobiografia".

grande sucesso em Heidelberg e com | cujos escritos eu só me familiarizaria muito tempo depois" (p. 48). Como ele próprio confessou, "só cheguei a conhecer esse homem excepcional no curto período em que ele trabalhou em Viena após a Primeira Guerra Mundial. Não travei relações pessoais em Heidelberg" (p. 49). Na nota n. 45, p. 49, alude-se ao comparecimento de Max Weber a um seminário de Kelsen.

A importância de Max Weber é tamanha na obra de Kelsen que, na introdução de sua tese de livre-docência, ele dedicou expressa referência ao trabalho Die "Objektivität" sozialwissenschaftlicher und sozialpolitischer Erkenntnis [A "objetividade" do conhecimento nas Ciências Sociais e na Ciência Política], publicado em 1904 no Archiv für Sozialwissenschaft und Sozialpolitik.[55] Sobre essa citação, única em todo o texto de Principais problemas e não conservada na segunda edição de 1923 (como de resto toda a introdução foi retirada), Norberto Bobbio destaca que ela é importante, em termos simbólicos, por revelar a consideração que Kelsen possuía pelo "jovem e já conhecido jurista, formado na Escola de Jellinek".[56]

Kelsen, nessa famosa citação, diz que, em se podendo valer das observações de Weber, na mencionada obra, a principal característica de sua tese está em não querer ir além do tratamento puramente formal das proposições jurídicas, pois nessa limitação está escondida a essência do tratamento formal-normativo (formal-normativen) da Ciência do Direito (Jurisprudenz).[57]

A concepção weberiana do Direito é estruturalmente diversa da formulada por Kelsen. Um exemplo clássico está na coação como elemento essencial da norma (Kelsen) e em sua compreensão como condição de garantia externa, não necessária da norma (Weber). Além disso, Kelsen propôs um sistema jurídico autorreferente, enquanto Weber imaginou um sistema externamente referenciado. Pode-se dizer que Kelsen e Weber representam duas visões bastante diferenciadas do Direito, mas igualmente respeitáveis por suas contribuições metológicas.

---

55 (19. Bd., Heft 1, S. 22-87).
56 Bobbio, Norberto. Kelsen y Max Weber. In: Correas, Óscar (Comp.) El otro Kelsen. México: UNAM, 1989. p. 58.
57 Kelsen, Hans. Hautprobleme der Staatsrechtslehre... p. IX.

IV. Kelsen e o Tribunal Constitucional

Uma das fases mais citadas da vida de Hans Kelsen, mormente nos manuais de direito constitucional e nas obras monográficas sobre o controle de constitucionalidade, foi sua passagem pela Assembleia Constituinte e pelo Tribunal Constitucional da jovem República da Áustria. Ele dedica um capítulo a esse tempo tão relevante de sua existência, que teve início em 1919. A convite de Karl Renner, um dos autores do moderno conceito de "função social", então chanceler do Governo Provisório da República da Áustria,[58] Hans Kelsen informa que assumiu a função de redigir a Constituição austríaca definitiva.[59] Segundo ele, uma de suas principais contribuições foi transformar a antiga Corte Imperial em Corte Constitucional, "a primeira desse tipo na história do direito constitucional", pois, "[a]té então, nenhuma corte havia recebido competência para revogar leis por motivo de inconstitucionalidade com efeito geral e não restrito ao caso particular" (p. 80). Sobre esse ponto, como afirma Virgílio Afonso da Silva, é necessário dar o crédito a Georg Jellinek, com quem Kelsen teve aulas em Heidelberg. É dele a ideia de um "tribunal constitucional para a Áustria", expressa em livro com esse título (*Ein Verfassungsgerichtshof für Österreich*. Wien: Hölder, 1885), fato reconhecido pelo próprio Kelsen.[60]

Deve-se a Kelsen a redação da parte final do art. 1º da Constituição austríaca: "A Áustria é uma república democrática. *Seu direito emana do povo*" ["*Österreich ist eine demokratische Republik. Ihr Recht geht vom Volk aus*"].[61] Esse trecho arreda-se da fórmula constitucional clássica de que "todo poder emana do povo", como se observa, *v.g.*, na Constituição brasileira (art. 1º, parágrafo único). A substituição de

---
58 E, no segundo pós-guerra, presidente da República da Áustria entre 1945-1950. Ver nota biográfica (de n. 130) sobre Karl Renner na p. 79 da "Autobiografia".
59 "*Adopted in 1920, this document has remained unchanged in its fundamental principles right throughout this century*" (Ladvac, Nicoletta Bersier. *Op. cit.*, p. 392).
60 Silva, Virgílio Afonso da. O STF e o controle de constitucionalidade: deliberação, diálogo e razão pública. *Revista de Direito Administrativo*, n. 250, p. 197-227 (p. 220), 2009.
61 Ermacora, Felix. Österreichs Bundesverfassung und Hans Kelsen. In: Merkl, Adolf J; Verdross, Alfred; Marcic, René; Walter, Robert (Hgs). *Festschrift fur Hans Kelsen zum 90. Geburtstag*. Wien: Franz Deuticke, 1971. p. 26.

poder por *Direito* não é retórica. Ela *conduz* a Constituição austríaca aos fundamentos da Teoria Pura do Direito e *reconduz* o problema da legitimidade do Estado para o Direito e não para o *poder*.

Motivo de orgulho para Kelsen é o fato de que não houve modificações na parte do projeto sobre a jurisdição constitucional. Essa é, sem dúvida, razão para grande contentamento. Ele inscreveria seu nome na história do direito constitucional de modo indelével, ainda que sua teoria pura nunca chegasse a merecer o acatamento que efetivamente teve.[62] A influência de seu modelo de jurisdição constitucional é expressiva até os dias atuais, quando se nota que a França, um país historicamente refratário à intervenção judicial na atividade legislativa, por emenda constitucional de 2008, passou a admitir o controle de constitucionalidade *a posteriori*.[63]

Criada a Corte Constitucional, elegeu-se Kelsen para integrá-la. Ele não descreve de forma minudente sua passagem por quase 10 anos por esse órgão. Prefere relatar as dramáticas circunstâncias do encerramento de sua participação na Corte, graças à Reforma Constitucional de 1929.

A crise, segundo ele, deveu-se à decisão da Corte Constitucional de restringir as atribuições da Polícia Federal austríaca, e, de modo mais intenso, ao famoso julgamento das "dispensas matrimoniais". O Código Civil austríaco não permitia o divórcio, por considerar indissolúvel o casamento, por efeito da influência canônica. Era admitida, no entanto, a cessação judicial dos efeitos do vínculo conjugal, com separação de corpos, sem, contudo, a extinção do matrimônio e a realização de novas núpcias. Algo muito parecido com o antigo desquite, que existiu durante quase toda a vigência do Código de 1916 no Brasil, até sua substituição pela figura jurídica da "separação judicial", por efeito da Lei do Divórcio de 1977 (Lei n. 6.515, de 26.12.1977).

---

62 Outro motivo de grande orgulho para Kelsen é que a Constituição austríaca, após a liberação do país do domínio nacional-socialista, foi restabelecida como lei fundamental da República em 1945 (Metáll, Rudolf Aladár. *Op. cit.*, p. 37).

63 Veja-se, a respeito, o artigo de Federico Fabbrini (Kelsen in Paris: France's constitutional reform and the introduction of *a posteriori* constitutional review of legislation. *German Law Journal*, n. 9, p. 1.297 e 1299, 2008), para quem "*the major effect of the constitutional revision is to import into the French legal system the ideas of constitutional adjudication elaborated by Hans Kelsen*".

O imperador dispunha de autoridade para conceder, *ad libitum*, "dispensas matrimoniais" e, com isso, extinguir os vínculos do casamento, como se inexistente esse houvera sido. Era uma faculdade que realçava o princípio do absolutismo monárquico, mas que era exercida de maneira discricionária e muito raramente.

Com a República, o problema se manteve, porquanto os partidos políticos conservadores e o social-democrata tiveram de chegar a uma solução de compromisso, dado o equilíbrio de forças no Parlamento. Com isso, a licença matrimonial era concedida durante as férias – especialmente tiradas para esse fim – do chanceler católico, quando assumia seu vice, um social-democrata, com o objetivo de evitar problemas de consciência para aquele.

Ocorre que um tribunal resolveu anular o ato administrativo que concedeu uma licença matrimonial (o que, na prática, autorizava novo casamento), em nome da contrariedade à lei. Os tribunais passaram a declarar a nulidade dessas licenças e, por consequência, dos novos casamentos, porém, resguardaram os efeitos residuais do nulo. Assim, os filhos nascidos do novo casamento (invalidado pela sentença) eram considerados legítimos, a despeito do vício de origem na união. Como Kelsen explica, tendo o caso chegado ao Tribunal Constitucional, por meio de reclamação de um advogado que fora seu aluno, a Corte manteve o ato e sustentou a validez da outorga das licenças. A decisão foi "conservadora", pois manteve a autoridade da Administração, conforme historicamente se dava desde os tempos da Monarquia.

Em sua atuação como juiz constitucional, nesse capítulo, Hans Kelsen demonstra sua indiferença aos assim chamados "clamores populares". Sua posição no caso das "dispensas matrimoniais" causou-lhe embaraços públicos, ataques pessoais, ao ponto de suas duas filhas pequenas serem confrontadas, na porta de casa, com um cartaz que "continha os mais obscenos impropérios de ordem sexual" (p. 91).

Destaca-se, ainda, sua recusa a ser indicado para a nova Corte Constitucional, após a Reforma de 1929, por efeito de ele não querer "(...) exercer uma função judicial como homem de confiança de partido nenhum; considerava isso totalmente incompatível com a independência de um magistrado" (p. 92).

A coerência intelectual de Hans Kelsen, quanto à natureza independente do cientista, não seria maculada por sua atuação na vida pública. O cientista e o juiz constitucional mantiveram-se em conformidade a certos padrões, forjados desde o início de sua carreira.[64]

V. Mudança para a Alemanha, o fantasma do nacional-socialismo e Kelsen *internacionalista* em Genebra

V.1. Alemanha, Carl Schmmit e Hitler

Sua despedida da Áustria foi objeto de lamentação em muitos segmentos. Essa perspectiva é alentadora, pois já era notório o reconhecimento de seu valor por seus contemporâneos, o que não é algo muito comum na história humana. O chanceler federal Karl Renner publicou um artigo lamentando sua emigração, no qual dizia ser Kelsen "o mais original teórico do Direito de nosso tempo" [*der originellste Rechtslehrer unserer Zeit*]. As mais importantes personalidades intelectuais austríacas fizeram um abaixo-assinado pedindo às autoridades que intercedessem pela permanência dele no país.[65]

O certo é que, no capítulo "Colônia", ele passa a narrar sua mudança para essa cidade alemã, cujo prefeito era Konrad Adenauer.[66] Mesmo

---

64 A saída de Hans Kelsen do Tribunal levou Robert von Musil a escrever esse texto, que reflete sua indignação: "No jornal de hoje, está que o Tribunal Constitucional foi preenchido com base na nova lei. Em vez dos dois famosos juristas Kelsen e Layer, surgiu um professor universitário social cristão... Hoje pela manhã, eu também pensei que se deveria fundar uma associação contra a propagação da estupidez". No original: "*In der Zeitung stand heute, daß der Verfassungsgerichtshof auf Grund der neuen Gesetze neu besetzt worden ist. An Stelle der berühmten zwei Juristen Kelsen und Layer ist ein christilchsozialer Universitätsprofessor gekommen... Heute morgen noch dachte ic, man müsse einen Verein gegen die Ausbreitung der Dummheit gründen*" (Musil, Robert. *Tagebücher, Aphorismen, Essays und Reden*. Hamburg: Rowhlt, 1955. S. 315, *apud* Metáll, Rudolf Aladár. *Op. cit.*, p. 56).

65 A contrastar com esses apelos, registra-se que, em sua despedida formal do ministro da Educação austríaco, o professor Heinrich Ritter [cavaleiro] von Srbik, Kelsen ouviu dessa autoridade o protocolar voto de que ele tivesse uma permanência confortável em Colônia (Métall, Rudolf Aladár. *Op. cit.*, p. 57).

66 Konrad Hermann Joseph Adenauer (1876-1967), natural de Colônia, estadista alemão, após a II Guerra Mundial fundou a União Democrata-Cristã, importante

inicialmente contrariado, Kelsen volta-se para o direito internacional. As circunstâncias imprevisíveis uma vez mais tornam a interferir em sua vida. E, de modo também inesperado, essa nova ligação intelectual não será destituída de reflexos para a ciência do direito. O internacionalista Kelsen fornecerá as bases para uma das mais importantes construções teoréticas dessa área do direito, o *monismo jurídico*, que equipara os tratados internacionais ao direito interno, após sua adoção pelos meios competentes pelo ordenamento jurídico nacional.

Na "Autobiografia", não se faz alusão ao importante escrito kelseniano de 1931, "*Wer soll der Hitter der Verfassung sein?*" [Quem deve ser o guardião da Constituição?], a famosa réplica ao texto de Carl Schmitt intitulado "*Der Hüter der Verfassung*" [O guardião da Constituição], seu antípoda na questão sobre o papel e as funções de um Tribunal Constitucional. No Brasil, o uso dessa terminologia é antigo. A Constituição Imperial (artigo 15, inciso IX) e a Constituição de 1891 (artigo 35, 1º) atribuíam ao Parlamento a competência para "velar na guarda da Constituição". Apenas com a Constituição de 1988, em seu artigo 102, é que se afirmará textualmente competir ao Supremo Tribunal Federal a "guarda da Constituição", embora essa função já lhe fosse reconhecida por meio de controle de constitucionalidade nos textos magnos anteriores. Não deixa, contudo, de ser particularmente singular essa mudança, se observada no contexto da polêmica Schmitt-Kelsen.

E muito poderia ser dito sobre essa polêmica, que hoje está em plena ebulição nos estudos de Teoria da Constituição, no que se refere à assunção pelo Tribunal Constitucional de uma espécie de *poder moderador* ou se essa prerrogativa caberia ao presidente do Reich. Em 1933, Schmitt ocuparia a cátedra da Universidade de Colônia, no mesmo ano em que Kelsen perderia a sua vaga naquela instituição. Schmitt, que se manteve filiado ao Partido Nacional-Socialista até o fim da guerra, embora afastado das atividades partidárias em 1936,

---

partido político de centro-direita, de grande importância histórica, por haver unido católicos e protestantes na Alemanha, com base em um programa humanista e democrático. Ele foi o primeiro chanceler da então Alemanha Ocidental e grande responsável pela reconstrução do país e por sua refundação política (com a Lei Fundamental de 1949) e econômica. Juntamente com Charles de Gaulle, Adenauer instituiu as bases da União Europeia, com o fim de disputas históricas entre alemães e franceses.

por acusações levantadas contra ele por Heinrich Himmler, tentou justificar-se posteriormente dizendo ter sido o "Benito Cereno" do direito.[67-68] Schmitt, em certa medida, foi um dos poucos membros da academia alemã, bem como de sua magistratura, que sofreu as consequências de sua adesão ao nazismo, como adverte Ingeborg Maus.[69] Muitos professores e juízes se "reinventaram" no pós-guerra e fizeram largo uso do instrumental teórico desenvolvido sob o regime hitlerista, como o apelo às cláusulas gerais, aos princípios e à noção de ordem jurídica como uma "ordem de valores".[70]

---

67 *Benito Cereno* é o nome de uma novela do escritor norte-americano Herman Melville, publicada em 1855. O centro da narrativa é uma rebelião a bordo de um navio mercante espanhol, em 1799, na qual todos os oficiais superiores são assassinados pelos escravos que eram transportados na embarcação. Benito Cereno, o capitão do navio, e os marujos espanhóis são obrigados pelos rebeldes a fingirem que a nau continua a ser controlada normalmente por seus titulares, e não pelos escravos, durante a abordagem por um navio americano. A situação de ambiguidade e a necessidade de fingir para preservar seus companheiros de marinharia são os elementos metafóricos que Schmitt usou para justificar sua atitude durante o período nazista.

68 Roth, Klaus. Carl Schmitt: ein Verfassungfreund? Seine Stellung zur Weimarer Republik in der Phase der relativen Stabilisierung (1924-29). *Zeitschrift für Politik*. 52 Jg, p. 141-156, 2/2005. p. 154.

69 "Abstraindo-se de Carl Schmitt como grande exceção, após 1945, como se sabe, praticamente nenhum representante da ciência do direito, conforme ao sistema nazista, perdeu sua cátedra. Por isso, na primeira discussão crítica do pós-guerra, um proeminente e (sobretudo) desempossado professor universitário obteve uma função de substituto, enquanto seus colegas, igualmente envolvidos, mantiveram o poder de definição científica mesmo no processo de superação do passado científico-jurídico que, simultaneamente, era o seu próprio passado" (Maus, Ingeborg. Vinculação legal do Judiciário e estrutura das normas jurídicas nazistas. In: *O Judiciário como superego da sociedade*. Tradução de Geraldo de Carvalho e Gercélia Batista de Oliveira Mendes. Rio de Janeiro: Lumen Juris, 2010. p. 42.

70 Nesse sentido: "A experiência histórica é contundente a esse respeito. Durante o nacional-socialismo, foram precisamente os juristas que proclamaram a importância de princípios orientados por valores e teleologias, especialmente nos termos da tradição hegeliana, que pontificaram nas cátedras. Autores ditos 'formalistas', os quais Hauke Brunkhorst relacionou sugestivamente com o 'positivismo jurídico democrático', destacando-se Hans Kelsen, foram banidos de suas cátedras ou não tiveram acesso ao espaço acadêmico. Evidentemente, para o '*Führer*', um modelo com ênfase em regras constitucionais e legais seria praticamente desastroso." (Neves, Marcelo. *Entre Hidra e Hércules*: Princípios e regras constitucionais como diferença paradoxal do sistema jurídico. Brasília: UnB, 2010. p. 175.)

A ascensão de Adolf Hitler à chancelaria do Reich alemão, evento de importância incomensurável na história do século XX e na vida do próprio Kelsen, é merecedora deste registro na "Autobiografia": "Em 1933, Hitler tornou-se chanceler do Reich e eu fui um dos primeiros professores a serem demitidos pelo governo nazista" (p. 95). Mais uma vez, Hans Kelsen é favorecido por circunstâncias aparentemente adversas. Seu afastamento da Universidade de Colônia deu-se inicialmente por questões políticas, dado que os nazistas supunham que ele fora membro do Partido Social-Democrata austríaco. Seus colegas professores elaboraram uma petição ao Governo, atestando que os integrantes da universidade eram unânimes em reconhecer as grandes qualidades de Kelsen como docente, o efeito deletério de sua saída para a instituição e o fato de que ele nunca fora filiado a qualquer partido. Para conhecimento do leitor de língua portuguesa, em honra desses homens, é de se registrar a coragem dos professores Hans Carl Nipperdey[71] (novo decano da Faculdade de Direito, após a renúncia e subsequente demissão de Kelsen), Heinrich Lehmann,[72] Hans Planitz,[73] Godehard Josef Ebers,[74] Albert Aloysius Egon Coenders[75] e Gotthold Bohne,[76] que subscreveram o documento, com elevado custo, no futuro,

---

71 Hans Carl Nipperdey (1895-1968), professor da Universidade de Colônia, onde lecionou Direito Civil, Direito do Trabalho e Direito Comercial. Foi coautor da famosa coleção de Direito Civil dirigida por Ludwig Ennecerus e criador da teoria da eficácia direta dos direitos fundamentais entre os particulares (*Theorie der unmittelbaren Drittwirkung der Grundrechte*). Presidiu o Tribunal Federal do Trabalho (*Bundesarbeitsgerichts*), equivalente brasileiro ao Tribunal Superior do Trabalho.
72 Heinrich Lehmann (1876-1963), professor e reitor da Universidade de Colônia, foi coautor da famosa coleção de Direito Civil dirigida por Ludwig Ennecerus.
73 Hans Planitz (1882-1954), professor e reitor da Universidade de Colônia, onde lecionou História do Direito alemão. Posicionou-se contra as atividades nazistas dentro da Universidade, quando foi reitor da instituição em 1929-1930.
74 Godehard Josef Ebers (1880-1958), professor de Direito Eclesiástico e reitor da Universidade de Colônia (1932-1933), sofreu perseguições do regime nazista, especialmente após ter-se recusado a saudar a bandeira com a suástica, em uma solenidade universitária. Perdeu seu cargo e emigrou para a Áustria, onde, após a guerra, se tornou juiz do Tribunal Constitucional.
75 Albert Aloysius Egon Coenders (1883-1968), professor da Universidade de Colônia, onde lecionou Direito Penal e Direito Processual.
76 Gotthold Bohne (1890-1957), professor de Direito Penal na Universidade de Colônia, onde foi reitor por dois mandatos (1949-1950 e 1950-1951). Hans Welzel, o famoso criminalista, foi seu assistente em Colônia.

para suas carreiras (e suas vidas). Ao firmar esse pedido, eles se vinculavam a um homem caído em desgraça e atraíam para si as suspeitas do regime nazista, mas inscreviam seus nomes na História. Apenas Carl Schmitt se recusou a assinar a petição. Sua ausência teve peso significativo no fracasso da iniciativa dos colegas de Colônia, apesar dos grandes esforços de Kelsen para que Carl Schmitt ocupasse a cátedra do professor aposentado Fritz Stier-Somlos. Como bem ressalta Rudolf Aladár Métall, com sua atitude desonrosa, Schmitt, na verdade, contribuiu para a sobrevivência de Kelsen, pois se ele tivesse continuado na Alemanha, talvez houvesse perdido não apenas sua cátedra, mas a própria vida.[77]

Outro acaso determinante em sua vida: um nazista, servidor de baixo escalão da Universidade de Colônia, ajuda-o espontaneamente a conseguir autorização para sair da Alemanha (agora nacional-socialista): "Foi assim que esse nazista salvou-me a vida de modo altamente desinteressado. E eu nunca nem mesmo soube seu nome" (p. 96).

V.2. Genebra, estudos metajurídicos e o Direito Internacional

A fuga da Alemanha conduziu Hans Kelsen para Viena e, de lá, para Genebra. Poderia ter ido para Londres ou Nova York. Preferiu, contudo, a Suíça, onde já havia lecionado em cursos livres. A razão era prosaica: falava francês melhor do que o inglês.

Essa fase da vida de Kelsen, que tem início em setembro de 1933, descrita no capítulo "Genebra", é bastante rica intelectualmente e fundamental para a concepção de sua teoria pura. Nesse período, Hans Kelsen enuncia como objeto de suas pesquisas na etapa suíça: o direito natural, a experiência jurídica e religiosa das Antiguidades Clássica e Oriental, o papel da alma. Noções como a retributividade, a sanção e o estímulo foram apreciadas de maneira sistemática por ele, e, como se pode notar, os resultados dessas pesquisas estão presentes na teoria pura do direito. As ideias de sanção, sanção premial e coação conservam reflexos desses estudos. É igualmente notável que Hans Kelsen tenha feito incursões na antropologia, na sociologia e na etnografia.

---

[77] Métall, Rudolf Aladár. *Op. cit.*, p. 61.

No capítulo "Genebra", Hans Kelsen também informa que, ao chegar à Suíça, seu "plano original" era elaborar "uma teoria sistemática do positivismo jurídico ligada a uma crítica da teoria do direito natural" (p. 97), o que não foi adiante por ele haver percebido a necessidade de antes elaborar uma história da teoria do direito natural. Posto que muito vulgar nos textos escritos sobre Kelsen, a referência ao positivismo só aparece nessa página da "Autobiografia". Em relação ao positivismo de Kelsen podem-se encontrar muitos equívocos conceituais, ao exemplo de associá-lo à obra de Auguste Comte (1798-1857).[78] Como adverte Gabriel Nogueira Dias, "o positivismo jurídico não coincide simplesmente com a filosofia positivista", além do que "o positivismo, fundado por Auguste Comte e continuado por pensadores como Bordier, Courcelle-Seneuil e Tarde, é uma corrente filosófica oriunda da França que quer limitar a possibilidade de explicação do mundo à observação e ordenação científicas de fatos físicos, sociais e psíquicos".[79]

Em 1934, ele publica *Reine Rechtslehre* [Teoria pura do direito], pela editora vienense Franz Deuticke, seu livro mais famoso, que emprestou o nome à sua teoria, hoje internacionalmente conhecida. O leitor dispõe de versões dessa obra em língua portuguesa, não sendo este o local mais apropriado para examinar, ainda que perfunctoriamente, seu conteúdo. Interessa destacar que a edição de 1934 foi substancialmente modificada ao longo de sua vida, como se percebe da segunda edição de 1960. Essas alterações, além de limitarem muitas das críticas feitas a Kelsen, que não levam em conta as diferentes edições desse livro, permitem compreender a evolução de seu pensamento, que ocorrerá até seus últimos instantes de vida. A noção de norma hipotética fundamental sofrerá ajustes e modificações nos textos subsequentes de *Reine Rechtslehre*.

Ele escreveu, em 1936, o importante texto "La transformation du droit international en droit interne" [A transformação do direito internacional em direito interno], publicado na *Revue Générale de Droit International Public* [Revista geral de direito internacional público]. Embora seja de 1926, um estudo muito profundo de sua autoria,

---
78 *V.g*: Torres, Ana Paula Repolês. Uma análise epistemológica da teoria pura do direito de Hans Kelsen. *Revista CEJ*, v. 10, n. 33, p. 72-77, abr./jun. 2006. p. 73.
79 Dias, Gabriel Nogueira. *Op. cit.*, p. 79, nota de rodapé 163.

intitulado "Les rapports de système entre le droit interne et le droit international public" [As relações sistemáticas entre o direito interno e o direito internacional público], publicado em *Recueil des Courts*, da Academia de Direito Internacional de Haia, no qual Kelsen analisou as correlações entre o direito interno e o Direito Internacional Público de maneira inovadora para os padrões da época.

Na fase genebrina, Kelsen, na condição de árbitro internacional, elaborou um parecer sobre "A competência da Assembleia Nacional Constituinte de 1933/1934", no qual ele analisa diversas questões sobre a legitimidade de atos do Governo Provisório de Getúlio Vargas, que chegara ao poder após a Revolução de 1930, em face da Assembleia Constituinte.

Recorde-se que a Revolução de 1930, liderada por Getúlio Vargas, manteve o País sem Constituição formal até 1934. Os poderes reais do Estado brasileiro estavam nas mãos do chamado Governo Provisório. Após muita contestação social e a Revolução Constitucionalista de 1932, em São Paulo, convocou-se uma Assembleia Nacional Constituinte, cujo regimento interno foi baixado pelo Decreto nº 22.621, de 7.4.1933. O problema enfrentado por Hans Kelsen centrava-se na legitimidade desse ato normativo e na circunstância de se saber se a Revolução, ao convocar a Constituinte, havia exaurido sua autoridade.

Ele inicia seu parecer com a seguinte advertência: "Respondo aos quesitos, não do ponto de vista político ou de direito natural, mas exclusiva e unicamente do ponto de vista do *direito positivo*."[80]

Sobre a legitimidade do Governo Provisório, ele considera que este é "*a mais alta autoridade legislativa* que saiu *diretamente da revolução*", não cabendo fazer diferença essencial entre "um governo de fato e um governo *de jure* em direito das gentes e menos ainda no domínio do direito constitucional".[81] De modo mais direto, ele considerou que

> um governo formado por meio revolucionário possui os poderes que quer possuir sob a condição de que possa obter geralmente a obediência às suas prescrições. É o princípio da efetividade que vale para um governo originado de uma revolução como princípio de direito positivo.[82]

---

80 Kelsen, Hans. A competência da Assembleia Nacional Constituinte de 1933/34 (um texto de Kelsen sobre o Brasil). *Revista Trimestral de Direito Público*, n. 9, p. 5-8, (p. 5), 1995.
81 Kelsen, Hans. *Op. cit.*, p. 6.
82 Kelsen, Hans. *Op. cit.*, p. 7.

O período em Genebra não se encerrou propriamente. Ele, inicialmente, cumulará a cátedra suíça com uma nova experiência docente, dessa vez na Tchecoslováquia, sob a presidência de seu amigo Edvard Beneš.[83]

VI. Praga

O último capítulo – "Praga" – narra sua passagem pela Tchecoslováquia, quando foi professor da Faculdade de Direito da Universidade Alemã de Praga, convidado por seu amigo Franz X. Weiss, também de ascendência judaica.[84] Não foi uma troca de Genebra por Praga. Kelsen desejava acumular as duas funções docentes, com alternância durante o ano. Como ele afirma, "[n]ão pensei em abandonar totalmente meu cargo em Genebra e mudar-me para Praga, pois não tinha ilusões quanto às perspectivas do meu cargo em Praga" (p. 101). Essa opção de assumir a segunda cátedra foi tomada, como bem anota Matthias Jestaedt (p. 18), por sua "extraordinária importância para Kelsen do ponto de vista financeiro devido à perspectiva de exercer finalmente uma atividade com direito a pensão". Nosso biografado, em sua fase europeia, sempre às voltas com dificuldades materiais... [85]

O período foi muito difícil, como o leitor perceberá no respectivo capítulo. As agressões sofridas por ele em plena universidade foram

---

83 Ver nota biográfica na p. 62 (n. 89) da "Autobiografia".
84 Ver nota biográfica na p. 77 (n. 127) da "Autobiografia".
85 A assunção da cátedra em Praga permite explicar um ponto geralmente confuso sobre Kelsen: sua nacionalidade. Ele nasceu austro-húngaro. Com o fim da Monarquia, ele se converteu automaticamente em austríaco. Quando se tornou catedrático na Alemanha, recebeu as cidadanias prussiana e alemã, sem perder a austríaca. Na Tchecoslováquia, o estrangeiro que assumisse uma cátedra tornava-se nacional dessa República. Mas, isso implicava uma grande restrição: as leis tchecas não admitiam a dupla cidadania. Assim, em 1936, Kelsen tornou-se súdito da Tchecoslováquia e perdeu as nacionalidades austríaca e alemã. Em 1945, ele recebeu a cidadania norte-americana, abandonando a condição de nacional tcheco. Rigorosamente, Kelsen faleceu como um norte-americano, embora possa se dizer que ele é um jurista austro-húngaro. Não é correto, por conseguinte, qualificá-lo como um "jurista tcheco" ou "austro-americano", como se encontra alhures com alguma frequência (cf. Introdução por Mathias Jestaedt, p. 17).

perturbadoras.[86] Não era para menos. A Alemanha de Adolf Hitler, com o apoio de segmentos germanófonos na Áustria e na Tchecoslováquia, tinha planos para anexar territórios da antiga Boêmia, formando a Grande Alemanha. Tratava-se de aspiração antiga, que guardava estirpe no século XIX, dos falantes do idioma alemão espalhados pelo Império Germânico e pelo Império Austro-Húngaro. No último caso, eles desejavam separar-se dos povos eslavos e de outras minorias não germânicas e unir-se em torno de um Estado formado por pessoas com as mesmas raízes étnicas e linguísticas. Nesse contexto, deu-se a anexação dos Sudetos, região da Tchecoslováquia, pelos alemães, fato que desmoralizou os governos democráticos do Reino Unido e da República Francesa, que haviam assumido compromissos com a integridade daquela nação.

Em setembro de 1938, os líderes do Reino Unido (primeiro-ministro Neville Chamberlain), República Francesa (presidente do Conselho de Ministros Edouard Daladier), Alemanha (chanceler Adolf Hitler) e Reino da Itália (chefe de Governo Benito Mussolini) reuniram-se para decidir o futuro da Tchecoslováquia e firmaram os Acordos de Munique, célebres pelo vergonhoso sacrifício da independência desse país em favor do apaziguamento alemão. Sobre esses acordos, teria dito Winston Churchill a Neville Chamberlain: "Entre a desonra e a guerra, escolheste a desonra, e terá a guerra."

A história, ao menos para Hans Kelsen, parecia repetir-se. Da mesma maneira como no final do Império dos Habsburgos, ele foi chamado pelo então presidente tchecoslovaco Edvard Beneš para que, como narra no capítulo "Praga", "(...) elaborasse as linhas mestras da

---

86 As referências do capítulo "Praga" são corroboradas por Hans Georg Schenk (Kelsen in Prague: A personal reminiscence. *California Law Review*, n. 59, p. 614-615, 1971):
"*A very large number of students had turned up which, under the circumstances, seemed rather sinister. By no means all of them were law students or even members of the university; several of those present were students from the Deutsche Technische Hochschule who were not renowned for their zeal for extra-curricular subjects. As soon as Kelsen had uttered the first sentence of his lecture nearly everybody rose and left the hall. Those who wished to stay were forcibly removed, but I was allowed to keep the professor company, presumably because I was an assistant at the Staatswissenschaftliche Institut of the University. I have very good reason to believe that the instigator of the demonstration was one of Kelsen's former disciples who, though himself of Jewish origin, tried to curry favor with the Henlein party.*"

reforma constitucional" (p. 105), capaz de transformar a Tchecoslováquia em um Estado federal. Era tarde demais, assim como foi na velha Áustria.

VII. "O último refúgio do viajante cansado" [*Wandermüden letzte Ruhestätte*]

A narrativa autobiográfica encerra-se com sua ida para os Estados Unidos da América. Hans Kelsen exibiu sua capacidade premonitória em 1938, ao contrário de tantos outros na Europa. Ele estava convicto da deflagração de um novo conflito bélico no continente (p. 106). Seu temor era de que a neutralidade suíça não fosse respeitada por Hitler e, por isso, Genebra seria um lugar ilusoriamente seguro. Sua ida para a América do Norte deu-se, portanto, em condições nada seguras ou vantajosas. Como outros tantos milhares de exilados (ou autoexilados, por enquanto) ele partiu para o Novo Mundo, via Lisboa, desembarcando em Nova York no ano de 1940.[87] É comovente ler a confissão das dificuldades de Hans Kelsen com o idioma inglês, o que é natural para um homem chegado à casa dos 60 anos: "Certamente não foi fácil para mim acostumar-me com o inglês, que eu conseguia ler, mas mal conseguia falar e muito menos escrever" (p. 106).

Rejeitado por Harvard, surgiu o convite para a Universidade da Califórnia, em Berkeley. Como bem ressalvou Kelsen, para o

---

[87] O trágico caminho seguido pela Alemanha sob o domínio hitlerista não deixou de ser notado por juristas estrangeiros, a despeito da miopia de muitos professores alemães e austríacos, inimigos do regime, que não se evadiram a tempo de escapar da morte e da perseguição. Um curioso exemplo dessa percepção fora da Alemanha está em um artigo publicado em 1939, por Djacir Menezes, então diretor da Faculdade de Ciências Econômicas do Ceará e um dos grandes jusfilósofos de seu tempo, embora hoje pouco lembrado, que escreveu palavras proféticas em um texto sobre Kelsen: "Bem sei que, principalmente em matéria jurídica, as especulações dos pensadores têm que obedecer o ritmo dos traçados políticos – e os filósofos juristas da Alemanha atual dão-nos a prova mais triste disso. Nem sempre, nas horas em que recrudescem as ditaduras, o filósofo pode expor lucidamente suas opiniões" (Menezes, Djacir. A "normatividade" na teoria jurídica de Hans Kelsen. *Revista da Faculdade de Direito do Ceará*. v. 1, n. 1, p. 38-40, 1939. p. 38).

"Departamento de Ciência Política – não na Faculdade de Direito – dessa universidade" (p. 108). A explicação que ele dá para essa aparente contradição entre sua formação e o curso que o acolheu é bastante crível.[88] De fato, o modelo epistemológico norte-americano, baseado no método do caso, é bem diferente do direito continental, que é fortemente influenciado pela estrutura alemã da ciência do direito e da teoria geral do direito. Sua vida universitária nos Estados Unidos recebeu o apoio permanente (e fundamental) de Roscoe Pound, responsável por seu primeiro convite para lecionar na Califórnia.

A desmentir os que associam Kelsen a posições de controle da liberdade humana, é oportuno comentar que Berkeley se converteria, nos anos 1950-1960, em um dos centros mais engajados na luta pelos direitos civis nos Estados Unidos da América.[89] A condição de *liberal* (no jargão norte-americano, que não se confunde com a ideia de um liberal no sentido econômico) de Kelsen é reforçada até por ser essa universidade sua nova casa acadêmica. Ser de Berkeley era estar na vanguarda do que havia de mais contestador na sociedade e na vida universitária norte-americanas. O Kelsen que é, ainda hoje, apregoado como um baluarte do regressismo não corresponde a um cenário tão rebelde.

A frase de Hans Kelsen, lançada *en passant* no final do último capítulo, é digna das maiores reflexões pelos estudiosos de filosofia e teoria do direito: "Talvez o direito como objeto de conhecimento científico pertença realmente mais a uma faculdade filosófica, histórica ou de ciências sociais" (p. 108). Se os críticos da teoria kelseniana imputam-lhe o desprezo pelas dimensões axiológica e sociológica, é de se pôr em causa tamanha certeza após a leitura dessa passagem.

É nesse período californiano que Hans Kelsen publica a *General theory of law and State* [Teoria geral do direito e do Estado], de 1945, obra fundamental de sua bibliografia, que talvez rivalize em importância com *Reine Rechtslehre* [Teoria pura do direito]. Destacam-se,

---

88 E também sustentada pela doutrina contemporânea, que se dedicou a examinar o problema rejeição das ideias kelsenianas nos Estados Unidos da América: Telman, D. A. Jeremy. The reception of Hans Kelsen's legal theory in the United States: a sociological model. *L'Observateur des Nations Unis*, 24 jan. 2008.
89 Para um exame mais aprofundado do papel de Berkeley nesses movimentos, confira-se: Freeman, Jo. *At Berkeley in the sixties*: the education of an activist, 1961-1965. Bloomington: Indiana University Press, 2004. *passim*.

ainda, a edição de *Principles of international law* [Princípios de direito internacional], em 1952, além de seus ofícios na criação do marco normativo (e da própria instituição) da Organização das Nações Unidas, da qual foi assessor jurídico para a Comissão de Crimes de Guerra, em Washington, no ano 1945. É de ser referida também a obra póstuma *General theory of norms* [Teoria geral das normas], de 1979, com substancial modificação em seu pensamento, especialmente no que se refere ao conceito original de *Grundnorm*.

Kelsen, com quase 60 anos de idade, visitou a América do Sul em 1949, tendo estado na Argentina (2 a 25 de agosto), no Uruguai e no Brasil. Em sua passagem sul-americana, ele proferiu cerca de doze conferências, recebeu título de *doutor honoris causa* e emitiu um parecer jurídico de relevo.[90] Na verdade, ele retomava seus laços com o mundo latino, que haviam sido firmados inicialmente na década de 1930 por intermédio de nomes do porte de Luis Legaz y Lacambra e Luis Recaséns Siches, este último responsável pela divulgação kelseniana no México, por conta de seu exílio decorrente da Guerra Civil espanhola. Além disso, como adverte Oscar Sarlo, a viagem teve por objetivo recuperar terreno para a Teoria Pura, então submetida a fortes questionamentos pela nascente Teoria Egológica do Direito, fundada pelo grande jusfilósofo argentino Carlos Cossio, que também fora o responsável pela elaboração do estudo introdutório da tradução argentina da "Teoria Pura do Direito" e o principal divulgador das ideias kelsenianas até então. Entre eles havia o problema idiomático: "(...) Kelsen

---

90 A maior parte das informações sobre a passagem de Kelsen pela América do Sul foram extraídas de: Sarlo, Oscar. La gira sudamericana de Hans Kelsen en 1949. *Ambiente Jurídico*, n. 12, p. 400-425, 2010, além da conferência de Eduardo Manoel Val, de junho de 2011, na Faculdade de Direito da Universidade Federal Fluminense, no encontro "Hans Kelsen: o jurista e suas circunstâncias". Há um interessante relatório sobre as conferências de Kelsen na Argentina, publicado por Carlos Cossio, como um "balanço provisório da visita", dado que Kelsen reelaborara seus textos em Buenos Aires e prometera enviar sua versão definitiva (em francês) para publicação pela Universidade de Buenos Aires (cf. Cossio, Carlos. Teoría egológica y teoría pura: balance provisional de una visita de Kelsen a la Argentina. *Revista de Estudios Políticos*, n. 48, páginas 185-249, 1949). Essas conferências, posteriormente, deram ensanchas a sérios problemas entre Cossio e Kelsen, pois o argentino fizera publicar material sem sua autorização, com reprodução de conversações privadas entre eles, o que irritou profundamente ao último.

não compreendia adequadamente o espanhol, e Cossio não compreendia bem o alemão nem o inglês. O diálogo só poderia dar-se em francês, que ambos dominavam muito bem".[91] A visita causou grande expectativa nos meios jurídicos argentinos, ante a expectativa gerada por Carlos Cossio de uma eventual conversão de Kelsen à egologia, que efetivamente jamais viria a ocorrer.[92] No Brasil, Kelsen esteve no Rio de Janeiro, na Fundação Getulio Vargas, a convite de Bilac Pinto e de Hans Klinghoffer[93], onde proferiu, em francês, conferência sobre "*O pacto do Atlântico e a Carta das Nações Unidas*".[94] Convidado por Miguel Reale para falar também na Universidade de São Paulo, Kelsen recusou-se sob a indiscutível alegação de que estava muito cansado.[95]

Nesse tempo, também se ampliou a influência kelseniana no Japão, na Itália e na França, por meio da tradução de suas obras fundamentais e a renovação de seus discípulos.

No Japão, é importante ressalvar, os estudos kelsenianos tiveram início nos anos 1920-1930. Como descreve Ryuichi Nagao, apesar de

---

91 Sarlo, Oscar. *Op. cit.*, *loc. cit.*
92 Sarlo Oscar, *Op. cit.*, *loc. cit.*
93 Hans Klinghoffer (1905-1990), assim como Kelsen, nasceu em uma família judia da Galícia e migrou para Viena. Ele estudou Direito e Ciência Política na Universidade de Viena, tendo sido aluno de Hans Kelsen. Em 1938, com a anexação da Áustria pela Alemanha nazista, ele foi demitido de seu cargo público na Prefeitura de Viena e emigrou para a França, depois Portugal e chegou ao Brasil em 1941, tendo aqui trabalhado como pesquisador-assistente da delegação norte-americana no *Interamerican Judiciary Committee* no Rio de Janeiro. Ele manteve relações muito íntimas com o Estado Novo, o que se nota pela publicação de livro sobre o pensamento político do presidente Getúlio Vargas. Finalmente, emigrou para o Estado de Israel e ingressou como professor na Universidade Hebraica de Jerusalém. Dados biográficos parcialmente extraídos de: Zamir, Itzhak. Hans Klinghoffer: A tribute. *Israel Law Review*, v. 19, Issues 3 and 4, Summer-Autumm, 1984.
94 Kelsen, Hans, *O pacto do Atlântico e a Carta das Nações Unidas*. Rio de Janeiro: Fundação Getulio Vargas, 1950. 16 p.
95 Como anota Oscar Sarlo (*Op. cit.*, *loc. cit*), segundo Miguel Reale, os termos da recusa foram menos delicados: "*En una conversación que el prof. Mario Losano mantuvo con el prof. Reale a nuestro pedido sobre este mismo asunto, fue más específico al relatar el estado de ánimo de Kelsen. Según su testimonio, 'Miguel Reale telefonò perciò a Kelsen, invitandolo anche a São Paulo, ma Kelsen gli diede una risposta – mi disse Reale – 'del tipo": 'Sono stufo (mado) del Sudamerica'. Per questo Kelsen non andò quindi a São Paulo. D'altra parte, a Rio de Janeiro monopolizzarono Kelsen...*'".

algumas cópias dos *Principais problemas* terem sido levadas para o Japão nos anos seguintes a sua edição, somente em 1920 é que Tokuji Tamura (1886-1958) traduziu o vigésimo capítulo da tese de livre-docência de Kelsen, com vistas a auxiliá-lo em uma polêmica então importante no Direito Público japonês, a saber, sobre se o imperador era um órgão do Estado ou um sujeito da soberania estatal.[96]

Nas décadas de 1920 e 1930, Kelsen tornou-se muito conhecido no Japão graças aos *"Kelsen-students"*, um grupo de jovens juristas japoneses que se dirigiram a Viena e a Berna para conhecer Kelsen ou ter aulas com ele. É desse período que surgem várias traduções de seus escritos para o japonês.[97]

Após a Segunda Guerra Mundial, renovaram-se as traduções das obras kelsenianas, como *Vergeltung und Kausalität* [Retribuição e causalidade], *Sozialismus und Staat* [Socialismo e Estado], além dos *Principais Problemas* e da *Teoria Pura*, com reedições. É também importante registrar que, nesse período, houve muita contestação ao pensamento de Kelsen, com o renascimento do jusnaturalismo, o crescente interesse pelo marxismo e com as críticas formuladas a um suposto descolamento do kelsenianismo da realidade prática.[98] Modernamente, além de Ryuichi Nagao (1938-), podem-se citar os nomes de Tokiyasu Fujita (1940-), que foi juiz da Suprema Corte do Japão, Masayuki Atarashi (1945-) e Mitsuharu Sekiguchi (1957-) como continuadores dos estudos sobre Kelsen no Japão.[99]

A divulgação de Kelsen em espanhol deve muito ao esforço de professores da Universidade Nacional Autônoma do México (UNAM), cuja editora publicou diversas obras sobre ele ou traduções de seus escritos. Em 1960, a Sociedade Mexicana de Filosofia propôs o nome de Hans Kelsen para o Prêmio Nobel da Paz,[100] sem, contudo, maior repercussão.

---

96 Ryuichi Nagao. *Hans Kelsen in Japan*. Paper apresentado na *Hans Kelsen Conference*, em Saint Louis, Missouri, março de 2006.
97 Ryuichi Nagao. *Op. cit.*, *loc. cit.*
98 Ryuichi Nagao. *Op. cit.*, *loc. cit.*
99 Ryuichi Nagao. *Op. cit.*, *loc. cit.*
100 Alarcón Olguín, Víctor. Hans Kelsen: Bitácora de un itinerante. In: Correas, Óscar (Comp.) *Op. cit.*, p. 26.

No ano de 1961, H. L. A. Hart,[101] um dos expoentes do chamado positivismo inclusivo, foi até Berkeley para debater com Hans Kelsen, perante uma assistência formada por juristas, filósofos e estudantes de diversas áreas. Em seu relato, H. L. A. Hart salientou sua preocupação com o caráter árido e enfadonho das discussões que seriam travadas. Mas, em suas palavras, a audiência apreciou o encontro e, em relação a ele mesmo, ele "mostrou-se extremamente instrutivo", pois permitiu-lhe "compreender melhor a finalidade de determinadas doutrinas kelsenianas", que o mantiveram "perplexo por muito tempo", a despeito de não ter o debate eliminado totalmente suas perplexidades. Os temas que Hart e Kelsen enfrentaram eram relativos ao conceito de Direito, à definição de delito e às relações entre direito positivo e moral. Em certa medida, eles anteciparam muitas das grandes polêmicas sobre o papel da moral no direito, o que vem a ser, guardadas as proporções devidas, o cerne de muitas controvérsias contemporâneas do período dito pós-positivista.[102]

Todos esses eventos, ocorridos no final da década de 1940 e até o início dos anos 1960 não integram os textos aqui apresentados, embora seja útil fazer-lhes menção.

A "Autobiografia" encerra-se em outubro de 1947. Hans Kelsen permaneceu em Berkeley até o final de seus dias, precisamente em 19 de abril de 1973, apenas três meses após o falecimento de sua esposa, Margarete Bondi.

Trata-se da última etapa de sua longa e profícua existência, a existência de um viajante e de um padecedor. Em sua pessoa enfeixavam-se a figura bíblica de Jó e o homérico Ulisses. O final dessa jornada

---

101 Herbert Lionel Adolphus Hart (1907-1994) foi um filósofo do direito inglês e professor da Universidade de Oxford. É considerado um dos grandes positivistas do século XX. Sua corrente positivista diverge da liderada por Kelsen em razão de não excluir de modo absoluto a Moral do Direito. Foi orientador de Joseph Raz, John Finnis e Neil McCormick, possuindo, até hoje, enorme influência nos círculos intelectuais e acadêmicos do Reino Unido e dos Estados Unidos da América. É autor da obra clássica *"The concept of law"* (versão em português: *O conceito de direito*. Tradução de A. Ribeiro Mendes. Com um pós-escrito editado por Penelope A. Bulloch e Joseph Raz. 4. ed. Lisboa: Fundação Calouste Gulbenkian, 2005). Merecem também referência seus livros *Law, Liberty and Morality* (1963) e *Punishment and Responsibility* (1968).
102 Hart, H. L. A. Kelsen visited. *UCLA Law Review*, v. 10, p. 709-728, 1962-1963. p. 709.

foi, assim como para essas duas personagens, doce e recompensador. O viajante cansado, como ele se define na derradeira frase do livro, encontrou seu "último refúgio" (p. 109).

Ao fim, percebe-se que, independentemente de se adotarem suas ideias como marco teórico, se está diante de alguém que não foi apenas um grande jurista, mas de "um homem de qualidades pessoais excepcionais, que venceu muitos obstáculos e contratempos em uma vida rica de eventos, mudanças e desafios".[103]

VIII. O processo editorial da "Autobiografia": palavras finais

Conclui-se esta apresentação com algumas palavras sobre o processo editorial.

A "Autobiografia" possui caracteres distintivos de sua especial qualidade e que merecem ser enaltecidos.

O primeiro está no "Prólogo", de autoria de Robert Walter (1931-2010) e Clemens Jabloner (1948-), que descreve o projeto de reedição da obra completa de Hans Kelsen. Robert Walter, grande jurista austríaco, é bastante conhecido no Brasil, com diversas citações de seus estudos sobre direito constitucional. Ele foi um dos fundadores do Hans Kelsen-Institut, tendo contribuído ativamente para a divulgação do nome e dos estudos de Kelsen, até seu falecimento, em dezembro de 2010. Clemens Jabloner foi diretor do Hans Kelsen-Institut e atual presidente do Tribunal Administrativo da República da Áustria, além de ser professor de direito constitucional da Universidade de Viena.

A "Autobiografia" é ainda precedida de "Prefácio" e de "Introdução" de Matthias Jestaedt (1961-), então professor da Friedrich-Alexander-Universität Erlangen-Nürnberg e agora professor da Albert-Ludwigs-Universität Freiburg (2011). Esses textos oferecem ao leitor um amplo leque de informações sobre a "Autobiografia", com dados complementares extremamente úteis sobre as personagens que surgem ao longo do livro, bem assim comentários sobre aspectos que

---

103 *"Hans Kelsen was not only a very great jurist, he was a man of exceptional personal qualities who overcame many obstacles and setbacks in a life rich in events, changes and challenge"* (Ladvac, Nicoletta Bersier. *Op. cit.*, p. 391).

Kelsen tratou de maneira pouco expansiva. Não é, como algumas vezes ocorre com muitos prefácios, uma leitura dispensável.

Finalmente, a edição que ora se oferece ao público de língua portuguesa possui marcações ao longo do texto que indicam a correspondência exata com o original elaborado pessoalmente por Hans Kelsen. É algo raro na prática editorial brasileira e que merece especial destaque. Torna-se possível estabelecer a correspondência do texto em vernáculo com a versão primitiva desta importante obra. Trata-se de trabalho meticuloso, feito sobre as últimas provas da Editora Forense, graças à dedicação de Gabriel Nogueira Dias.

O leitor é também presenteado com um Apêndice, no qual estão a genealogia de Hans Kelsen e sua cronologia. Em complemento, um inédito acervo de fotografias, de seus antepassados, sua infância, vida adulta e suas imagens na mais avançada velhice. É um conjunto único de imagens, que em muito auxiliará na compreensão do livro e, mais que tudo, permitirá que o leitor transporte-se visualmente para cada época.

A edição brasileira é uma tradução direta do original publicado na Alemanha em 2006, pela Editora Mohr Siebeck, de Tübingen.

A primeira tradução do original alemão da "Autobiografia" foi para o idioma japonês, no ano de 2007, a cargo do Prof. Dr. Ryuichi Nagao (1938-), da Universidade de Tokyo. No ano de 2008, publicou-se, em Reggio Emilia, pela Diabasis, a tradução italiana feita por Mario Giuseppe Losano (1939-), grande especialista na obra de Hans Kelsen.

Ainda em 2008, Luis Villar Borda (1929-2008) lamentavelmente falecido nesse mesmo ano, publicou sua tradução para o espanhol, versão que se acha editada em Bogotá, pela editora do Externado de Colombia. A editora Bobmunsa, de Seul, em 2009, publicou a versão coreana da "Autobiografia", traduzida por Hun Sup Shim.

A edição brasileira, publicada em 2011, é, portanto, a quinta tradução feita no mundo dos escritos autobiográficos de Kelsen.[104]

Registre-se que a publicação deste livro só foi possível em razão da confiança do Hans Kelsen-Institut, autarquia fundacional da República da Áustria, instituída em 1972, que se dedica à preservação e à

---

104 Todos os tradutores da "Autobiografia" para o japonês, o coreano, o italiano, o espanhol e o português são conselheiros científicos do projeto editorial "*Hans Kelsen Werke*" [Obras de Hans Kelsen], sob a liderança de Matthias Jestaedt, que tem por objetivo a reedição das obras completas de Kelsen.

divulgação da obra, da imagem e do contributo de Kelsen nos meios universitários internacionais. A mera existência de uma entidade como o Hans Kelsen-Institut é a prova mais notável do reconhecimento do povo austríaco ao seu grande jurista, tanto que o presidente do Instituto é o chanceler federal Werner Faymann. Atualmente, o Hans Kelsen-Institut possui representantes acreditados em diversos países, sendo Gabriel Nogueira Dias seu titular no Brasil. A ele, deixam-se consignados os créditos pela iniciativa desta tradução e pelo acompanhamento pessoal de todas as fases do processo editorial.

Brasília e São Paulo, 25.III.2018.

IX. Apêndice – Relação das publicações de autores brasileiros sobre Hans Kelsen ou sua obra

IX.1. Livros e outras obras monográficas

Assis, Vívian Alves de. *A dimensão mítica do discurso de Kelsen*: a crítica de Luis Alberto Warat. Rio de Janeiro: Lumen Juris, 2017; Atala, Danilo Pires. *Filosofia jurídica*: a decisão judicial para Kelsen e Dworkin e o juízo de Kant. Curitiba: Juruá, 2017; Heck, Luís Afonso. O neoconstitucionalismo em Hans Kelsen. In: Heck, Luís Afonso. *Direito positivo e direito discursivo*: subsunção e ponderação no direito constitucional e ordinário. Porto Alegre: Sergio Antonio Fabris, 2017, p. 85-103; Coêlho, Sacha Calmon Navarro. Revisitando Kelsen sobre a teoria da norma jurídica. In: Saraiva Filho, Oswaldo Othon de Pontes. *Direito tributário*: estudos em tributo ao jurista Ives Gandra da Silva Martins. Belo Horizonte: Fórum, 2016, p. 125-153; Silva, Matheus Pelegrino da. *Democracia e significação da liberdade no pensamento de Hans Kelsen*. Rio de Janeiro: Lumen Juris, 2016; Cardoso, Dayanne Brenna Campos dos Santos. A norma fundamental em Kelsen e a norma de reconhecimento em Hart. In: Dias, Jean Carlos (Org.). *O pensamento jurídico contemporâneo*. São Paulo: Método; Belém: CESUPA, 2015, p. 147-168; Dezan, Sandro Lucio. Processo administrativo e justiça: como não se faz um processo: prólogo sobre direito, certeza e justiça administrativa na administração pública brasileira, sob a óptica das teorias de Hans Kelsen e em John Rawls. In: Galli, Alessandra. *Direito e justiça*: aspectos atuais e problemáticos. Curitiba: Juruá, 2015, v. 2, p. 265-286; Leal, Mônia Clarissa Henning; Alves, Felipe Dalenogare. O guardião da constituição por Hans Kelsen e Carl Schmitt: uma análise dos fundamentos de propositura da PEC n. 33/2011. In: AA.VV. *A jurisdição constitucional brasileira*: perspectivas e desafios. São Paulo: Letras Jurídicas, 2015, p. 1-29; Stuchi, Carolina Gabas. *Fundamentos para uma teoria realista do Estado*: análise da soberania no Brasil. Porto Alegre: Sergio Antonio Fabris, 2015; Tupiassu-Merlin, Lise. A normatividade do direito humano ao meio ambiente e a teoria kelseniana: copo metade vazio ou metade cheio? In: Dias, Jean Carlos (Org.). *O pensamento jurídico contemporâneo*. São Paulo: Método; Belém: CESUPA, 2015, p. 291-303; Aguiar, Júlio Cesar de. *Hans Kelsen e o problema da justiça*. Porto Alegre: Núria Fabris, 2014; Almeida, Júlio César de. *Retórica dos silêncios normativos & lacunas no direito*: separação entre texto e norma à luz de uma releitura de Kelsen. Curitiba: Juruá, 2014; Catão, Adrualdo de Lima; Oliveira, Kleverton Halleysson Bibiano de. Ciência, pureza metodológica e prescritividade: o constructivismo lógico-semântico como inspiração dos pensamentos de Kelsen e Bobbio. In: Silva, Jéssica Aline Caparica da; Ehrhardt Júnior, Marcos. *Hermenêutica jurídica e efetivação dos direitos sociais*: homenagem a Andreas Krell. Curitiba: Juruá, 2014, p. 11-25; Cunha, Paulo Ferreira da. O direito na senda da constitucionalidade: juridicidade, política e Constituição. In: Mendes, Gilmar; Gandra Martins, Ives. *Tratado de direito constitucional*. Rio de Janeiro: Elsevier, 2014, v. 2, p. 839-856; Franco, Thalita Leme. As relações entre o direito interno e o direito internacional: as teorias de Triepel e Kelsen e seus reflexos na doutrina internacional atual. In: Menezes, Wagner. *Direito internacional clássico e seu fundamento*. Belo Horizonte: Arraes, 2014, p. 306-322; Lima, Fernando Rister de Sousa; López Nuria. Autorreferência e heterorreferência: a coisa julgada (in)constitucional a partir do diálogo entre Kans Kelsen e Paulo Otero. In: Aurelli, Arlete Inês *et al*. (Coords.). *O direito de estar em juízo e a coisa julgada*: estudos em homenagem a Thereza Alvim. São Paulo: Revista dos Tribunais, 2014, p. 719-728; Silva, Nelson Finotti; Souza, Tiago Clemente. Em defesa de Hans Kelsen contra o absoluto: a tensão entre Estado e divindade. In: Bernardi, Renato *et al*. (Coords.). *Liberdade religiosa no Estado democrático de direito*: questões históricas, filosóficas, políticas e jurídicas. Rio de Janeiro: Lumen Juris, 2014, p. 89-111; Valory, Eduardo. *Thémis desnudada*: a questão da justiça em Hans Kelsen. Rio de Janeiro: Lumen Juris, 2014; Vergna, José Daniel Gatti. Fundamentos do direito internacional: considerações preliminares sobre a perspectiva kelseniana. In: Menezes, Wagner. *Direito internacional clássico e seu fundamento*. Belo Horizonte: Arraes, 2014, p. 236-247; Carnio, Henrique Garbellini. *Direito e antropologia*: reflexões sobre a origem do direito a partir de Kelsen e Nietzsche. São Paulo: Saraiva, 2013; Matos, Andityas Soares de Moura Costa. *Contra Natvram*: Hans Kelsen e a tradição crítica do positivismo jurídico. Curitiba: Juruá, 2013; Pires, Alex Sander Xavier. *Justiça na perspectiva kelseniana*. Rio de Janeiro: Freitas Bastos, 2013; Nojiri, Sergio. *Neoconstitucionalismo versus democracia*: um olhar positivista. Curitiba: Juruá, 2012; Matos, Andityas Soares de Moura Costa; Santos Neto, Arnaldo Bastos (Coords.). *Contra o absoluto*: perspectivas críticas, políticas e filosóficas da obra de Hans Kelsen. Curitiba: Juruá, 2011; Santos, Jarbas Luiz dos. *O Direito e Justiça - a dupla face do pensamento kelseniano*. Belo Horizonte: Del Rey, 2011; Miranda Netto, Fernando Gama de (Org.). *Epistemologia e metodologia do Direito*. Campinas: Millenium, 2011; Amaral, Antônio Carlos Cintra do. *O positivismo jurídico*. Belo Horizonte: Fórum, 2010; Chamon Júnior, Lúcio Antônio. *Filosofia do Direito na alta modernidade*: incursões teóricas em Kelsen, Luhmann e Habermas. 3. ed. rev. e com estudo comemorativo. Rio de Janeiro: Lumen Juris, 2010; De Cicco, Cláudio. *História do pensamento jurídico e da filosofia do direito*. 5. ed. São Paulo: Saraiva, 2010; Dias, Gabriel Nogueira. *Positivismo jurídico e a teoria geral do direito*: na obra de Hans Kelsen. São Paulo: Revista dos Tribunais, 2010; Vasconcelos, Arnaldo. *Teoria pura do direito*: repasse crítico de seus principais fundamentos. 2. ed. rev. e ampl. Rio de Janeiro: GZ, 2010; Streck, Lenio Luiz. *O que é isto – decido conforme minha consciência?* 2. ed. rev. e ampl. Porto Alegre: Livraria do Advogado, 2010; Matta, Emmanuel. *Orlando Gomes e a teoria pura do direito*: notas para o centenário do jurista. Salvador, BA: JM, 2010; Venerio, Carlos Magno Spricgo. *A concepção de democracia de Hans Kelsen*: relativismo ético, positivismo jurídico e reforma política. Criciúma, SC: Unesc, 2010; Aragão, João Carlos Medeiros de. *Sistemas jurídicos na visão de jusfilósofos*. Brasília: Verbis, 2009; Coelho, Fábio Ulhoa. *Para entender Kelsen*. 5. ed. São Paulo: Saraiva, 2009; Benvindo, Juliano Zaiden. *Racionalidade jurídica e validade normativa*: da metafísica à reflexão democrática. Belo Horizonte: Argvmentvm, 2008; Barzotto, Luís Fernando. *O positivismo jurídico contemporâneo*: uma introdução a Kelsen, Ross e Hart. 2. ed. rev. Porto Alegre: Livraria do Advogado, 2007; Pítsica, Nicolau Apóstolo. *Introdução à ciência jurídica de Hans Kelsen*. Florianópolis: Conceito, 2008; Mendes, Gilmar Ferreira. *Direitos fundamentais e controle de constitucionalidade*: estudos de direito constitucional. 3. ed. rev. e ampl., 3. tir. São Paulo: Saraiva, 2007; Sgarbi, Adrian. *Hans Kelsen*: (ensaios introdutórios). Rio de Janeiro: Lumen Juris, 2007; Matos, Andityas Soares de Moura Costa. *Filosofia do direito e justiça na obra de Hans Kelsen*. 2. ed. Belo Horizonte: Del Rey, 2006; Oliveira, Mara Regina de. *O direito e a liberdade*: uma análise do pensamento da Hans Kelsen. Rio de Janeiro: Corifeu, 2006; Simon, Henrique Smidt. *Direito, hermenêutica e filosofia da linguagem*: o problema do decisionismo em Hans Kelsen e Herbert Hart. Belo Horizonte: Argvmentvm, 2006; Bongiovanni, Giorgio. Estado de Direito e justiça constitucional: Hans Kelsen e a Constituição austríaca de 1920. In: *O Estado de Direito*: história, teoria, crítica. São Paulo: Martins Fontes, 2006. p. 379-414; Borges, Arnaldo. Souto: de Kelsen a Villey (ou a filosofia na construção da obra do jurista). In: *Teoria geral da obrigação tributária*: estudos em homenagem ao professor José Souto Maior Borges. São Paulo: Malheiros, 2005. p. 19-44; Gomes, Alexandre Travessoni. *O fundamento de validade do direito*: Kant e Kelsen. 2. ed. rev., atual. e ampl. Belo Horizonte: Mandamentos, 2004; Gaino Filho, Itamar. *Positivismo e retórica*: uma visão de complementaridade entre o positivismo jurídico de Hans Kelsen e a nova retórica de Chaïm Perelman. São Paulo: J. de Oliveira, 2004; Paczkowski, Homar. *Norma fundamental única e teoria do direito de Kelsen*: conceito e fundamentação meta-jurídicos. 1. ed., 2. tir. Curitiba: Juruá, 2003; Engelmann, Wilson. *Crítica ao positivismo jurídico*: princípios, regras e o conceito de direito. Porto Alegre: S.A. Fabris, 2001; Sepúlveda Pertence, José Paulo. Atualidade do pensamento de Kelsen. In: *Estudos em homenagem ao ministro Adhemar Ferreira Maciel*. São Paulo: Saraiva, 2001. p. 463-478; Vasconcelos, Arnaldo. *Direito e força. Uma visão pluridimensionada da coação jurídica*. São Paulo: Dialética, 2001; Prade, Péricles. Duguit, Rousseau, Kelsen e outros ensaios. São Paulo: Obra Jurídica, 1997; Solon, Ari Marcelo. *Teoria da soberania como problema da norma jurídica e da decisão*. Porto Alegre: S.A. Fabris, 1997.

IX.2. Artigos, ensaios e resenhas

Bastos, João Alves. Da interpretação do Direito segundo Hans Kelsen: uma proposta de controle de sua lacuna jus-interpretativa. *Revista da Emerj*, v. 20, n. 79,

p. 181-203, maio/ago. 2017; Fonseca, Alexandre Müller. Positivismo jurídico × materialismo histórico: uma leitura acerca das fundações dos sistemas jurídicos de Kelsen e Pachukanis. *Revista direito e práxis*, v. 8, n. 1, p. 14-52, 2017; Vasconcelos, Arnaldo; Muniz, Antônio Walber Matias; Muniz, Fernanda Eduardo Olea do Rio. A ideologia como base do positivismo ortodoxo kelseniano. *Revista jurídica*, Curitiba, v. 1, n. 46, p. 385-401, 2017; Zambam, Neuro José; Antunes, Lucio Henrique Spiazzi Algerich; Rodrigues, Ricardo Antônio. A legitimidade da norma moral e jurídica na acepção de Kelsen e Kant. *Revista da Faculdade de Direito da UFG*, v. 41, n. 3, p. 11-33, jul./dez. 2017; Chahrur, Alan Ibn. A importância teórica e prática da norma fundamental. *Revista de informação legislativa*, v. 53, n. 211, p. 35-53, jul./set. 2016; Ciotola, Marcello; Valory, Eduardo. Kelsen no debate das ideias. *Juris poiesis*: Revista do Curso de Direito da Universidade Estácio de Sá, v. 19, n. 21, p. 66-106, set./dez. 2016; Ghirardi, José Garcez. Importante, desimportante: Alice no país das maravilhas como antecipação crítica das premissas do positivismo de Kelsen. *Revista direito e práxis*, v. 7, n. 4, p. 232-260, 2016; Medeiros, José Augusto. A arquitetura da soberania: a atualidade do conceito de decisão em Hans Kelsen e Carl Schmitt. *Publicum*, v. 2, n. 2, p. 181-202, 2016; Santos Neto, Arnaldo Bastos; Ramos, Renata Rodrigues. Breves reflexões sobre o antiplatonismo de Kelsen na defesa de sociedades abertas. *Revista direito e liberdade*: RDL, v. 18, n. 1, p. 42-72, jan./abr. 2016; Silva, Evanuel Ferreira; Damasceno, Epifânio Vieira. A classificação das ciências segundo Hans Kelsen: os princípios de causalidade e imputação. *Revista de informação legislativa*, v. 53, n. 209, p. 329-342, jan./mar. 2016; Silva, Lucas Antônio Lopes da; Teixeira, Paulo Enderson de Oliveira; Mendes, Renat Nureyev. Por uma diferenciação dos critérios de justiça, validade e eficácia das normas jurídicas: leitura comparativa das obras Teoria Pura do Direito, de Hans Kelsen, e teoria da norma jurídica, de Norberto Bobbio. *Revista eletrônica direito e política*, v. 11, n. 1, p. 113-135, jan./abr. 2016; Souza, Rubin Assis da Silveira. A irrelevância do conceito de soberania para Hans Kelsen. *Revista eletrônica direito e política*, v. 11, n. 2, p. 632-652, maio/ago. 2016; Streck, Lenio Luiz; Barba, Rafael Giorgio Dalla; Boscaine, Clarissa. As raízes filosóficas do pensamento de Hans Kelsen e suas consequências para o direito. *Revista do Instituto de Hermenêutica Jurídica*: RIHJ, v. 14, n. 20, p. 15-28, jul./dez. 2016; Borges, Daniel Moura. Teoria do direito e a sua pretensa generalidade. *Revista da Faculdade de Direito da Universidade Federal de Minas Gerais*, n. 66, p. 117-141, jan./jun. 2015; Boucault, Carlos Eduardo de Abreu; Araújo, Rafael Leal de. Testemunho radiofônico de Hans Kelsen: (no 30º aniversário de seu falecimento). *Revista brasileira de estudos políticos*, n. 110, p. 149-177, jan./jun. 2015; Carlotti, Danilo Panzeri. O debate entre Ehrlich e Kelsen: a convergência filosófica entre o positivismo jurídico e sociologia do direito no começo do século XX. *Revista quaestio iuris*, v. 8, n. 4, p. 2287-2303, 2015; Carmo, Sandra Teixeira. O possível contributo de Kelsen para a transição do paradigma da aplicação do normativismo científico do séc. XIX para o paradigma da decisão. *Revista quaestio iuris*, v. 8, n. 2, p. 1066-1086 2015; Dimoulis, Dimitri. Discricionariedade e justificação: reflexões sobre a visão juspositivista da interpretação jurídica. *Revista brasileira de estudos constitucionais*, v. 9, n. 31, p. 855-866, jan./abr. 2015; Enríquez, Igor de Carvalho; Bustamante, Thomas da Rosa. Direito, Estado e autoridade em Kelsen, Schmitt e Raz. *Revista direito e práxis*, v. 6, n. 10, p. 81-110, 2015; Gomes, Ana Paula de Oliveira. O esforço de Kelsen para salvar o positivismo jurídico. *Revista controle*, v. 13, n. 2, p. 181-200, jul./dez. 2015; Nou, Bruno. A concepção de normas válidas na visão de Hans Kelsen e de Alf Ross: pontos cruciais. *Ciência jurídica*, v. 29, n. 186, p. 263-286, nov./dez. 2015; Pacheco, Pablo Viana. Quem deve ser o guardião da constituição? *Revista Bonijuris*, v. 27, n. 625, p. 22-27, dez. 2015; Pontes, José Antonio Siqueira. Fundamentos para uma leitura crítica de Hans Kelsen no século XXI: em busca de um modelo kelseniano clássico. *Revista da Faculdade de Direito da Universidade de São Paulo*, v. 110, p. 589-639, jan./dez. 2015; Previde, Renato Maso. A ilusão da justiça por Kelsen: um paradigma para a imposição tributária. *Revista tributária e de finanças públicas*, v. 23, n. 124, p. 17-44, set./out. 2015; Ramiro, Caio Henrique Lopes; Herrera, Luiz Henrique Martim. Hans Kelsen: filosofia jurídica e democracia. *Revista de informação legislativa*, v. 52, n. 205, p. 235-260, jan./mar. 2015; Silva, Júlia Lenzi; Ormelesi, Vinicius Fernandes. A resistência do STF ao exercício do controle de convencionalidade. *Revista direito e práxis*, v. 6, n. 12, p. 228-250 2015; Siqueira, Gustavo Silveira. O parecer de Kelsen sobre a Constituinte brasileira de 1933-1934. *Revista direito e práxis*, v. 6, n. 11, p. 348-374, 2015; Zolet, Lucas Augusto da Silva; Morais, Fausto Santos de. A relação entre Direito e moral na ótica de Kelsen e Habermas: da separação à cooriginariedade. *Revista jurídica*, Curitiba, v. 1, n. 38, p. 41-61, 2015; Diniz, Marcio Augusto Vasconcelos de. *Absentes, adsunts*: Pontes de Miranda, Hans Kelsen e os debates sobre a jurisdição constitucional na Assembleia Constituinte de 1933-1934. *Direito & justiça*, v. 40, n. 1, p. 46-64, jan./jun. 2014; Leal, Fernando. O formalista expiatório: leituras impuras de Kelsen no Brasil. *Revista Direito GV*, v. 10, n. 1, p. 245-268, jan./jun. 2014; Leite, Gisele. A tese de Hans Kelsen, a norma fundamental e o conceito de justiça. *Revista Bonijuris*, v. 26, n. 609, p. 26-34, ago. 2014; Matos, Andityas Soares de Moura Costa. "Um governo revolucionário possui os poderes que quer possuir": a Teoria Pura do Direito enquanto teoria da violência diante da Assembleia Nacional Constituinte Brasileira de 1933/34. *Revista da Faculdade de Direito da Universidade Federal de Minas Gerais*, n. 64, p. 49-75, jan./jun. 2014; Mattos, Adherbal Meira. Se meu encontro com Hans Kelsen fosse hoje. *Revista latino-americana de estudos constitucionais*, n. 16, p. 631-639, dez. 2014; Mirante, Daniela. Hans Kelsen: ruptura ou continuidade entre a teoria pura do direito e a teoria geral das normas. *Revista direito e práxis*, v. 5, n. 8, p. 120-151, 2014; Sgarbossa, Luís Fernando. A norma fundamental da teoria pura do direito à teoria geral das normas. *Direitos fundamentais e justiça*, v. 8, n. 26, p. 111-135, jan./mar. 2014; Trindade, André Karam. Considerações sobre o problema do fundamento do direito: breve análise das teorias de Kelsen, Bobbio, Hart e Dworkin. *Revista eletrônica direito e política*, v. 9, n. 2, p. 1029-1050, maio/ago. 2014; Santos, Paulo Junior Trindade dos. Jurisdição constitucional e o embate que antecede em Kelsen e Schmitt. *Revista da ESMESC*, v. 20, n. 26, p. 381-404, 2013; Carnio, Henrique Garbellini. O pensamento de Hans Kelsen sobre o dualismo causalidade e imputação: uma exploração sobre a lei de causalidade e a ciência moderna. *Revista dos Tribunais*, São Paulo, v. 102, n. 928, p. 219-238, fev. 2013; Carrard, Rafael. A eficácia na teoria pura do direito e o meio ambiente prisional brasileiro. *Revista Síntese Direito Penal e Processual Penal*, v. 13, n. 76, p. 109-122, out./nov. 2012; Carnio, Henrique Garbellini. O pensamento kelseniano e o conceito de vontade no direito privado. *Revista de Direito Privado*, v. 13, n. 51, p. 57-69, jul./set. 2012; Castro, Matheus

Felipe de. A lógica de uma tensão: justiça, poder e efetivação dos direitos fundamentais no debate Kelsen e Alexy. *Direitos fundamentais e justiça*, v. 6, n. 20, p. 96-113, jul./set. 2012; Gomes, Enéias Xavier. Da crítica de Hans Kelsen às imunidades parlamentares. *Revista jurídica de jure*, v. 11, n. 19, p. 485-499, jul./dez. 2012; Mello, Cláudio Ari. Democracia e epistemologia moral em Hans Kelsen. *Revista Brasileira de Estudos Constitucionais – RBEC*, v. 6, n. 23, p. 655-696, jul./set. 2012; Ribeiro, Fernando José Armando. O dever de obedecer ao direito no pensamento de Hans Kelsen. *Revista de Estudos e Informações*, n. 32, p. 11-20, mar. 2012; Rocha, Eduardo Morais da. A correlação entre a norma jurídica kelseniana e a teoria egológica e sua importância para a construção científico-dogmática da norma tributária. *Direito Federal: Revista da Associação dos Juízes Federais do Brasil*, v. 25, n. 92, p. 33-47, 1. sem. 2012; Silva, Artur Flamínio da. O ordenamento jurídico desportivo da FIFA: um diálogo entre Kelsen e Santi Romano. *Revista Síntese Direito Desportivo*, v. 2, n. 10, p. 65-91, dez./jan. 2012/2013; Silva, Diogo Bacha e. Interpretação na teoria pura do Direito: mitos e equívocos da crítica ao normativismo kelseniano. *Fórum Administrativo*, v. 12, n. 133, p. 64-73, mar. 2012; Tomaz, Carlos Alberto Simões de. O juízo cognitivo de moldura do discurso racional universalista do positivismo jurídico kelseniano como precursor dos discursos da área aberta. *Revista do Tribunal Regional Federal: 1. Região*, v. 24, n. 3, p. 35-52, mar. 2012; Andrade, Patrícia Contar de. Teoria da norma jurídica, natureza e estrutura, validade, eficácia e efetividade. *Revista brasileira de Direito Civil, Constitucional e Relações de Consumo*, v. 3, n. 11, p. 177-210, jul./set. 2011; Andrade, Régis Willyan da Silva. A interpretação da decisão jurídica como uma questão essencial do Direito: de Kelsen a Dworkin até as súmulas vinculantes introduzidas na Constituição da República de 1988 por meio da emenda constitucional 45/2004. *Revista de Direito Constitucional e Internacional*, v. 19, n. 75, p. 89-98, abr./jun. 2011; Mesquita, Márcio Araújo de; Vellasco, Abner. O constitucionalismo de Hans Kelsen contraposto ao de Carl Schmitt. *FIDES: Revista de Filosofia do Direito, do Estado e da Sociedade*, v. 1, n. 1, p. 125-139, 2010; Bustamante, Thomas. A criação do direito pela jurisprudência: notas sobre a aplicação do direito e a epistemologia na teoria pura do direito. *Revista da Faculdade de Direito da Universidade Federal de Uberlândia*, v. 38, n. 2, p. 685-706, jul./dez. 2010; Dysenhaus, David. A teoria pura na prática: a ciência do direito de Kelsen. *Revista Brasileira de Estudos Constitucionais – RBEC*, v. 4, n. 15, p. 17-89, jul./set. 2010; Furlan, Fabiano Ferreira. O guardião da Constituição: debate entre Carl Schmitt e Hans Kelsen. *A & C: revista de Direito Administrativo & Constitucional*, v. 10, n. 39, p. 127-146, jan./mar. 2010; Dias, Gabriel Nogueira. "Legislador negativo" na obra de Hans Kelsen: origem, fundamento e limitações à luz da própria 'Reine Rechtslehre'. *Revista Brasileira de Estudos Constitucionais – RBEC*, v. 4, n. 15, p. 91-116, jul./set. 2010; Oliveira, Júlio Aguiar de. Por que as objeções de Hans Kelsen ao jusnaturalismo não valem contra a teoria do Direito natural de Tomás de Aquino?. *Revista de Informação Legislativa*, v. 47, n. 186, p. 117-128, abr./jun. 2010; Poletti, Ronaldo. Hans Kelsen: o grande teórico do sistema eleitoral liberal. *Consulex: Revista Jurídica*, v. 14, n. 330, p. 14, out. 2010; Streck, Lenio Luiz. Decisão jurídica em tempos pós-positivistas. *Direitos Fundamentais e Justiça*, v. 4, n. 12, p. 247-271, jul./set. 2010; Zimmermann, Cirlene Luiza. Ação regressiva acidentária à luz da teoria pura do Direito de Hans Kelsen. *Revista da Ajuris*: Doutrina e Jurisprudência, v. 37, n. 117,

p. 109-129, mar. 2010; Coêlho, Sacha Calmon Navarro. Normas jurídicas e proposições sobre normas jurídicas: prescrições jurídicas – o papel dos intérpretes. *Revista Dialética de Direito Tributário*, n. 173, p. 123-152, fev. 2010; Fellet, André Luiz Fernandes. A relação entre o nazismo e o positivismo jurídico revisitada. *Direito Público*, v. 7, n. 30, p. 107-121, nov./dez. 2009; Leister, Carolina; Chiappin, José Raymundo Novaes. Direito como Ciência e a teoria da interpretação em Hans Kelsen. *Revista do Instituto dos Advogados de São Paulo*, v. 24, p. 95-119, jul./dez. 2009; Oliveira, Júlio Aguiar de. Sistema de regras? Uma crítica à concepção positivista do Direito como sistema de regras. *Revista de Informação Legislativa*, v. 46, n. 181, p. 17-28, jan./mar. 2009; Oliveira, Paulo Henrique Blair de. Liberdade e igualdade como princípios em tensão: Kelsen, Dworkin e a indeterminação estrutural do Direito. *Revista do Tribunal Superior do Trabalho*, v. 75, n. 3, p. 70-105, jul./set. 2009; Tavares, André Ramos. Justiça constitucional: superando as teses do "legislador negativo" e do ativismo de caráter jurisdicional. *Direitos Fundamentais e Justiça*, v. 3, n. 7, p. 167-181, abr./jun. 2009; Augustin, Sérgio. Marx contra Kelsen na era da globalização. *Revista da Ajuris*: Doutrina e Jurisprudência, v. 35, n. 110, p. 373-388, jun. 2008; Cademartori, Sérgio Urquhart. A teoria da interpretação jurídica de Hans Kelsen: uma crítica a partir da obra de Friedrich Müller. *Seqüência*: Revista do Curso de Pós-Graduação em Direito da UFSC, v. 28, n. 57, p. 95-114, dez. 2008; Cunha, Ricarlos Almagro Vitoriano. Hermenêutica jurídica em Kelsen: apontamentos críticos. *Revista de Informação Legislativa*, v. 45, n. 180, p. 279-291, out./dez. 2008; Gebara, Gassen Zaki. Fiscalização de constitucionalidade e a contribuição de Hans Kelsen: a matriz austríaca do modelo concentrado. *Revista Jurídica Unigran*, v. 10, n. 19, p. 93-108, jan./jul. 2008; Franco, Henrique de Mello. Comparação entre as respostas de Hans Kelsen e as do Direito achado na rua a questões de filosofia do Direito. *Revista da Escola da Magistratura do Distrito Federal*, n. 10, p. 101-132, 2007; Matias, João Luis Nogueira; Belchior, Germana Parente Neiva. Direito, economia e meio ambiente: a função promocional da ordem jurídica e o incentivo a condutas ambientalmente desejadas. *Nomos*: Revista do Curso de Mestrado em Direito da UFC, n. 27, p. 155-176, jul./dez. 2007; Santos Neto, Arnaldo Bastos. A teoria da interpretação em Hans Kelsen. *Revista de Direito Constitucional e Internacional*, v. 16, n. 64, p. 88-126, jul./set. 2008; Schwartz, Germano. O sistema jurídico em Kelsen e Luhmann: diferenças e semelhanças. *Direitos Fundamentais e Justiça*, v. 2, n. 4, p. 188-210, jul./set. 2008; Venerio, Carlos Magno Spricigo. A fundamentação da democracia semidireta nos textos políticos de Hans Kelsen. In: *Estado, política e Direito*: relações de poder e políticas públicas. Criciúma, SC: Unesc, 2008. p. 21-49; Amaral, João Marcos. Vinculação da União à norma geral: uma análise à luz da doutrina de Hans Kelsen. *Universitas / Jus*, n. 14-15, p. 47-97, jan./dez. 2007; Aranha, Guilherme Arruda. Hans Kelsen e Direitos humanos: uma leitura convergente. *Revista de Direito e Política*, v. 4, n. 13, p. 39-45, abr./jun. 2007; Bonavides, Paulo. Evolução histórica do conceito de nulidade na jurisdição constitucional. *Anuário Iberoamericano de Justicia Constitucional*, v. 11, p. 41-49, 2007; Salgado, Ricardo Henrique Carvalho. Kant e Kelsen. *Revista Brasileira de Estudos Políticos*, n. 96, p. 343-357, jul./dez. 2007; Genro, Tarso. Kelsen e Renner conversam com Norberto Bobbio. *Notícia do Direito Brasileiro*: Nova Série, n. 12, p. 213-219, 2006; Koehler, Frederico Augusto Leopoldino. Uma análise crítica da interpretação na teoria pura do Direito. *Revista Esmafe / Escola de Magistratura Federal da 5ª Região*, n. 12, p. 97-107, mar. 2007; Maliska, Marcos Augusto. Kelsen e o Direito universal: discussão sobre o Estado e o Direito nas relações internacionais. *Revista da AGU*, v. 5, n. 11, p. 65-74, dez. 2006; Rocha, Leonel Severo. A dimensão política da teoria pura do Direito. *Revista do Instituto de Hermenêutica Jurídica*, v. 1, n. 4, p. 287-306, 2006; Rodrigues Junior, Otavio Luiz. Considerações sobre a coação como elemento acidental da estrutura da norma jurídica: a ideia de pena e sanção premial. *Arquivos do Ministério da Justiça*, v. 51, n. 190, p. 287-322, jul./dez. 2006; Silveira, Daniel Barile da. Max Weber e Hans Kelsen: a sociologia e a dogmática jurídicas. *BIB*: Revista Brasileira de Informação Bibliográfica em Ciências Sociais, n. 62, p. 73-85, jul./dez. 2006; Guerra, Marcelo Lima. Norma, texto e a metáfora da moldura em Kelsen. *Revista dos Tribunais*, São Paulo, v. 95, n. 853, p. 77-89, nov. 2006; Torres, Ana Paula Repolês. Uma análise epistemológica da teoria pura do direito de Hans Kelsen. *Revista CEJ*, v. 10, n. 33, p. 72-77, abr./jun. 2006; Vicente, Marcelo Alvares. Kelsen e Luhmann: duas teorias sobre o Direito entre a epistemologia jurídica normativista e o construtivismo sistêmico. *Revista do Instituto dos Advogados de São Paulo*, v. 9, n. 17, p. 106-124, jan./jun. 2006; Alvim, Tatiana Araújo. Apontamentos sobre a estrutura lógica da norma jurídica. *Revista do Mestrado em Direito / Universidade Federal de Alagoas (Ufal)*, v. 1, n. 1, p. 189-213, jan./dez. 2005; Bittar, Eduardo C. B. A discussão do conceito de Direito: uma reavaliação a partir do pensamento habermasiano. *Boletim da Faculdade de Direito da Universidade de Coimbra*, n. 81, p. 797-826, 2005; Caymmi, Pedro Leonardo Summers. A evolução do conceito de métodos de interpretação no "positivismo jurídico": Hans Kelsen, Alf Ross e a superação de paradigmas. *Revista do Programa de Pós-Graduação em Direito da UFBA*, n. 12, p. 193-219, jan./dez. 2005; Marques, João Batista. O princípio de maioria na doutrina de Hans Kelsen. *Revista de Informação Legislativa*, v. 42, n. 165, p. 51-58, jan./mar. 2005; Sgarbi, Adrian. Hans Kelsen e a interpretação jurídica. *Novos Estudos Jurídicos*, v. 10, n. 2, p. 277-292, jul./dez. 2005; Silva, Artur Stamford da. Construção judicial do Direito: desde Kelsen e Hart. Ainda somos os mesmos... e vivemos. *Revista de Informação Legislativa*, v. 42, n. 165, p. 205-218, jan./mar. 2005; Vicari, Jaime Luiz. A norma jurídica na visão de Hans Kelsen. *Jurisprudência Catarinense*, v. 31, n. 107, p. 63-76, 2. trim. 2005; Caliendo, Paulo. Kelsen e o Direito internacional. *Revista de Direito Constitucional e Internacional*, v. 12, n. 47, p. 297-342, abr./jun. 2004; Cunha, Sérgio Sérvulo. Ser e dever ser. *Revista Latino-Americana de Estudos Constitucionais*, n. 4, p. 501-516, jul./dez. 2004; Dantas, Alcebíades Tavares. Hans Kelsen e a psicanálise. *Revista do Tribunal Regional do Trabalho da 16ª Região*, v. 14, n. 1, p. 94-125, 2004; Guimarães, Ylves José de Miranda. Kelsen e o normativo. *Revista do Instituto dos Advogados de São Paulo*: Nova Série, v. 7, n. 14, p. 47-51, jul./dez. 2004; Varela, Maria da Graça Bellino de Athayde de Antunes. O desafio de Hans Kelsen. *Revista do Programa de Pós-Graduação em Direito da UFBA*, n. 11, p. 253-275, jan./dez. 2004; Carvalho Netto, Menelick de. Racionalização do ordenamento jurídico e democracia. *Revista Brasileira de Estudos Políticos*, n. 88, p. 81-108, dez. 2003; Lima, Martonio Mont'Alverne Barreto. A guarda da constituição em Hans Kelsen. *Revista Brasileira de Direito Constitucional*, n. 1, p. 203-209, jan./jun. 2003; Ferro, Ana Luiza Almeida. O problema da justiça em Kelsen. *Revista do Ministério Público do Estado do Maranhão*: Juris Itinera, n. 9, p. 93-102, jan./dez. 2002;

Lima, Francisco Meton Marques de. Interpretação em Kelsen. *Revista do Tribunal Regional do Trabalho da 22 Região*, v. 3, n. 1, p. 13-29, 2000-2002; Reis, Isaac. Interpretação na teoria pura do Direito. *Seqüência*: Revista do Curso de Pós-Graduação em Direito da UFSC, v. 23, n. 45, p. 11-30, dez. 2002; Novais, Elaine Cardoso de Matos. O contrato em Kelsen e Luhmann. *Revista de Direito Privado*, v. 11, p. 121, jul. 2002; Braga, Pedro. Kelsen, Bobbio e Bakhtin: um diálogo. *Revista de Informação Legislativa*, v. 38, n. 150, p. 85-97, abr./jun. 2001; Silva, Paulo Thadeu Gomes da. Observações sobre a justiça em Kelsen e Luhmann. *Boletim dos Procuradores da República*, v. 4, n. 39, p. 16-26, jul. 2001; Silva, Sandro Subtil. A obsessão científica – Direito e Estado em Kelsen. *Revista da Procuradoria Geral do Estado do Rio Grande do Sul*, v. 24, n. 53, p. 73-89, mar. 2001; Veronese, Alexandre. Os conceitos de sistema jurídico e de Direito "em rede": análise sociológica e da teoria do Direito. *Plurima*: Revista da Faculdade de Direito da Universidade Federal Fluminense, n. 5, p. 131-149, 2001; Bittar, Eduardo Carlos Bianca. A justiça Kelseniana. *Revista da Faculdade de Direito da Universidade de São Paulo*, n. 96, p. 541-563, 2001; Orselli, Helena Maria Zanetti de Azeredo. A unidade da ordem jurídica na teoria pura do direito. *Novos Estudos Jurídicos*, v. 6, n. 13, p. 27-38, out. 2001; Sgarbi, Adrian. Entorno da natureza humana em Kelsen: a liberdade e a ordem. *Direito, Estado e Sociedade*, v. 9, n. 18, p. 6-46, jan./jul. 2001; Silva, Paulo Thadeu Gomes da. Observações sobre a justiça em Kelsen e Luhmann. *Boletim dos Procuradores da República*, v. 4, n. 39, p. 16-26, jul. 2001; Vasconcelos, A. Direito e Força. O problema da coação jurídica. *Revista da OAB-CE*, Fortaleza, v. 5, p. 35-38, 2001; Silva, Sandro Subtil. A obsessão científica - Direito e Estado em Kelsen. *Revista da Procuradoria Geral do Estado do Rio Grande do Sul*, v. 24, n. 53, p. 73-89, mar. 2001; Braga Netto, Felipe Peixoto. O ilícito na Teoria Geral do Direito: uma análise das teorias de Kelsen e Pontes de Miranda. *Revista da Esmape*, v. 5, n. 12, p. 259-284, jul./dez. 2000; Clarissa, Mônica. O controle de constitucionalidade na teoria pura do direito de Kelsen e suas perspectivas em face do Estado Democrático de Direito. *Revista do Direito / Universidade de Santa Cruz do Sul (Unisc)*, n. 14, p. 65-76, jul./dez. 2000; Diniz, Márcio Augusto de Vasconcelos. Reflexões sobre a teoria pura do direito. *Revista da OAB-CE*, v. 27, n. 4, p. 193-236, jul./dez. 2000; Godoy, Arnaldo Sampaio de Moraes. Kelsen e o Direito Romano. *Doutrina Adcoas*, v. 3, n. 2, p. 59, fev. 2000; Noleto, Mauro Almeida. Direito e ciência na teoria pura do Direito de Hans Kelsen (uma leitura crítica). *Revista Ethos*, v. 1, n. 2, p. 71-88, jul./dez. 2000; Pagliarini, Alexandre Coutinho. O positivismo de Hans Kelsen e Niklas Luhmann e a Constituição como instrumento normativo superior positivado. *Revista de Direito Constitucional e Internacional*, v. 8, n. 31, p. 203-215, abr./jun. 2000; Rocha, Ibraim José das Mercês. A Constituição na teoria pura do direito de Hans Kelsen. *Revista da Procuradoria Geral do Estado do Pará*, n. 6/7, p. 63-79, jan./dez. 2002; Vidal, Marcelo Furtado. Ideologia e interpretação na teoria pura do direito de Hans Kelsen. *Revista do Tribunal Regional do Trabalho da 3 Região*, v. 32, n. 62, p. 129-144, jul./dez. 2000; Amaral Júnior, José Levi Mello do. Do positivismo jurídico à democracia em Kelsen. *Revista da Faculdade de Direito da Universidade Federal do Rio Grande do Sul*, n. 17, p. 133-143, 1999; Leal, Rogério Gesta. Apontamentos sobre as Contribuições de Kant e de Kelsen a Ciência do Direito. *Revista de Direito Comparado*, n. 3, p. 307-334, maio 1999; Oliveira Junior, José Alcebíades de. Norma fundamental kelseniana e conceito de Direito. *Juris Poiesis*:

Revista do Curso de Direito da Universidade Estácio de Sá, v. 1, n. 2, p. 97-104, out./ dez. 1999; Ribeiro, Maurício Moura Portugal. A influência do teorema de Godel na concepção kelseniana de consistência do sistema jurídico. *Revista Trimestral de Jurisprudência*, n. 27, p. 147-155 1999; Adolfo, Luiz Gonzaga Silva. Considerações sobre direito e moral em Kelsen. *Estudos jurídicos*, São Leopoldo, v. 31, n. 82, p. 91-104, maio/ago. 1998; Andrade, Ricardo Luis Sant'Anna de. Breves considerações acerca do pensamento kelseniano. *Revista Cearense do Ministério Público*, v. 1, n. 2, p. 189-204, ago. 1998; Costa, Paula Bajer Fernandes Martins da. Relendo Kelsen para resolver a 'crise da lei': Política e Direito. *Boletim dos Procuradores da República*, v. 1, n. 7, p. 16-20, nov. 1998; Jansen, Letacio. Aplicação do método de Kelsen ao estudo da moeda. *Revista de Direito da Procuradoria Geral do Estado do Rio de Janeiro*, Rio de Janeiro, n. 51, p. 366-377, 1998; Sauer, João Guilherme. Arthur Faveret e as categorias kelsenianas. In: *Revista de Direito da Procuradoria Geral do Estado do Rio de Janeiro*, Rio de Janeiro, n. 51, p. 356-365, 1998; Matta, Emmanuel. Atualidade da teoria pura do direito: Kelsen e Bobbio. *Ciência Jurídica*, v. 12, n. 80, p. 11-28, mar./abr. 1998; Cavalcanti, Arthur Faveret. A teoria geral do Direito e Kelsen. In: *Revista de Direito da Procuradoria Geral do Estado do Rio de Janeiro*, v. 51, p. 339-365, 1998; Azevedo, Plauto Faraco de. Do método jurídico: reflexões sobre o normativismo kelseniano e a criação judicial do direito / Plauto Faraco de Azevedo. *Ajuris*, v. 24, n. 71, p. 294-301, nov. 1997; Sepúlveda Pertence, José Paulo. Atualidade do pensamento de Kelsen. *Revista de Direito da Procuradoria Geral do Estado do Rio de Janeiro*, n. 50, p. 31-46, 1997; Rolim, João Dácio. A interpretação jurídica na teoria pura do direito de Kelsen e sua superação. *Revista AMB*, v. 1, n. 1, p. 4-9, maio/jul. 1997; Barrozo, Paulo Sergio Daflon. Direito e Modernidade II: o caso Kant e Kelsen. *Direito Estado e Sociedade*, n. 9, p. 101-114, ago./dez. 1996; Graça Neto, Antonio. Kelsen e Wittgenstein: as interfaces da lógica. *Seqüência: estudos jurídicos e políticos*, v. 17, n. 32, p. 115-123, jul. 1996; Mannheimer, Marcia Latge; Jansen, Letácio. Notas sobre o livro "Hans Kelsen, vida e obra", de Rudolf Aladár Métall. *Revista de Direito da Procuradoria Geral do Estado do Rio de Janeiro*, n. 49, p. 145 a 160, 1996; Felippe, Marcio Sotelo. Rousseau, Kelsen e o direito a sério. *Revista da Procuradoria Geral do Estado de São Paulo*, n. 42, p. 251-256, dez. 1994; Pauperio, Arthur Machado. Insuficiência do positivismo jurídico. *Revista da Academia Brasileira de Letras Jurídicas*, v. 8, n. 6, p. 57-65, jul./dez. 1994; Mendes, Gilmar Ferreira. Kelsen e o controle de constitucionalidade no Direito brasileiro. *Revista de Informação Legislativa*, v. 31, n. 121, p. 185-188, jan./mar. 1994; Freitas, Juarez. Repensando a contribuição de Hans Kelsen à teoria geral do direito. *Veritas*: Revista da Pontifícia Universidade Católica do Rio Grande do Sul, v. 38, n. 151, 1993, p. 441-450; Stumm, Raquel Denize. O teorema de Godel e a norma fundamental de Kelsen. *Ajuris*, v. 20, n. 57, p. 85-99, mar. 1993; Burity, Tarcisio. A teoria das fontes do direito em Kelsen e a sua concepção democrática do Estado. *Revista de Direito Público*, v. 24, n. 97, p. 5-16, jan./mar. 1991; Tarcísio de Miranda Burity. Kelsen e o Direito Internacional consuetudinário. *Revista de Direito Civil – RDCiv*, v. 57, p. 71, jul.-set./1991; Mamede, Gladston. Ermächtigung: proposta de leitura da hermenêutica na teoria pura do direito. *Revista de Informação Legislativa*, v. 28, n. 109, p. 223-234, jan./mar. 1991; Vasconcelos, Arnaldo. Considerações em torno das insuficiências do Direito. *Revista da Faculdade de Direito da UFC*, Fortaleza, p. 85-94, 1991; Barreto,

Romulo Paes. Normativismo jurídico: a importância de Hans Kelsen. *Revista da Faculdade de Direito de Caruaru*, v. 25, n. 19, p. 559-585, 1990; Litrento, Oliveiros. A doutrina ética de Norberto Bobbio ou o positivismo como sistema do pensamento justificador do juridicamente dado. *Revista Brasileira de Direito Comparado*, v. 5, n. 9, p. 91-96, jul./dez. 1990; Wolkmer, Antônio Carlos. Kelsen e a teoria marxista do direito. *Estudos jurídicos*, São Leopoldo, v. 23, n. 58, p. 31-51, maio/ago. 1990; Magalhães, José Luiz Quadros de. Poder constituinte e a norma fundamental de Hans Kelsen. *Revista de Informação Legislativa*, v. 27, n. 105, p. 109-128, jan./mar. 1990; Burity, Tarcisio. *Revista de Direito Público*, v. 23, n. 93, p. 23-33, jan./mar. 1990.

Introdução
por Matthias Jestaedt

Sumário

I. As "Obras de Hans Kelsen" 1
  1. A pessoa e a obra de Hans Kelsen 1
  2. A edição das "Obras de Hans Kelsen" 5
II. Sobre o conteúdo da edição especial 7
  1. Os depoimentos pessoais de Kelsen de 1927 e 1947 8
  2. Cronologia, árvore genealógica e retratos de Hans Kelsen 9
III. A "Autoapresentação", de 1927 10
  1. Estado e transmissão do texto 10
  2. Gênese e caráter 12
  3. Preparação editorial 13
IV. A "Autobiografia", de 1947 13
  1. Estado e transmissão do texto 13
  2. Gênese e caráter 15
  3. Preparação editorial 20
V. Os depoimentos pessoais de Kelsen e a biografia de Kelsen por Métall 21

I. As "Obras de Hans Kelsen"

1. A pessoa e a obra de Hans Kelsen

O prêmio Nobel não é concedido a juristas. No entanto, Hans Kelsen (1881-1973) poderia ser incluído no pequeno círculo ilustre de uma *Légion d'honneur* jurídica, dado que sua posição de "clássico" em escala global é inconteste. Isso acontece apesar de a (ou talvez exatamente pelo fato) pessoa e – mais ainda – de a obra de Kelsen provocarem forte polarização. O nome de Kelsen é sinônimo, além de todos os ensinamentos teóricos específicos, de um programa científico rigoroso de pureza metodológica. Sua meta como jurista era a cientificidade da sua disciplina, a ciência do direito com todas as suas numerosas subdisciplinas. Além disso, seu esforço central foi iluminar a independência e autonomia do direito como instrumento singular de regulação social. A "pureza" da sua teoria do direito – que comporta esses dois elementos – não é expressão de um entendimento do direito apolítico ou mesmo antipolítico do direito, nem tampouco consequência de um normativismo que procura fugir à política ou negar a realidade. Afinal, a interpretação dinâmica de Kelsen para o ordenamento jurídico e a produção do direito é mais capacitada do que praticamente todas as outras concepções do direito para apreender e descrever com seu instrumentário de identificação e análise os fatores político-reais da criação do direito, bem como legitimá-los como força propulsora central do processo normativamente hierarquizado de criação do direito.

Por meio de sua obra, Kelsen certamente rompe com dois tabus: ele retira de sua própria disciplina o véu sob o qual ela podia politizar-se à vontade, e, inversamente, subtrai aos órgãos de produção do direito a possibilidade de alegar obrigações jurídicas remotas quando decisões políticas precisam ser assumidas e fundamentadas. Ele também ressalta de modo oposto a diferença entre a autonomia do direito e a da política, que devem por isso ser separadas, e a diferença entre o conjunto das obrigações jurídicas e o do discurso político. Kelsen defende de forma intransigente e inabalável, sem levar em conta as consequências para a própria carreira, as prescrições claras de utilização do direito contra as exigências de distorção político-partidária na chamada querela das dispensas matrimoniais ("*Ehedispens-Streit*"), na qual ele luta pela concepção jurídica politicamente impopular da Corte Constitucional e com isso posiciona-se mais uma vez a favor da autonomia do direito positivo – uma postura que acabou por levar o poder político da Áustria de sua época a se dissolver, reestruturar-se e a prover de novos membros a Corte Constitucional, que lhe custou seu cargo de juiz e finalmente prejudicou sua permanência na sua pátria.

Se Kelsen, como jurista e praticante do direito, apresenta-se como um incômodo, isso se dá por conta da sua visão do direito. Esclarecido e crítico das ideologias, positivista e relativista, antissubstancialista e anti-holístico, sua abordagem intelectual dificilmente se coaduna com a maioria. Ele defende suas concepções quer sejam oportunas quer não. No mais das vezes, ele se vê em oposição ao *mainstream* do espírito mais ou menos intransigente da época. Três exemplos devem bastar para exemplificar esse fato: (1) Ele faz campanha, em posição minoritária, pelo conceito de uma jurisdição constitucional amplificada; a crítica que ele, a propósito, atraiu em sua época com seu voto a favor do controle das normas pela Corte Constitucional acabou na atualidade por ser desacreditada em praticamente todos os seus pontos. (2) No ambiente de Weimar, no qual a vanguarda intelectual sempre expressa do modo mais agressivo e sem rodeios sua aversão e repulsa pelo sistema liberal-democrático da Constituição de Weimar, ele se posicionou como partidário convicto da democracia pluripartidária liberal, pluralista e representativa. (3) Enfim, seu conceito internacionalista otimista da "paz através do direito" foi de início, quer dizer, nos anos 1940, acusado de utópico, mas surge hoje como genuíno teorema de política realista.

O estratagema mais usado e testado para livrar-se desse pensador incômodo é difamá-lo, em razão do seu impulso em direção à "pureza" metodológica da teoria do direito, como habitante introvertido e autista de uma torre de marfim, que desconhece o mundo, dá as costas à prática, foge à realidade e teme os valores. É o objetivo das caracterizações de Kelsen como sumo sacerdote do "culto monoteísta do dever-ser" (Alexander Hold-Ferneck), como "beato de um normativismo cego" (Carl Schmitt) ou como protagonista de um "reducionismo formalista" (Bernd Christian Funk). Desconsiderando-se o fato de que a posição de Kelsen é caricaturada muito mais por conta de uma intenção pela polêmica do que por amor à discussão objetiva, devemos despender duas palavras sobre a estratégia muito difundida, seguida não somente por adversários, mas também por partidários da teoria pura do direito, de isolar Kelsen como teórico do direito e apresentar sua teoria pura do direito como construção intelectual dogmática maciça e fechada.

Quem reduz Kelsen ao papel de teórico do direito tem tendência a misturar, consciente ou inconscientemente, os outros papéis que ele desempenhou. Como jurista, Kelsen foi tanto publicista quanto internacionalista, teórico do Estado, do direito internacional e da democracia, sociólogo do direito e filósofo do direito, do Estado e da sociedade. E, além do jurista, não se deve esquecer o Kelsen praticante do direito: ele foi um dos "pais" da Lei Constitucional Federal de 1920 da Primeira República, precursora em tantos sentidos; já falamos de sua atividade como juiz da Corte Constitucional austríaca nos anos 1921-1930; enfim, além da sua atividade de consultoria, devemos mencionar seus pareceres de direito internacional. Ademais, o isolamento da estrutura jurídico-teórica kelseniana – realizada por causa da demonização ou da canonização da teoria pura do direito – contradiz, por um lado, o conhecimento de que a concepção kelseniana de uma ciência do direito "pura" tem relação múltipla e efeito recíproco com seus outros princípios, abordagens e concepções não normativas acerca do direito, e contradiz também, por outro lado, o fato de que a teoria pura do direito de Kelsen não é o produto atemporal de uma única ideia genial que dali em diante se conservaria inalterada e inalterável. Muito pelo contrário, a teoria pura do direito passou – desconsiderando-se totalmente o fato de que Kelsen é, certamente, seu fundador e principal defensor, mas de modo algum o seu único protagonista – por numerosos e profundos desenvolvimentos ao longo das décadas. A bem da verdade, até o fim de sua vida Kelsen não atinge o ponto em que declararia a teoria pura do direito "pronta" ou em que a consideraria perfeita. Como comprova de modo impressionante sua obra do final da vida, a *Allgemeine Theorie der Normen*, editada postumamente em 1979, o nonagenário – que trabalhava com escrúpulo inabalado – ainda empreendia extensas modificações e acréscimos substanciais na sua teoria.

A obra científica de Kelsen oferece a visão da imponente amplitude e multiplicidade dos seus interesses e da sua imensa força criadora – e também permite invalidar em um plano formal e externo a crítica de estreiteza intelectual. Kelsen deixou uma obra publicada que – se nos limitarmos às publicações originais e deixarmos de lado as numerosas traduções – compreende bem mais de 17 mil páginas,[1]

---

1 Nas obras publicadas, são incluídos os escritos de Kelsen publicados postumamente. Trata-se, entre outros, de: *Allgemeine Theorie der Normen* [Teoria geral das normas], editada a partir do espólio por Kurt Ringhofer e Robert

cobre mais de seis décadas de pesquisa e escrita, foi publicada em diversos continentes e traduzida em mais de duas dúzias de línguas. O espólio científico, cujo porte atinge cerca de 58 mil páginas segundo as primeiras estimativas, ainda não foi levado em conta e até o momento foi apenas parcialmente divulgado e avaliado.[2]

2. A edição das "Obras de Hans Kelsen"

Apesar da importância indiscutível e atualidade ininterrupta de Kelsen, falta até o momento uma edição integral de suas obras que ultrapasse as barreiras geográfico-linguísticas e disciplinares. A única edição parcial em língua alemã[3] de sua vasta obra abrange, com cerca de 900 páginas de textos de Kelsen, bem menos de 10% da obra com-

---

Walter a pedido do Instituto Hans Kelsen. Viena, 1979; *Rechtsnormen und logische Analyse. Ein Briefwechsel 1959 bis 1965. Hans Kelsen – Ulrich Klug* [Normas jurídicas e análise lógica. Uma correspondência de 1959 a 1965]. Viena, 1981; *Die Illusion der Gerechtigkeit. Eine kritische Untersuchung der Sozialphilosophie Platons* [A ilusão da justiça. Uma análise crítica da filosofia social de Platão], editada a partir do espólio por Kurt Ringhofer e Robert Walter a pedido do Instituto Hans Kelsen. Viena, 1985; On the Issue of the Continental Shelf. Two legal opinions. *Österreichische Zeitschrift für öffentliches Recht und Völkerrecht*, suplemento 8, 1986.

2 Kelsen não deixou disposições expressas a respeito do seu espólio científico. Na condição de herdeiras, suas duas filhas, a dra. Hanna (Anna) Oestreicher (1914-2001) e Maria Feder (1915-1994), decidiram em junho de 1973 – dois meses, portanto, após a morte de Kelsen, em 19.4.1973 – que o espólio ficaria primeiramente a cargo do antigo aluno, assistente, biógrafo e amigo de Kelsen, o dr. Rudolf Aladár Métall (1903-1975), e após sua morte deveria ser transferido ao Instituto Hans Kelsen para fins de guarda cuidadosa, administração e eventual aproveitamento. Depois da morte de Métall, em 30.5.1975, passaram-se ainda dois anos até que o espólio de Kelsen – juntamente com a biblioteca jurídica de Métall, que ele legou ao Instituto – fosse transladado em março de 1977 ao Instituto Hans Kelsen.

3 Trata-se da coletânea *Wiener rechtstheoretische Schule* [Escola de teoria do direito de Viena], que compreende mais de 2.400 páginas em dois volumes e foi editada por Hans Klecatsky, René Marcic e Herbert Schambeck em 1968 pela Europa Verlag (Viena, Frankfurt e Zurique) e pela editora Anton Pustet (Salzburgo e Munique).

pleta e está esgotada há mais de uma década, sem perspectiva de nova edição. A tentativa de uma edição histórico-crítica dos escritos publicados e ainda não publicados de Kelsen não foi empreendida até agora. Por isso, uma edição histórico-crítica com o nome de "Hans Kelsen Werke (HKW)" [Obras de Hans Kelsen] está sendo organizada em cooperação com a fundação federal Instituto Hans Kelsen,[4] apoiada por um conselho de especialistas em Kelsen com projeção internacional provenientes da Alemanha, França, Itália, Espanha, Suíça, Inglaterra, Escandinávia, Estados Unidos, Brasil, Argentina, Uruguai, Colômbia e Japão, e com acompanhamento editorial da editora Mohr Siebeck, em Tübingen. As "Obras de Hans Kelsen" estendem-se à obra integral de Kelsen e utilizam o seu espólio científico, até agora explorado apenas pontualmente. Elas compreendem tanto escritos monográficos independentes quanto escritos subsidiários, tanto obras publicadas durante a vida de Kelsen e postumamente quanto obras ainda não publicadas.

Para preservar na medida do possível o contexto de criação – extremamente importante para a ordenação das obras completas –, os textos publicados, autênticos e autorizados serão dispostos na sequência de sua publicação original; proceder-se-á *mutatis mutandis* com os escritos ainda não publicados. Os textos serão impressos na língua de sua primeira publicação ou versão, ou seja, em alemão (cerca de 60%) e em inglês (mais de 30%). Reimpressões e traduções serão indicadas nas notas com referência bibliográfica completa. Os trabalhos mais significativos e especialmente atuais ainda hoje[5] serão "desvendados"

---

4 O Instituto Hans Kelsen não só é o detentor dos direitos sobre as obras de Kelsen, mas também reuniu o conjunto das publicações de Kelsen (inclusive as reimpressões e traduções) e cuida do espólio científico de Kelsen.

5 Em especial: *Hauptprobleme der Staatsrechtslehre entwickelt aus der Lehre vom Rechtssatze* [Principais problemas da teoria do direito público desenvolvidos a partir da teoria da norma jurídica]. Tübingen, 1911; *Das Problem der Souveränität und die Theorie des Völkerrechts. Beitrag zu einer reinen Rechtslehre* [O problema da soberania e a teoria do direito internacional. Contribuição para uma teoria pura do direito]. Tübingen, 1920; *Der soziologische und der juristische Staatsbegriff. Kritische Untersuchung des Verhältnisses von Staat und Recht* [Os conceitos sociológico e jurídico de Estado. Análise crítica da relação entre Estado e direito]. Tübingen, 1922; *Allgemeine Staatslehre* [Teoria geral do Estado]. Berlin, 1925; *Die philosophischen Grundlagen der Naturrechtslehre und des Rechtspositivismus* [Os

para os não especialistas mediante introduções concisas sobre o contexto, a importância e a fortuna crítica da obra, de autoria de renomados pesquisadores da obra de Kelsen provenientes do mundo todo. Cada volume será acrescido de índice onomástico e remissivo. Além disso, o último volume da edição conterá, além do índice onomástico e remissivo geral, bibliografias ordenadas cronológica, temática e alfabeticamente.

II. Sobre o conteúdo da edição especial

Se a biografia de um estudioso geralmente fica ofuscada por sua bibliografia, a edição especial publicada em 11 de outubro de 2006, por ocasião da cerimônia do 125º aniversário de Hans Kelsen, é dedicada primordialmente à pessoa e apenas subsidiariamente à obra de Kelsen. Ela contém dois textos autobiográficos, a "Autoapresentação", redigida em Viena em 1927, e a "Autobiografia", muito mais abrangente, escrita em 1947 em Berkeley. Ambos os depoimentos pessoais serão impressos no volume 1 das "Obras de Hans Kelsen", antepostos às obras científicas. Aqui, eles são complementados por um Apêndice que contém uma cronologia das datas biográficas e profissionais de Kelsen, sua árvore genealógica e uma coleção de fotografias.

---

fundamentos filosóficos da teoria do direito natural e do positivismo jurídico]. Berlim; Charlottenburg, 1928; *Vom Wesen und Wert der Demokratie* [A essência e o valor da democracia]. 2. ed. Tübingen, 1929; *Wer soll der Hüter der Verfassung sein?* [Quem deve ser o guardião da Constituição?]. Berlim, 1931; *Reine Rechtslehre. Einleitung in die rechtswissenschaftliche Problematik* [Teoria pura do direito. Introdução à problemática da ciência do direito]. 1. ed. Leipzig; Viena, 1934; *Vergeltung und Kausalität. Eine soziologische Untersuchung* [Retribuição e causalidade. Uma investigação sociológica]. Haia; Chicago, 1941; *General theory of law and State*. Cambridge (Mass.), 1945; *The law of the United Nations. A critical analysis of its fundamental problems*. Londres; Nova Iorque, 1950; *Principles of international law*. Nova Iorque, 1952; *Reine Rechtslehre*. 2. ed. Viena, 1960; *Allgemeine Theorie der Normen* [Teoria geral das normas]. Viena, 1979.

1. Os depoimentos pessoais de Kelsen de 1927 e 1947

São conhecidos poucos depoimentos de Kelsen dedicados à sua própria pessoa para além do discurso científico. Até onde se sabe, há apenas dois textos nos quais Kelsen fala expressamente e com maior ou menor detalhe de sua vida:[6] trata-se da "Autoapresentação", de 1927, e da "Autobiografia", de 1947. Em contrapartida, o célebre prefácio de setembro de 1923 à segunda edição dos *Hauptprobleme der Staatsrechtslehre*,[7] no qual Kelsen reflete sobre a gênese, o estado e o desenvolvimento da teoria pura do direito – como orientação objetiva de pesquisa e como formação pessoal de pesquisa liderada por ele – uma década após o surgimento da fagulha inicial na forma de sua tese de livre-docência, refere-se inteiramente ao teórico Hans Kelsen, ou, mais exatamente, ao criador da teoria pura do direito.

Ambos os textos são depoimentos pessoais marcantes que diferem muito substancialmente quanto ao caráter, extensão e círculo de destinatários (ver III.2 e IV.2 adiante) e não apresentam, nem mesmo na citação de datas externas esporádicas (nascimento, escola, faculdade, doutoramento, docência), nenhuma duplicidade ou sobreposição. Enquanto a "Autoapresentação" (1927) foi redigida para a apresentação de Kelsen e de sua teoria em um contexto científico, na "Autobiografia" (1947) o destino pessoal e os fatos da vida de Kelsen estão em primeiro plano. Apesar disso, na sua "Autobiografia", Kelsen também revela muito poucas informações e apreciações privadas, ou seja, que não se limitam ao Kelsen teórico.

O que une ambos os textos é que eles representam – embora em medida muito diferente – as duas fontes mais importantes a partir das

---

6 No espólio de Kelsen, encontram-se decerto vários currículos sinóticos, cada qual com extensão de somente uma a três páginas, que de dados particulares contêm pouco mais que a data de nascimento e os nomes dos pais, e no mais limitam-se à reprodução de datas profissionais, tais como provas realizadas, duração dos empregos, funções, condecorações etc.

7 *Hauptprobleme der Staatsrechtslehre entwickelt aus der Lehre vom Rechtssatze*. 2. ed. Tübingen, 1923. p. V-XXIII.

quais Rudolf Aladár Métall[8] redigiu a sua biografia de Kelsen,[9] que constitui a apresentação mais autêntica e detalhada da vida e obra de Kelsen (sobre a relação entre os depoimentos pessoais de Kelsen e a sua biografia por Métall, ver a seção V adiante). A seguir, os dois depoimentos pessoais serão apresentados pela primeira vez com aparato histórico-crítico. A contraposição dos dois escritos distanciados por 20 anos resulta em um contraste rico em conclusões.

2. Cronologia, árvore genealógica e retratos de Hans Kelsen

No Apêndice, foi acrescentada uma cronologia tripartite que permite estabelecer referências e conexões entre as datas biográficas pessoais e familiares de Kelsen, sua evolução profissional e a data de publicação dos seus escritos mais significativos. A cronologia é acompanhada pela árvore genealógica de Kelsen, que ilustra um pouco o pano de fundo familiar, tratado apenas marginalmente nos dois textos autobiográficos.

O Apêndice se encerra com fotografias provenientes, em sua imensa maioria, do acervo familiar e publicadas aqui pela primeira vez. Elas mostram, no sentido mais verdadeiro da palavra, os muitos e variados rostos de Kelsen, que diferem segundo o contexto temporal e

---

8 Rudolf Aladár Métall (1903-1975), austríaco naturalizado brasileiro, foi aluno e assistente, biógrafo e bibliógrafo, companheiro e amigo de Kelsen. Depois de obter o doutorado em direito na Universidade de Viena em 1925, entre 1928 e 1935 foi secretário de redação da *Zeitschrift für öffentliches Recht*, editada por Kelsen (até 1934), e entre 1933 e 1940 foi diretor de redação da *Revue Internationale de la Théorie du Droit*, editada por Kelsen, Léon Duguit e Franz Weyr. De outubro de 1930 a fevereiro de 1931, Métall foi assistente de Kelsen na cátedra deste último em Colônia antes de entrar para o Escritório Internacional do Trabalho em Genebra. Emigrou em 1940 para o Brasil, onde foi consultor técnico do governo brasileiro entre 1940 e 1945 e secretário-geral da representação diplomática austríaca no Brasil entre 1941 e 1944. Trabalhou para o Escritório Internacional do Trabalho em Montreal em 1945 e ocupou, entre 1946 e 1959, o cargo de chefe de seção e diretor da representação do Escritório Internacional do Trabalho junto às Nações Unidas em Nova Iorque. A partir de 1959, foi chefe da Seção de Organizações Internacionais no Escritório Internacional do Trabalho em Genebra.
9 Métall, Rudolf Aladár. *Hans Kelsen. Leben und Werk* [Hans Kelsen. Vida e obra]. Viena, 1969.

temático. Elas também devem contribuir para dar a conhecer melhor as numerosas facetas e etapas da vida e obra de Kelsen e para dar um rosto ao teórico Hans Kelsen – em vez de caracterizá-lo como entidade sem rosto e desprovida de feições.

III. A "Autoapresentação", de 1927

1. Estado e transmissão do texto

A edição do rascunho autobiográfico de 1927, aqui chamado de "Autoapresentação", baseia-se no fac-símile do dactiloscrito que Kelsen enviou ao seu colega húngaro Julius Moór[10] acompanhado de uma carta,[11] datada de 20 de fevereiro de 1927.[12] O dactiloscrito original ou o próprio manuscrito que serviu de base ao dactiloscrito não se encontram nem no espólio científico de Kelsen, nem no espólio do biógrafo de Kelsen, Rudolf Aladár Métall, legado ao Instituto Hans Kelsen.

O dactiloscrito compreende oito páginas batidas à máquina. A máquina de escrever utilizada tem uma fonte em itálico. No texto, que não foi acrescido de nenhuma observação (notas de rodapé, notas de fim ou similares), Kelsen efetuou algumas poucas alterações e correções manuscritas; estas, assim como o próprio dactiloscrito, são todas

---

10 Julius (Gyula) Moór (1888-1950), jusfilósofo. Lecionou em Eperjes, em 1914; em Kolozsvár, a partir de 1918; em Szeged, a partir de 1921; e, finalmente, em Budapeste, entre 1929 e 1947. É tido como o mais destacado jusfilósofo húngaro do entreguerras. Principais obras: *Macht, Recht, Moral. Ein Beitrag zur Bestimmung des Rechtsbegriffes* [Poder, direito, moral. Uma contribuição para a definição do conceito de direito]. Szeged, 1922; *Bevezetés a jogfilozófiába*. Budapeste, 1923; *A jogi személyek elmélete*. Budapeste, 1931.
11 A carta menciona um ferimento na mão sofrido por Kelsen, o que fez com que fosse escrita por sua mulher Margarete. Ela está reproduzida integralmente adiante: Autoapresentação (1927), nota 2.
12 O fac-símile do dactiloscrito da "Autoapresentação" está reproduzido em Varga, Csaba (Ed.). *Aus dem Nachlass von Julius Moór* [Do espólio de Julius Moór]. Budapeste, 1995. p. 15-22; a carta de 20.2.1927 mencionada anteriormente está reproduzida em fac-símile em idem, p. 23.

bem legíveis. Além disso, o texto contém uma série de grifos sob passagens relevantes ou nomes que foram presumivelmente feitos por Julius Moór, que traduziu partes da "Autoapresentação" para o húngaro e, para tanto, possivelmente assinalou passagens importantes (ver seção 2 adiante). Na última página, o texto está datado com "Viena, fevereiro de 1927" e acrescido da assinatura "Hans Kelsen" batida à máquina.

O dactiloscrito em si não traz nenhum título. O fato de que o texto editado aqui seja publicado com o título "Autoapresentação" se deve à circunstância de que Métall, na introdução à sua biografia de Kelsen, cita suas fontes e refere-se à primeira delas como "uma 'autoapresentação' de Kelsen, manuscrita e não publicada, de aproximadamente 12 páginas (Viena, fevereiro de 1927)". É, evidentemente, a versão manuscrita que deu origem ao dactiloscrito de que se trata aqui, também datado de fevereiro de 1927. Métall cita igualmente "uma 'autobiografia' de 46 páginas batidas à máquina e também não publicada (Berkeley, outubro de 1947)".[13] Como este último texto, que serve de base – ainda que na forma de fotocópia – à edição histórico-crítica do depoimento pessoal chamado aqui de "Autobiografia", foi efetivamente dotado por Kelsen do título de "Autobiografia", é de se supor que o manuscrito de fevereiro de 1927 também tenha recebido de Kelsen o título de "Autoapresentação". O fato de que o dactiloscrito não apresente (mais) nenhum título pode estar relacionado com a circunstância de que Kelsen o colocou à disposição de Moór com a observação de que ele poderia "utilizá-lo [...] como quiser e aproveitar apenas aquilo [...] que lhe parecer essencial".[14] O manuscrito em si não se encontra – como o dactiloscrito da "Autobiografia" de 1947 – no espólio de Kelsen nem no de Métall (no estado em que foi legado ao Instituto Hans Kelsen)[15] e deve, portanto, ser considerado como perdido. Na carta de 20 de fevereiro de 1927, acrescentada ao esboço autobiográfico, Kelsen designa o texto como "autobiografia".

---

13 Ambas as citações: Métall. *Op. cit.*, Introdução, sem paginação.
14 Kelsen na carta de acompanhamento de 20.2.1927.
15 Sobre o manuscrito da "Autoapresentação" (1927) e o dactiloscrito da "Autobiografia", Métall escreve que "Hans Kelsen confiou-me o uso das fontes citadas nos números 1 e 2" (Métall. *Op. cit.*, Introdução, sem paginação). Isso pode indicar que Métall devolveu ambos os textos a Kelsen depois de usá-los.

A "Autoapresentação" já foi publicada três vezes, mas jamais em edição histórico-crítica nem em língua alemã. Trata-se das seguintes publicações:

- Varga, Csaba (Ed.). Documents de Kelsen em Hongrie. Hans Kelsen et Julius Moór. In: *Droit et Société*, 7-1987, p. 331-340 (Varga reproduz tanto a "Autoapresentação" quanto a carta de acompanhamento de 20 de fevereiro de 1927 na tradução francesa);
- Paulson, Stanley L. (Ed.). *Hans Kelsen/Renato Treves, formalismo giuridico e realtà sociale*. Nápoles, 1992. p. 33-37 (sem a carta de acompanhamento, com o título: "Hans Kelsen, sobre a origem da teoria pura do direito. O primeiro esboço autobiográfico");
- Varga, Csaba (Ed.). *Aus dem Nachlass von Julius Moór*. Budapeste, 1995. p. 15-22 e 23 (impressão fac-similar tanto da "Autoapresentação" quanto da carta de acompanhamento de 20 de fevereiro de 1927).

2. Gênese e caráter

Kelsen redigiu a "Autoapresentação" no mais tardar na primeira metade de fevereiro de 1927. Como se depreende da supracitada carta de acompanhamento de 20 de fevereiro de 1927, ele produziu-a por incentivo de Julius Moór,[16] assim como um catálogo de seus escritos. O ensejo concreto era a tradução do *Grundriß einer allgemeinen Theorie des Staates* [Grandes linhas de uma teoria geral do Estado][17] para o húngaro[18] realizada por Moór, cujo original alemão havia sido publicado apenas em uma edição particular. Por ocasião da publicação do

---

16 A carta de Julius Moór na qual ele faz os dois pedidos a Kelsen (autoapresentação e catálogo das obras) não se encontra no espólio de Kelsen.
17 Viena, 1926, 64 páginas (com a indicação na capa: "impresso no estado de manuscrito"). O "Plano" foi concebido para reproduzir, "em traços gerais e sem menção a qualquer polêmica contra a teoria predominante, o conteúdo de uma obra maior" que Kelsen havia publicado pouco antes sobre o assunto (idem, Introdução, p. 5): a *Allgemeine Staatslehre*. Berlim, 1925.
18 Kelsen, Hans. *Az államelmélet alapvonalai*. Trad. e introd. de Julius Moór. Szeged, 1927. XIII e 90 p.

livro, era desejo e intenção do editor e tradutor Moór estabelecer, por um lado, a importância de Kelsen com relação a Rudolf Stammler (1856-1938) e Felix Somló (1871-1920), então mais conhecidos na Hungria, e, por outro lado, apresentar a pessoa e a obra de Kelsen aos leitores húngaros. Para este último fim, ele pediu a Kelsen algumas notas autobiográficas. Moór encurtou o texto de Kelsen em aproximadamente um terço e de resto adotou-o em uma tradução ora literal (substituindo a primeira pela terceira pessoa), ora ligeiramente parafraseada.[19]

Em que pese sua caracterização como "Autoapresentação" ou "Autobiografia", o texto não contém dados biográficos no sentido usual, como se vê já no primeiro e muito curto parágrafo, que mais insinua do que expõe a origem de Kelsen e sua carreira escolar e universitária. O que Kelsen descreve a seguir é essencialmente a gênese e o desenvolvimento da teoria pura do direito; o caráter e o conteúdo lembram vagamente o prefácio à segunda edição dos *Hauptprobleme der Staatsrechtslehre*.

3. Preparação editorial

A ortografia e a pontuação de Kelsen foram adotadas sem modificações. Erros tipográficos evidentes foram corrigidos sem menção especial. Nas margens está indicado o início das páginas do dactiloscrito; no texto a separação das páginas é marcada por um travessão vertical.

IV. A "Autobiografia", de 1947

1. Estado e transmissão do texto

A base para a edição da "Autobiografia" de Kelsen de 1947 é uma fotocópia do dactiloscrito – tirada provavelmente no início de 1992

---
19 Moór, Gyula. Elöszó. In: *Kelsen. Op. cit.*, p. VI-X.

por iniciativa de Max Knight[20] – ou possivelmente uma cópia batida à máquina do dactiloscrito original. O dactiloscrito, que compreende 46 páginas de texto corrido sem notas e com 11 intertítulos não numerados, foi redigido em folhas de formato carta americano (215,9 × 279,4 mm), facilmente reconhecível pela típica mancha da página e pelas margens parcialmente visíveis. Foi utilizada uma máquina de escrever estadunidense na qual não havia trema nem a letra ß. Somente nos nomes próprios "Gödöllö" e "Glöckel" os tremas foram acrescentados à máquina com o auxílio de aspas.

O dactiloscrito (ou a sua cópia) foi corrigido e completado à mão por Kelsen. Ele efetuou numerosas correções de erros tipográficos e também fez acréscimos mais extensos e substituiu formulações. No início do texto, com o título em itálico de "Autobiografia", Kelsen colocou à mão seu nome e sobrenome grifados e seguidos de dois pontos; no fim, ele também acrescentou à mão a data de "outubro de 1947".

Na fotocópia, Max Knight completou à mão passagens que durante a cópia se tornaram difíceis de ler ou ilegíveis. Na maioria das vezes, ele reescreveu a última linha da página, que mal se podia ler ou estava ilegível, e às vezes ele também reproduziu os acréscimos de Kelsen que durante a cópia se tornaram difíceis de ler. Knight escreveu suas intervenções para restaurar a legibilidade do texto com tinta azul e esferográfica preta. Elas se diferenciam sem equívoco das intervenções textuais manuscritas de Kelsen no dactiloscrito. Na página 16 do dactiloscrito, foram acrescentadas em uma folha colada posteriormente à fotocópia três linhas e meia – que restituem o original dificilmente legível – escritas com uma máquina de escrever de cabeça esférica, comum nos anos 1970. Com probabilidade

---

20 Max Knight (originalmente Max Eugen Kühnel, 1909-1993), escritor e tradutor. Em razão de sua ascendência judaica, emigrou de Viena em 1938, primeiro para a Grã-Bretanha, depois em 1940 para Xangai e em 1941 para os Estados Unidos. A partir de 1937, foi o correspondente londrino do *Neue Wiener Tagblatt* e, a partir de 1950, foi o responsável pelas publicações da University of California Press em Berkeley. Publicou mais de 200 contos com Joseph Peter Fabry (originalmente Joseph Epstein, 1909-1999) sob o pseudônimo comum de Peter Fabrizius. Knight, que na condição de jurista frequentou as aulas de Kelsen tanto em Viena como em Berkeley e que era amigo de Kelsen, traduziu para ele a segunda edição da *Teoria pura do direito* (Viena, 1960) para o inglês (*Pure theory of Law*. Berkeley, 1967).

beirando a certeza, pode-se dizer que o autor desse acréscimo também é Max Knight.

Até recentemente, a "Autobiografia" de Kelsen de 1947 era tida pelos especialistas como desaparecida. Ela não se encontra nem no espólio de Kelsen, nem entre os escritos legados por Métall ao Instituto Hans Kelsen. O exemplar que serve de base a esta edição provém do acervo de Max Knight, que o forneceu no início de 1992 a Stanley L. Paulson na forma de fotocópia com restituições manuscritas de passagens do dactiloscrito que não estavam mais legíveis. Paulson, por sua vez, colocou-o à disposição do editor. O exemplar de Knight da "Autobiografia" não foi conservado nem no seu espólio parcial guardado na Biblioteca Austríaca do Exílio da Casa de Literatura de Viena, nem no seu espólio parcial nos arquivos da Universidade de Albany, Nova Iorque. Não se sabe quando Knight obteve a "Autobiografia". Porém, no mais tardar no início de 1957 ele tinha conhecimento do seu conteúdo, como se depreende sem equívoco de seu artigo "Der Vater der Österreichischen Verfassung" [O pai da Constituição austríaca], redigido para o jornal de língua alemã *Aufbau* [Construção] editado em Nova Iorque. Nesse artigo, Knight emprega reiteradamente expressões que aparecem literalmente na "Autobiografia".[21]

2. Gênese e caráter

O estado atual das pesquisas não fornece provas para esclarecer por qual razão Kelsen redigiu sua "Autobiografia" precisamente em 1947, com qual intenção ele o fez e para qual círculo de leitores ele a destinou. Apenas se podem fazer suposições sobre as circunstâncias concretas do seu surgimento. Estas se relacionam com dois indícios.

Kelsen caracteriza a si mesmo no final da sua "Autobiografia" – aludindo a uma expressão cunhada por Heinrich Heine – como "viajante cansado" que encontrou seu "último refúgio". Isso pode dar a

---

21 Knight, Max. Der Vater der Österreichischen Verfassung. *Aufbau*, 1 fev. 1957 (reimpresso em: Knight, Max; Fabry, Joseph. *A Peter Fabrizius reader. Selected stories, exilia, verses, and essays from two worlds*. Nova Iorque; Washington, DC; Baltimore; São Francisco; Berna; Frankfurt; Berlim; Viena; Paris, 1994. p. 109-112).

entender quem depois da sua odisseia – de Viena para Colônia, Genebra, Praga, Nova Iorque, Harvard e, finalmente, Berkeley –, ele finalmente considera ter chegado ao seu lugar. Em Berkeley, com quase 56 de idade, ele adquiriu pela primeira vez uma pequena casa – aliás, um dos raros dados particulares que ele comunica ao leitor. Isso significaria, segundo Kelsen, que teria chegado ao objetivo ou pelo menos ao fim geográfico de sua vida movimentada e que seria a hora de olhar para trás e fazer um balanço de sua vida.

O segundo indício aponta – tal como ocorreu com a "Autoapresentação", de 1927 – para um impulso exterior: a pedido do historiador estadunidense Charles Adams Gulick (1896-1984), professor da Universidade da Califórnia em Berkeley, como Kelsen, e com vistas à utilização na grande obra deste último, *Austria from Habsburg to Hitler*,[22] Kelsen forneceu-lhe um memorando que ilustrava o último governo da dupla monarquia sob Heinrich Lammasch da perspectiva de Kelsen, que trabalhava nessa época no Ministério da Guerra.[23] A obra de Gulick só foi publicada em 1948, mas o prefácio está datado de março de 1947. Nesse prefácio, Gulick agradece, entre outros, ao seu colega de universidade Kelsen.[24] Se considerarmos igualmente que o prólogo de Walther Federn aposto à obra pronta leva a data de "janeiro de 1947", o texto principal deve ter sido concluído e levado à impressão no máximo no segundo semestre de 1946. Como o memorando de Kelsen não pode ser posterior, consequentemente ele foi redigido pelo menos um ano antes da conclusão da "Autobiografia". Isso dá ensejo à suposição de que o memorando feito por Kelsen a pedido de Gulick deu origem, alguns meses mais tarde, à motivação e ao núcleo da "Autobiografia" concluída em outubro de 1947. A maior parte do texto do memorando foi retomada textualmente por Kelsen na "Autobiografia"; em muitas passagens ele foi complementado, e em dois pontos foi ligeiramente encurtado.

Quanto ao caráter, trata-se de uma autobiografia acadêmica típica daquela época, na medida em que contém muito poucos aspectos

---

22 Gulick, Charles A. *Austria from Habsburg to Hitler*. Berkeley; Los Angeles, 1948. 2 v.
23 O memorando foi impresso textualmente na obra de Gulick, v. I, p. 45-47.
24 Gulick. *Op. cit.*, p. XVII.

privados ou pessoais. As duas filhas de Kelsen, Anna (Hanna) e Maria, e seu destino não são mencionados em nenhuma sílaba, exceção feita de uma oração subordinada. Sua esposa Margarete, com a qual ele foi casado por mais de 60 anos e que deve ser vista como sua colaboradora mais próxima, pois – nos anos 1910 a 1930 – preparava em parte a versão final dos manuscritos e – sobretudo a partir dos anos 1940 – datilografou a imensa maioria dos manuscritos de Kelsen, é mencionada apenas três vezes e somente de passagem. Nada na "Autobiografia" deixa nem ao menos entrever o papel central que ela visivelmente teve na vida de Kelsen. Suas duas conversões religiosas – em 1905, Kelsen troca sua origem judaica pelo batismo na igreja romano-católica e, em 1912, ele e sua futura esposa, Margarete, aderem ao protestantismo luterano – também não recebem nem uma sílaba da parte de Kelsen. Até mesmo as três trocas de nacionalidade não são abordadas, apesar de sua conexão com os deslocamentos profissionais de Kelsen. Em 1930, ele adquire a cidadania alemã – em complemento, e não em substituição à cidadania austríaca – por meio da cidadania prussiana obtida pela nomeação como professor ordinário na Universidade de Colônia. Kelsen perde ambas as cidadanias, tanto austríaca quanto alemã, com a aquisição da cidadania tcheca ligada à contratação pela Universidade Alemã de Praga. Enfim, Kelsen abandona esta última em prol da cidadania estadunidense em 1945.

Porém, talvez a particularidade da "Autobiografia" não seja tanto a falta de informações de caráter privado e pessoal. A "Autobiografia" é notável muito mais pelo que Kelsen revela ou oculta de seu lado público e profissional. Os pontos fortes da sua descrição autobiográfica são:

- sua relação tensa com seu professor Edmund Bernatzik (faculdade, temporada de estudos em Heidelberg, doutoramento, carreira acadêmica);
- sua atividade no Ministério da Guerra durante os dramáticos últimos meses da dupla monarquia, que se encerrou em colapso;
- a dolorosa confrontação com seu aluno Fritz Sander provocada por uma acusação de plágio;
- as dificuldades nas Universidades de Viena e sobretudo de Praga relacionadas com a sua ascendência judaica e suas posições políticas;

- os processos de dispensa matrimonial na Corte Constitucional, a controvérsia pública sobre a Corte e o magistrado Kelsen e sua demissão do cargo; e
- enfim, suas pesquisas sobre a crença na alma, que ele registra em um manuscrito de duas mil páginas por cuja publicação não consegue se decidir.

Trata-se, na grande maioria, de eventos infelizes ou incompletos, dolorosos ou fracassados para Hans Kelsen. A fama e o sucesso, a felicidade e o reconhecimento surgem apenas marginalmente e mais para o fim da descrição. Predomina um tom elegíaco. A vida de Kelsen se deixa ler como a história do indesejado. Ele troca cinco vezes de emprego universitário, nenhuma delas por iniciativa própria:

- quando já era um estudioso de renome internacional, deu as costas à sua cidade de residência, Viena, e aceitou um convite da Universidade de Colônia em decorrência da dissolução da Corte Constitucional, politicamente motivada em função da assim chamada jurisprudência das dispensas matrimoniais, das invectivas dirigidas pessoalmente contra ele e sua família e de sua demissão do cargo de juiz entre 1929 e 1930;
- depois da tomada do poder por Hitler e o NSDAP no Império Alemão, no início de 1933, Kelsen estava entre os primeiros professores universitários suspensos e posteriormente aposentados pelos novos detentores do poder;
- as maquinações nacional-socialistas puseram fim, em 1938, ao seu emprego na Universidade Alemã de Praga, sua cidade natal, que só havia sido possível mediante uma intervenção intensa do presidente tchecoslovaco Edvard Beneš e que tinha extraordinária importância para Kelsen do ponto de vista financeiro em função da perspectiva de exercer finalmente uma atividade com direito a pensão;
- em 1940, depois do início da guerra na Europa, Kelsen e sua mulher Margarete deixaram o exílio em Genebra, que parecera seguro por sete anos, para emigrar para os Estados Unidos;
- ele não pôde ficar permanentemente na Harvard Law School, que lhe havia concedido o doutorado *honoris causa* em 1936 e

lhe ofereceu temporariamente um cargo de *lecturer*, e precisou mais uma vez procurar um novo emprego; e
– ele finalmente o encontrou na Universidade da Califórnia, em Berkeley. Ali, Kelsen obteve, enfim, um cargo permanente – embora, por ironia do destino, não na Faculdade de Direito, mas no Departamento de Ciência Política –, no qual ele podia desenvolver seu trabalho científico sem inimizades pessoais e sem ameaça para sua subsistência econômica, bem como avançar em uma trajetória segura. A leitura nos leva a concluir que ali, essa história de deslocamento encontra, finalmente, seu final feliz.

Aquilo que Kelsen menciona não é menos peculiar do que aquilo que omite ou cita somente com parcimônia. Ele se contenta com poucas linhas para descrever a criação e o desenvolvimento da teoria pura do direito, à qual dedicou quase 10 mil páginas de escritos científicos e cuja criação e desenvolvimento ele abordou de modo muito mais detalhado na "Autoapresentação", de 1927 (ver III.2 anteriormente), cuja extensão é de apenas um décimo da "Autobiografia". Ademais, nem mesmo uma referência bibliográfica é dedicada, por um lado, aos seus escritos precursores sobre a jurisdição constitucional – especialmente a sensacional resenha de teoria do direito público de 1928[25] e o panfleto polêmico contra Carl Schmitt "Wer soll der Hüter der Verfassung sein?" de 1931[26] –, nem, por outro lado, à teoria da democracia do clássico *Vom Wesen und Wert der Demokratie* em suas duas edições.[27] Também se procurará em vão na "Autobiografia" o texto de 1928 sobre *Die philosophischen Grundlagen der Naturrechtslehre und des Rechtspositivismus*,[28] central para a visão jurídica de Kelsen, apesar

---

25 Wesen und Entwicklung der Staatsgerichtsbarkeit [Natureza e evolução da jurisdição estatal]. In: *Veröffentlichungen der Vereinigung der Deutschen Staatsrechtslehrer* (VVDStRL) 5, 1929. p. 30-88.
26 Wer soll der Hüter der Verfassung sein? [Quem deve ser o guardião da Constituição?] Berlim, 1931.
27 *Vom Wesen und Wert der Demokratie* [Natureza e valor da democracia]. 1. ed. Tübingen, 1920; 2. ed. ampl. Tübingen, 1929.
28 *Die philosophischen Grundlagen der Naturrechtslehre und des Rechtspositivismus* [Os fundamentos filosóficos da teoria do direito natural e do positivismo jurídico]. Berlim; Charlottenburg, 1928. A importância desse texto se depreende do

de sua curta extensão. Enfim, não é fácil compreender que a "tomada do poder" por Adolf Hitler em 30 de janeiro de 1933 – funesta para Kelsen, ainda considerado judeu, apesar de sua conversão ao cristianismo – não mereça da parte dele mais do que algumas palavras secas ("Em 1933, Hitler tornou-se chanceler do Reich").

3. Preparação editorial

A ortografia e a pontuação de Kelsen foram adotadas sem modificações. Foram mantidas, em especial, as particularidades anglicizadas da escrita (como *"President"* em vez de *"Präsident"*, *"Representation"* em vez de *"Repräsentation"*, *"Intrigue"* em vez de *"Intrige"*, *"Tschechoslovakei"* em vez de *"Tschechoslowakei"* e *"adequat"* em vez de *"adäquat"*), bem como a formulação (*"in 1936"* em vez de *"1936"* ou *"im Jahre 1936"*). Também no que tange à pontuação – faltam numerosas vírgulas e especialmente nas enumerações encontra-se igualmente uma pontuação anglicizada –, não foram efetuadas intervenções de nenhum tipo no texto. Em contrapartida, erros tipográficos evidentes foram corrigidos sem menção especial (por exemplo, *"kuneftiges"* em vez de *"kuenftiges"*, *"Freiwillen Jahr"* em vez de *"Freiwilligen Jahr"*, *"Schaegerin"* em vez de *"Schwaegerin"*, *"marzistisch"* em vez de *"marxistisch"*). Tampouco foram assinaladas as emendas manuscritas realizadas por Kelsen, que são numerosas, quando representam correções de erros tipográficos evidentes (por exemplo, *"materialische"* corrigido por *"materialistische"*, *"gestehenden"* por *"bestehenden"*). Na cópia do dactiloscrito (por Max Knight?), foram frequentemente cortadas duas ou três letras da margem direita; as palavras correspondentes foram completadas sem menção especial, pois sempre se pode entender sem equívoco do que se trata.

Complementos e reconstruções do editor aparecem no texto entre colchetes. Nas margens está indicado o início das páginas do dactiloscrito; no texto, a separação das páginas é marcada por um travessão vertical.

---

fato, entre outros, de que Kelsen fez imprimir sua tradução inglesa ("Natural law doctrine and legal positivism") como apêndice da *General theory of law and State* (Cambridge [Mass.], 1945, p. 389-446).

V. Os depoimentos pessoais de Kelsen e a biografia de Kelsen por Métall

Com o recuo do tempo, pode-se ver que a "Autoapresentação" de 1927 e a "Autobiografia" de 1947 constituem, como já foi dito, os dois apoios mais significativos para a biografia de Kelsen escrita por Rudolf Aladár Métall em 1969. Além dos dois depoimentos pessoais de Kelsen, ele cita como fontes: "3. conversas pessoais que tive o privilégio de ter com Hans Kelsen em Viena, Colônia, Genebra, Nova Iorque e Berkeley; 4. minhas próprias anotações e lembranças; 5. as publicações de Kelsen [...]; 6. escritos sobre as obras de Hans Kelsen em geral e a teoria pura do direito em particular [...]."[29]

Métall sem dúvida recorre apenas esporádica e subsidiariamente à "Autoapresentação", muito mais curta do que a "Autobiografia". Em compensação, esta se revela responsável – quanto ao período da vida de Kelsen que ela cobre (1881-1947) – por mais de dois terços do conteúdo e das formulações da biografia composta por Métall, que para o período indicado[30] deve ser qualificada como paráfrase mais ou menos literal da "Autobiografia". Aqui e ali, Métall realiza pequenas modificações no caráter e na divisão da "Autobiografia", mas na imensa maioria das vezes ele segue a apresentação tal como ela aparece na "Autobiografia". Métall também retoma a enorme maioria das expressões marcantes – indicadas como citação ou não – da "Autobiografia". Enfim, em numerosas passagens, Métall cita textualmente a "Autobiografia".[31] Até onde se pode ver, todas as declarações de Kelsen reproduzidas em discurso direto – exceto uma – provêm da "Autobiografia".

---

29 Métall. *Op. cit.*, Introdução, sem paginação. Métall agradece a Robert Walter e Norbert Leser, ambos em Viena, e Ulrich Klug, em Colônia, as "informações sobre as aulas de Kelsen na Academia de Exportação, na Faculdade de Direito da Universidade de Viena e na Universidade de Colônia".
30 O período 1881-1947 é abordado por Métall nas páginas 1-79. O texto da biografia (sem a descrição e apreciação da obra e sem os anexos bibliográficos) compreende 101 páginas.
31 Citações curtas encontram-se nas páginas 8, 9, 12, 27 e 33; citações mais longas (de 10 linhas a meia página), nas páginas 5, 10, 16 (nota), 22 e 42; e citações extensas (mais de meia página), nas páginas 19, 20, 21 (nota), 23 (nota), 25 (nota), 72.

Os excursos e informações suplementares de Métall refletem seus próprios conhecimentos, experiências e lembranças, por um lado, sobre a situação histórico-política da Áustria em geral e sobre a situação da política universitária na Universidade de Viena em particular, e por outro, sobre a época de sua colaboração e amizade com Kelsen (especialmente as fases em Colônia, Genebra e Berkeley).

Autoapresentação[1]
(1927)[2]

Nasci em 11 de outubro de 1881 em Praga. No meu terceiro ano de vida, meus pais[3] se mudaram para Viena, onde cursei a escola pública, o ginásio e a Faculdade de Direito. Depois de obter o doutorado

---

1 O dactiloscrito que serve de base a esta edição não leva título. Rudolf Aladár Métall (1903-1975), amigo de Kelsen, seu colaborador por muitos anos e biógrafo, baseou sua biografia, entre outros documentos, em uma "'autoapresentação' de Kelsen, manuscrita e não publicada, de aproximadamente 12 páginas (Viena, fevereiro de 1927)" (Métall, Rudolf Aladár. *Hans Kelsen. Leben und Werk* [Hans Kelsen. Vida e obra]. Viena, 1969. Introdução, sem paginação), que deu origem ao dactiloscrito mencionado.
2 O dactiloscrito do esboço autobiográfico estava acompanhado de uma carta de Kelsen para Julius Moór, datada de 20.2.1927. Julius (Gyula) Moór (1888-1950), jusfilósofo, lecionou em Eperjes em 1914, em Kolozsvár a partir de 1918, em Szeged a partir de 1921 e, finalmente, em Budapeste entre 1929 e 1947. É tido como o mais destacado jusfilósofo húngaro do entreguerras. Principais obras: *Macht, Recht, Moral. Ein Beitrag zur Bestimmung des Rechtsbegriffes* [Poder, direito, moral. Uma contribuição para a definição do conceito de direito]. Szeged, 1922; *Bevezetés a jogfilozófiába*. Budapeste, 1923; *A jogi személyek elmélete*. Budapeste, 1931. A carta, que menciona um ferimento na mão sofrido por Kelsen e por esse motivo foi escrita por sua mulher Margarete, tem o seguinte teor:
"Caríssimo colega!
Agradeço-lhe encarecidamente por sua amigável correspondência, cuja resposta foi um tanto postergada porque quebrei há pouco tempo a mão direita e, portanto, a compilação dos dados que você me solicitou exigiu mais tempo do que em condições normais.
Envio-lhe anexo o material desejado na forma de uma autobiografia e de um catálogo de obras. Deixo a seu critério utilizá-lo como quiser e retirar dele apenas aquilo que lhe parecer essencial.
3 Adolf Kelsen (1850-1907) e Auguste Kelsen, nascida Löwy (1859-1950); cf. Autobiografia (1947).

(1906), estudei três semestres em Heidelberg e Berlim.[4] Obtive em 1911 a livre-docência em direito público e filosofia do direito, em 1917 tornei-me professor extraordinário e em 1919, professor ordinário na Faculdade de Direito em Viena.

Meu primeiro trabalho, publicado quando eu ainda era estudante, era de caráter histórico-dogmático: *Die Staatslehre des Dante Alighieri* [A teoria do Estado de Dante Alighieri], Wiener staatswissenschaftliche Studien, v. 6, t. 3, 1905.[5] Logo após esse trabalho voltei-me para os estudos de teoria do direito, cujo primeiro resultado – exceção feita a alguns trabalhos menores de direito positivo, como um comentário à regulamentação eleitoral imperial austríaca de 1907 – foi publicado com meu *Hauptprobleme der Staatsrechtslehre, entwickelt aus der Lehre vom Rechtssatz* [Principais problemas da teoria do direito público, desenvolvidos a partir da teoria da norma jurídica], de 1911

Continuação da nota 2

    Permita-me, caríssimo colega, exprimir por essa mesma ocasião meus mais sinceros agradecimentos pelo esforço que você teve de traduzir meu escrito para o húngaro. Devido ao grande valor que atribuo à difusão de minhas ideias nos círculos de cultura húngaros, a tradução húngara do meu plano representa um marco importante. Aceite mais uma vez meus profundos agradecimentos!
Meu ferimento na mão impede-me de escrever e remeter de próprio punho esta carta, que encerro com as melhores saudações.
Receba a expressão da minha mais alta consideração.
Seu grande admirador,
Hans Kelsen."
O escrito que Kelsen chama de "plano" é o "Grundriß einer allgemeinen Theorie des Staates" [Plano de uma teoria geral do Estado]. Viena, 1926 (impressão particular). A tradução feita por Moór foi publicada como "Az államelmélet alapvonalai". Szeged, 1927.

---

4 No seu currículo de 6.2.1911 para candidatura à livre-docência na Universidade de Viena (Arquivo Público Geral de Viena, Atos do Ministério do Culto e da Educação, nº 30.728/1911), Kelsen indica que participou dos seminários de ciência política de Georg Jellinek e Gerhard Anschütz em Heidelberg nos semestres de inverno de 1907-1908 e 1908-1909 e do seminário de direito público na Universidade Friedrich Wilhelm de Berlim no semestre de inverno de 1910-1911; cf. Autobiografia (1947).
5 *Die Staatslehre des Dante Alighieri* [A teoria do Estado de Dante Alighieri]. Viena; Leipzig, 1905 (Wiener staatswissenschaftlichen Studien, v. 6, caderno 3).

(2. ed., 1923).⁶ Cheguei à perspectiva decisiva para esse trabalho por meio da ideia de que a essência do direito é ser norma e de que, portanto, toda teoria jurídica deve ser uma teoria das normas, uma teoria das proposições normativas, uma teoria do direito objetivo. A assim chamada "vontade do Estado", como o direito objetivo costuma ser caracterizado, não poderia ser uma entidade fisicamente real como a vontade dos indivíduos, mas apenas uma expressão antropomórfica do dever-ser do ordenamento estatal. Foi assim que depreendi o significado não psicológico e exclusivamente normativo do conceito de vontade específico para a teoria jurídica. Da ideia de que o direito | é | 2 necessariamente norma depreendi que todo direito subjetivo baseia-se em um direito objetivo, e que o dualismo entre direito objetivo e subjetivo, tão funesto para a nossa sistemática jurídica, deve ser abolido. A oposição entre dois sistemas – o do direito objetivo e o dos direitos subjetivos – deve tornar-se uma diferença intrassistemática. Também depreendi uma necessidade plenamente análoga para o dualismo entre direito público e privado. Durante meu trabalho nos *Hauptprobleme*, ainda não estavam claras para mim as tendências políticas que se escondem na teoria tradicional por trás do dualismo entre direito objetivo e subjetivo, privado e público. Minha crítica, dirigida à pureza do método jurídico, ainda não ia tanto de encontro à mistura de conhecimento juspositivo com postulados políticos, mas, antes, ao sincretismo entre uma visão jurídica voltada para as normas jurídicas e seu conteúdo e uma visão sociológica ou psicológica que abrangia o comportamento efetivo das pessoas e seu fim jusnatural. A pureza metodológica imprescindível para a ciência do direito me parecia ser garantida pela oposição entre ser e dever-ser, que nenhum filósofo ressaltou tão nitidamente quanto Kant. Portanto, desde o início a filosofia kantiana foi minha estrela-guia. Aceitei-a primeiramente na forma que recebeu dos filósofos da corrente do sudoeste alemão,⁷

---

6 *Hauptprobleme der Staatsrechtslehre entwickelt aus der Lehre vom Rechtssatze* [Principais problemas da teoria do direito público, desenvolvidos a partir da teoria da norma jurídica]. Tübingen, 1911 (2. ed., 1923).
7 A escola neokantiana do sudoeste alemão (de Baden) foi ativa entre 1890 e 1930 em Friburgo em Breisgau, Estrasburgo e Heidelberg. Além dos fundadores Wilhelm Windelband e Heinrich Rickert, outros membros eram Bruno Bauch, Jonas Cohn, Georg Mehlis, Richard Kroner, Eugen Herrigel, Hans Pichler e Emil

principalmente Windelband.[8] Foi somente por meio de uma resenha dos meus *Hauptprobleme*, publicada em 1912 nos *Kantstudien*,[9] que tomei consciência dos numerosos paralelos entre | meu tratamento do problema da vontade no direito, sobretudo da vontade do Estado, e a filosofia da vontade pura de Cohen.[10] Voltei-me, então, para o estudo dos kantianos de Marburg,[11] especialmente Cohen, cuja teoria do

---

Lask. Ela defendia uma filosofia dos valores com base na filosofia kantiana. Sobretudo Windelband atribui aos valores uma espécie de ser que, no entanto, não devia ser entendido como o ser das coisas reais. Ele chamou essa forma de existência peculiar dos valores – como fez Kelsen mais tarde – de "validade" do dever-ser.

---

8 Wilhelm Windelband (1848-1915), filósofo. Estudou medicina, ciências da natureza, história e filosofia em Jena, Berlim e Göttingen. Trabalhou como professor entre 1876 e 1877 em Zurique, entre 1877 e 1882 em Friburgo em Breisgau, entre 1882 e 1903 em Estrasburgo e entre 1903 e 1915 em Heidelberg. É o fundador da escola neokantiana do sudoeste alemão. Principais obras: *Präludien* [Prelúdios]. Tübingen, 1884; *Lehrbuch der Geschichte der Philosophie* [Manual de história da filosofia]. Tübingen, 1892; *Prinzipien der Logik* [Princípios de lógica]. Tübingen, 1912; *Einleitung in die Philosophie* [Introdução à filosofia]. Tübingen, 1914.
9 Ewald, Oscar. Die deutsche Philosophie im Jahre 1911. *Kant-Studien*, v. XVII, p. 382-433, 1912.
10 Hermann Cohen (1842-1918), filósofo, estudou teologia e filosofia em Breslau e Berlim. Lecionou entre 1875 e 1912 na Universidade de Marburg e entre 1913 e 1918 no Instituto de Ciência do Judaísmo em Berlim. Fundou a escola neokantiana de Marburg. Principais obras: *Kants Theorie der Erfahrung* [A teoria kantiana da experiência]. Berlim, 1871; *Kants Begründung der Ethik nebst ihren Anwendungen auf Recht, Religion und Gesellschaft* [A fundamentação kantiana da ética e suas aplicações ao direito, à religião e à sociedade]. Berlim, 1877; *System der Philosophie* [Sistema da filosofia]. 3 v.: *Logik der reinen Erkenntniss* [Lógica do conhecimento puro]. Berlim, 1902; *Ethik des reinen Willens* [Ética da vontade pura]. Berlim, 1904; *Ästhetik des reinen Gefühls* [Estética do sentimento puro]. Berlim, 1912.
11 A escola neokantiana de Marburg foi fundada por Hermann Cohen e Paul Natorp. Também pertenciam a ela Ernst Cassirer, Karl Vorländer, Arthur Liebert, Eduard Bernstein e o jovem Nicolai Hartmann. Ela compreendia a filosofia como a teoria das ciências exatas e tentava esclarecer as condições lógicas das ciências da natureza e da matemática mediante a dedução transcendental kantiana. O sentido do dualismo entre aparência e "coisa em si" é invertido, especialmente em Cohen. A "coisa em si" torna-se o conceito limítrofe da experiência, aquele que não pode ser conhecido – uma logicização do princípio transcendental. Essa inversão ou eliminação do dualismo será retomada

conhecimento teve influência duradoura sobre mim, no entanto sem que eu a seguisse em todos os pontos.[12] Com o aprofundamento na filosofia kantiana de Marburg, que tendia para a máxima pureza metodológica, afiei minha percepção das numerosas distorções altamente prejudiciais que a teoria jurídica sofre por causa das tendências políticas conscientes ou inconscientes dos autores. Um primeiro resultado dessa orientação foi o ensaio "Zur Lehre vom öffentlichen Rechtsgeschäft" [Para uma teoria do negócio jurídico público], publicado no *Archiv des öffentlichen Rechts*, v. 31, em 1913.[13] A partir daí reconheci o terceiro e mais significativo dualismo que serve de base à teoria predominante: a oposição entre direito e Estado, que funde as duas oposições mencionadas anteriormente, entre direito subjetivo e objetivo e direito privado e público. Um trabalho que tratava da relação entre direito e Estado, redigido durante a guerra mundial, não foi publicado.[14] Seu resultado, essencialmente a ideia da unidade entre Estado e direito e de que o direito

---

por Kelsen. Ele menciona a "atitude epistemológica fundamental de Cohen, segundo a qual a orientação do conhecimento determina o objeto do conhecimento" (*Hauptprobleme*, 2. ed., p. XVII), e essa determinação leva ao postulado do "método da pureza" (Cohen) e à "pureza do método" (Kelsen), que Kelsen contraporá ao sincretismo metodológico – sendo este uma antítese que não faz jus à função do método de determinar o objeto.

---

12 A relação de Kelsen com o neokantismo e o grau de influência que a teoria pura do direito sofreu dessas ideias foram abordados reiteradamente na literatura científica: Paulson, Stanley L.; Walter, Robert (Ed.). *Untersuchungen zur Reinen Rechtslehre. Ergebnisse eines Wiener rechtstheoretischen Seminars 1985/1986* [Investigações sobre a teoria pura do direito. Resultados de um seminário de teoria do direito em Viena 1985/1986]. Viena, 1986; Paulson, Stanley L.; Paulson, Bonnie Litschewski (Ed.). *Normativity and Norms. Critical Perspectives on Kelsenian Themes* [Normatividade e normas. Perspectivas críticas sobre temas kelsenianos]. Oxford, 1998; Alexy, Robert; Meyer, Lukas H.; Paulson, Stanley L. (Ed.). *Neukantismus und Rechtsphilosophie* [Neokantismo e filosofia do direito]. Baden-Baden, 2002; Paulson, Stanley L.; Stolleis, Michael (Ed.). *Hans Kelsen – Staatsrechtslehrer und Rechtstheoretiker des 20. Jahrhunderts* [Hans Kelsen – um teórico do Estado e do direito do século XX]. Tübingen, 2005.
13 Zur Lehre vom öffentlichen Rechtsgeschäft [Para uma teoria do negócio jurídico público]. *Archiv des öffentlichen Rechts*, v. 31, p. 53-98, 190-249, 1913.
14 Este trabalho se perdeu.

é somente direito positivo, foi retrabalhado em um livro dedicado à soberania do Estado e à relação entre os ordenamentos jurídicos estatais e o direito internacional. Trata-se de *Das Problem der Souveränität und die Theorie des Völkerrechts* [O problema da soberania e a teoria do direito internacional], de 1920.[15] As pesquisas nele empregadas sobre a relação possível entre dois sistemas normativos – eu já havia abordado esse problema | no meu artigo "Reichsgesetz und Landesgesetz nach österreichischer Verfassung" [Lei imperial e lei estadual segundo a Constituição austríaca] (*Archiv des öffent. Rechts*, v. 32),[16] publicado em 1914 – trouxeram-me o conhecimento fundamental da unidade sistemática necessária de todas as normas de direito positivo pressupostas como válidas. Nesse trabalho, utilizei também a teoria da hierarquia do ordenamento jurídico desenvolvida pelo meu aluno e amigo Adolf Merkl.[17]

---

15 *Das Problem der Souveränität und die Theorie des Völkerrechts. Beitrag zu einer reinen Rechtslehre* [O problema da soberania e a teoria do direito internacional. Contribuição para uma teoria pura do direito]. Tübingen, 1920.
16 Reichsgesetz und Landesgesetz nach österreichischer Verfassung [Lei imperial e lei estadual segundo a Constituição austríaca]. *Archiv des öffentlichen Rechts*, v. 32, p. 202-245, 390-438, 1914.
17 Adolf Julius Merkl (1890-1970), publicista, formou-se em 1913 na Universidade de Viena, trabalhou de 1918 a 1921 no círculo do chanceler de Estado, Dr. Karl Renner, e participou consideravelmente dos trabalhos preparatórios para a Constituição Federal. Obteve em 1919 a livre-docência na Universidade de Viena com a tese "Die Verfassung der Republik Deutschösterreich" [A Constituição da República da Áustria germânica] nas matérias de direito público geral e austríaco, teoria da administração e direito administrativo austríaco. Foi professor extraordinário de 1920 a 1930, ordinário por título de 1930 a 1932 e ordinário de 1932 a 1938 e de 1950 a 1965 na Universidade de Viena, e de 1943 a 1950 na Universidade de Tübingen. Merkl foi o aluno de Kelsen mais importante, mais antigo e "mais genial" (Kelsen) e cofundador da teoria pura do direito. Teve influência duradoura sobre o desenvolvimento desta, especialmente por meio da teoria da hierarquia das normas e da teoria da força do direito. Principais obras: *Die Lehre von der Rechtskraft, entwickelt aus dem Rechtsbegriff. Eine rechtstheoretische Untersuchung* [A teoria da força do direito, desenvolvida a partir do conceito de direito. Uma investigação jurídico-teórica]. Leipzig, 1923; *Allgemeines Verwaltungsrecht* [Direito administrativo geral]. Viena; Berlim, 1927; Prolegomena einer Theorie des rechtlichen Stufenbaus [Prolegômenos de uma teoria da hierarquia das normas jurídicas]. In: Verdross, Alfred (Ed.). *Gesellschaft, Staat und Recht. Untersuchungen zur reinen Rechtslehre, Festschrift für Hans Kelsen zum 50. Geburtstag*. Viena, 1931. p. 252-294.

A forte oposição encontrada pela minha tese da identidade do Estado com o direito positivo sugeriu-me a investigação da questão de se o Estado, como sempre se afirmava, poderia ser apreendido sociologicamente como uma entidade independente de todo direito. Foi o escrito *Der soziologische und der juristische Staatsbegriff* [Os conceitos sociológico e jurídico de Estado], de 1922.[18] A análise crítica das diversas tentativas de fundamentar sociologicamente a unidade do Estado revela invariavelmente uma pressuposição jurídica oculta. Essa investigação também me permitiu enxergar a extensa analogia entre o conceito de Estado e o conceito de Deus, e entre os problemas e métodos da teoria do Estado e do direito, por um lado, e da teologia, por outro. Quanto a este último assunto, pude referir-me aos resultados de um ensaio maior sobre o problema do ilícito estatal, publicado em 1913 na revista de *Grünhut*, no qual tracei um paralelo entre esse problema e o da teodiceia.[19] Eu já havia indicado outras relações entre a teoria do Estado e a teologia no meu *Problem der Souveränität*.

Um dos problemas mais difíceis da teoria do direito – mesmo que até agora nunca tenha sido formulado claramente por falta de fundamentação metodológica – consiste desde sempre em saber como o sentido indubitavelmente normativo por meio do qual o ordenamento jurídico se refere ao comportamento humano regulado por ele pode ser ligado ao fato igualmente indubitável de que um acontecimento factual que corresponde até certo grau a esse ordenamento jurídico constitui a única condição mediante a qual se pode falar de um ordenamento jurídico válido como dever-ser. É o problema da relação entre dever-ser e ser no conceito de direito. Quando descrevo o direito como norma e sua forma de existência como dever-ser, e, consequentemente, promovo uma separação asséptica entre a ciência normativa do direito e a sociologia, voltada para a explicação do ser, nunca perco de vista a relação

---

18 *Der soziologische und der juristische Staatsbegriff. Kritische Untersuchung des Verhältnisses von Staat und Recht* [Os conceitos sociológico e jurídico de Estado. Análise crítica da relação entre Estado e direito]. Tübingen, 1922.
19 *Über Staatsunrecht. Zugleich ein Beitrag zur Frage der Deliktsfähigkeit juristischer Personen und zur Lehre vom fehlerhaften Staatsakt* [Sobre o ilícito estatal. Uma contribuição para a questão da capacidade delituosa das pessoas jurídicas e para a teoria do ato estatal defeituoso]. *Grünhuts Zeitschrift für das Privat- und öffentliche Recht der Gegenwart*, v. 40, p. 1-114, 1913.

entre o conteúdo de um ordenamento jurídico válido e o conteúdo do ser social que lhe corresponde. Minha tentativa de resolver o problema da positividade do direito – ao qual são dedicadas partes detalhadas dos meus livros *Das Problem der Souveränität* e *Der soziologische und der juristische Staatsbegriff* – procura manter-se afastada da parcialidade que caracteriza a teoria existente até agora. Enquanto os autores mais antigos, cuja perspectiva voltava-se somente para a lei, consideravam apenas o sentido de dever-ser das normas e, por conseguinte, não podiam fazer jus ao momento da positividade, os autores mais recentes, da assim chamada teoria sociológica do direito, tentavam apreender o direito apenas como um ser, de modo que perdiam o sentido específico segundo o qual um determinado conteúdo é declarado jurídico, e não meramente fático. Deste último campo ergueu-se a oposição mais forte à minha teoria, que encontrou sua expressão especialmente no artigo de Fritz Sander, "Rechtsdogmatik oder Theorie der Rechtserfahrung" [Dogmática do direito ou teoria da experiência jurídica] (*Zeitschrift für öffentliches Recht*, v. 2),[20] e no seu livro | *Kelsens Rechtslehre* [A teoria do direito de Kelsen], de 1923.[21] Minha reação a esse ataque está contida no meu artigo "Rechtswissenschaft und Recht" [Ciência do direito e direito], de 1922,[22] dirigido contra o primeiro ensaio de Sander mencionado. Ele também resolve certas diferenças epistemológicas que haviam

20 Sander, Fritz. Rechtsdogmatik oder Theorie der Rechtserfahrung? Kritische Studie zur Rechtslehre Hans Kelsens [Dogmática jurídica ou teoria da experiência jurídica? Estudos críticos sobre a teoria do direito de Hans Kelsen]. *Zeitschrift für öffentliches Recht*, v. II, p. 511-670, 1921. Fritz Sander (1889-1939), juspublicista e filósofo do direito, lecionou de 1918 a 1922 na Escola de Comércio Exterior de Viena (antiga real-imperial Academia de Exportação), a partir de 1921 foi professor na Escola Técnica Alemã de Praga e, enfim, de 1931 a 1939, como ordinário na Universidade Alemã de Praga. Por causa de uma acusação de plágio – que se revelou infundada – de Sander contra Kelsen, a relação entre ambos foi permanentemente abalada. Cf. Autobiografia (1947).
21 Sander, Fritz. "Kelsens Rechtslehre. Kampfschrift wider die normative Jurisprudenz" [A teoria do direito de Kelsen. Panfleto polêmico contra a ciência do direito normativa]. Tübingen, 1923.
22 Rechtswissenschaft und Recht. Erledigung eines Versuchs zur Überwindung der "Rechtsdogmatik" [Ciência do direito e direito. Execução de uma tentativa de superação da "dogmática jurídica"]. *Zeitschrift für öffentliches Recht*, v. III, p. 103-235, 1922-1923.

compreensivelmente surgido entre as teorias normativa e sociológica do direito. O convite do editor da grande enciclopédia das ciências jurídicas e políticas de preparar a *Allgemeine Staatslehre* [Teoria geral do Estado] para essa obra coletiva ofereceu-me a oportunidade de uma apresentação abrangente do conjunto dos resultados de minhas pesquisas feitas até então. Esforcei-me para apresentar os problemas contidos em uma teoria geral do Estado de maneira verdadeiramente sistemática, ou seja, a partir de um único princípio fundamental. Minha concepção do Estado como ordenamento normativo coercitivo encontrou aí a confirmação de que ela apresentava indubitavelmente esse problema fundamental, já que todos os problemas que até então eram compreendidos sob a denominação uma teoria geral do Estado mostravam ser problemas da validade e produção de um ordenamento normativo coercitivo. Esse livro foi publicado em 1925.[23]

Expus com mais detalhes alguns dos problemas tratados na minha *Allgemeine Staatslehre* nos artigos: "Staatsform als Rechtsform" [Forma de Estado como forma jurídica], no v. 5 da *Zeitschrift für öffentliches Recht*, de 1925,[24] e "Die Bundesexekution" [A execução federal], na coletânea em homenagem a Fleiner, de 1927.[25] Como réplica a um panfleto polêmico de Alexander Hold-Ferneck[26] dirigido contra mim, "Der Staat als Übermensch" [O Estado como super-homem], de 1926,

---

23 *Allgemeine Staatslehre* [Teoria geral do Estado]. Berlim, 1925.
24 Staatsform als Rechtsform [Forma do Estado como forma jurídica]. *Zeitschrift für öffentliches Recht*, v. 5, p. 73-93, 1925.
25 Die Bundesexekution. Ein Beitrag zu Theorie und Praxis des Bundesstaates, unter besonderer Berücksichtigung der deutschen Reichs- und der österreichischen Bundes-Verfassung [A execução federal. Uma contribuição para a teoria e a prática do Estado federal, com referência especial às Constituições do Império Alemão e do Estado federal austríaco]. In: Giacometti, Zaccaria; Schindler, Dietrich (Ed.). *Festgabe für Fritz Fleiner zum 60. Geburtstag 24. Januar 1927* [Coletânea em homenagem aos 60 anos de Fritz Fleiner em 24 de janeiro de 1927]. Tübingen, 1927. p. 127-187.
26 Alexander Freiherr Hold von Ferneck (1875-1955), internacionalista. A partir de 1912, foi professor de direito internacional e filosofia do direito na Universidade de Viena, e no ano letivo 1919-1920 foi catedrático de direito penal na Universidade Alemã de Praga. Principais obras: *Die Rechtswidrigkeit. Eine Untersuchung zu den allgemeinen Lehren des Strafrechts* [A ilicitude. Uma análise da teoria geral do direito penal]. Jena, 1903 e 1905. 2 v.; *Die Kriegskonterbande: ein Beitrag zur*

foi publicado um escrito meu com o mesmo título, "Der Staat als Übermensch", de 1926.[27] Data do mesmo ano o curto "Grundriß einer allgemeinen | Theorie des Staates" [Plano de uma teoria geral do Estado], que, no entanto, não foi publicado em alemão, mas apenas serviu de base a traduções em francês, inglês, húngaro, polonês, tcheco e japonês.

Além dos problemas da teoria do Estado e do direito, ocupei-me desde sempre com os problemas da teoria política. Ainda em 1912, publiquei no volume 2 dos *Annalen für Politik und Gesetzgebung* um artigo extenso sobre concepção política e educação.[28] Em 1920, foi publicada uma monografia minha, *Vom Wesen und Wert der Demokratie* [A essência e o valor da democracia],[29] na qual desenvolvi, entre outras ideias, a de que a ideologia democrática corresponde a uma concepção fundamental empírico-relativista, enquanto a tendência às formas autocráticas está relacionada com uma metafísico -absolutista. No mesmo ano foi publicada, com o título *Sozialismus und Staat* [Socialismo e Estado], uma pesquisa minha sobre a teoria política do marxismo (2. ed. ampl., 1923),[30] na qual expus sobretudo as tendências anarquistas da teoria marxista do Estado. Em 1924, foi publicada minha brochura "Marx oder Lassalle" [Marx ou Lassalle],[31]

Reform des internationalen Seerechts [O contrabando de guerra: uma contribuição para a reforma do direito internacional marítimo]. Viena, 1907.

27 Hold-Ferneck, Alexander. Der Staat als Übermensch. Zugleich eine Auseinandersetzung mit der Rechtslehre Kelsens [O Estado como super-homem. Uma discussão da teoria do direito de Kelsen]. Jena, 1926; Kelsen, Hans. Der Staat als Übermensch. Eine Erwiderung [O Estado como super-homem. Uma réplica]. Viena, 1926; Hold-Ferneck, Alexander. "Ein Kampf ums Recht. Entgegnungen aus Kelsens Schrift 'Der Staat als Übermensch'" [Uma luta pelo direito. Réplicas ao escrito de Kelsen "O Estado como super-homem"]. Jena, 1927.
28 Politische Weltanschauung und Erziehung [Concepção política e educação]. *Annalen für soziale Politik und Gesetzgebung*, v. 2, p. 1-26, 1913.
29 *Vom Wesen und Wert der Demokratie* [A essência e o valor da democracia]. Tübingen, 1920 (2. ed., 1929).
30 *Sozialismus und Staat. Eine Untersuchung der politischen Theorie des Marxismus* [Socialismo e Estado. Uma análise da teoria política do marxismo]. Leipzig, 1920.
31 "Marx oder Lassalle. Wandlungen in der politischen Theorie des Marxismus" [Marx ou Lassalle. Transformações na teoria política do marxismo]. Leipzig, 1924.

na qual contrapus a teoria anarquista de Marx à teoria política estatista de Lassalle. No meu artigo "Das Problem des Parlamentarismus" [O problema do parlamentarismo], publicado em 1925,[32] procurei discutir as novas correntes dirigidas contra o parlamentarismo e defender este último contra as ideias das ditaduras fascistas e bolchevistas. No V Congresso de Sociólogos, reunido em Viena no outono de 1926, apresentei a palestra "Zur Soziologie der Demokratie" [Para uma sociologia da democracia],[33] na qual realizei a tentativa de confrontar a ideologia libertária da democracia | com a realidade social, na condição de sentido efetivo dos ordenamentos jurídicos positivos tidos como democráticos, e com a situação psicológica dos indivíduos submetidos a esses ordenamentos jurídicos.

| 8

Entre os meus trabalhos dedicados à apresentação e interpretação do direito positivo, quero destacar, além do comentário supracitado sobre a regulamentação eleitoral imperial austríaca de 1907,[34] o comentário às leis constitucionais austríacas, publicado com o título "Die Verfassungsgesetze der Republik Österreich" [As leis constitucionais da República da Áustria], v. I-V, 1919-1923,[35] e meu *Österreichisches Staatsrecht* [Direito público austríaco], de 1923.[36]

---

32 "Das Problem des Parlamentarismus" [O problema do parlamentarismo]. Viena; Leipzig, 1925.
33 Palestra sobre "Democracia" e conclusão do debate. In: *Verhandlungen des Fünften Deutschen Soziologentages vom 26. bis 29. set. 1926 in Wien. Vorträge und Diskussionen in der Hauptversammlung und in den Sitzungen der Untergruppen* [Atas do Quinto Congresso Alemão de Sociólogos de 26 a 29 de setembro de 1926 em Viena. Palestras e debates na assembleia geral e nas reuniões dos subgrupos]. Tübingen, 1927. p. 37-68, 113-118. Publicada em versão estendida como "Zur Soziologie der Demokratie" [Para uma sociologia da democracia]. *Der österreichische Volkswirt*, ano 19, p. 209-211, 239-242, 1926.
34 Kommentar zur österreichischen Reichsratswahlordnung (Gesetz vom 26. Jänner 1907, RGBl. Nr. 17) [Comentário à regulamentação eleitoral imperial austríaca (Lei de 26 de janeiro de 1907, RGBl. nº 17)]. Viena, 1907.
35 *Die Verfassungsgesetze der Republik Österreich. Mit einer historischen Übersicht und kritischen Erläuterungen heausgegeben* [As leis constitucionais da República da Áustria. Editadas com um panorama histórico e explicações críticas]. Viena; Leipzig, 1919-1920. 4 v.
36 *Österreichisches Staatsrecht. Ein Grundriß entwicklungsgeschichtlich dargestellt* [Direito público austríaco. Um plano de sua evolução histórica]. Tübingen, 1923.

Desde 1919 sou editor da *Zeitschrift für öffentliches Recht*, sucessora da *Österreichische Zeitschrift für öffentliches Recht*, da qual fui redator. Desde 1926 sou editor, juntamente com Léon Duguit,[37] em Bordeaux, e Franz Weyr,[38] em Brno, da *Revue internationale de la théorie du droit*.

Viena, fevereiro de 1927.
Hans Kelsen

---

[37] Léon Duguit (1859-1928), juspublicista e administrativista, foi aluno de Emile Durkheim e Lucien Lévy-Bruhl, professor de direito administrativo e constitucional de 1882 a 1928 na Universidade de Bordeaux e decano da mesma universidade entre 1919 e 1928. Principais obras: *Les constitutions et les principales lois politiques de la France depuis 1789* (ed. com Henry Monnier). Paris, 1898; *Traité de droit constitutionnel*. Paris, 1922-1923.

[38] František (Franz) Weyr (1879-1951), teórico do direito e filósofo do direito tcheco, doutorou-se em 1908 na Universidade Alemã de Praga em direito administrativo e foi professor em Brno entre 1912 e 1948. Na condição de líder da "escola de teoria do direito de Brno", foi um dos colaboradores mais próximos de Kelsen na criação e defesa da teoria pura do direito. Principais obras: *Zur Lehre von den konstitutiven und deklaratorischen Akten* [Para uma teoria dos atos constitutivos e declaratórios]. *Österreichische Zeitschrift für öffentliches Recht*, ano 3, p. 490-549, 1918; *Soustava československého práva státního*. Brünn, 1922 (2. ed., Praga, 1924); *Teorie práva*. Praga, 1936.

Hans Kelsen
Autobiografia
(1947)

Sumário[1]

Infância	35
Faculdade	39
Livre-docência	44
Ministério da Guerra	55
Docência universitária	66
Atividade acadêmica em Viena, 1919-1929	71
Trabalho constituinte	79
Corte Constitucional	81
Colônia	93
Genebra	96
Praga	101

Infância

Nasci em 11 de outubro de 1881, em Praga. Meu pai, Adolf Kelsen, nascido em Brody,[2] na Galícia, foi para Viena completamente des-

---
1 O sumário foi acrescentado. Os títulos do sumário correspondem aos títulos que Kelsen deu a cada capítulo da autobiografia.
2 Brody pertence hoje à Ucrânia e situa-se no nordeste do país, a cerca de 90 km de Lemberg. O cidadão mais famoso da cidade, conhecida por sua grande comunidade judaica, é o escritor Joseph Roth (1894-1939).

tituído quando era um adolescente de 14 anos. Ali ele ganhou a vida primeiramente como aprendiz em uma pequena oficina qualquer e depois como auxiliar de comércio. Movido pelo desejo de autonomia, quando já era um jovem adulto ele abriu um comércio de lampiões em Praga,[3] de onde pouco depois voltou para Viena a fim de estabelecer ali uma oficina na qual ele mesmo produzia candeeiros e lustres a gás e luz elétrica. Ao longo dos anos, ele conseguiu transformar a oficina em uma pequena fábrica.[4] Ele morreu com 57 anos de idade. Minha mãe, Auguste Löwy, que ainda está viva, vem de Neuhaus, na Boêmia. Sua língua materna era o alemão, mas ela falava tcheco igualmente bem, e a parte da sua família que vivia na Boêmia e depois na Tchecoslováquia considerava-se pertencente à nação tcheca.

No meu quarto ano de idade meus pais se mudaram para Viena. Ali eu frequentei a escola pública evangélica do quarto distrito e depois o Ginásio Acadêmico.[5] Eu era um aluno mediano. Meus professores não estavam dispostos a criar em mim um interesse maior pela escola. Durante meu período ginasial, ocupei-me muito mais de belas-letras, e depois de filosofia, que das matérias das aulas. Quase tudo que conheço sobre literatura alemã clássica – e é um conhecimento considerável – eu li entre os 13 e os 18 anos de idade. O impulso para o meu amor pela literatura, que era nessa época uma verdadeira paixão, foi dado por *Problematische Naturen* [Naturezas problemáticas],[6] de Spielhagen. Quando, há dois anos, deparei por acaso com um exemplar desse livro na biblioteca da Universidade da Califórnia e li-o novamente, fiquei espantado ao constatar como minha postura

---

3 O catálogo de endereços de Praga, de 1884, indica sob o nome Adolf Kelsen uma oficina mecânica e um comércio de "implementos para instalações de gás, água e vapor", assim como um "armazém de fornos e fogões".
4 Sob a firma Adolf Kelsen, o pai de Kelsen administrava uma fábrica de ferragens e artigos de bronze (Viena IV, Goeriggasse 20). A empresa foi fundada em 12.7.1901 e apagada do registro comercial em 27.12.1907 por transferência do negócio depois da morte de Adolf Kelsen.
5 O Ginásio Acadêmico é o ginásio mais antigo da cidade de Viena e foi fundado no reinado de Ferdinando I em 1553 como colégio jesuíta. Foram antigos alunos, entre outros, Franz Schubert, Johann Nestroy, Hugo von Hofmannsthal, Arthur Schnitzler e Erwin Schrödinger.
6 *Problematische Naturen* era um romance muito popular na juventude de Kelsen, escrito por Friedrich Spielhagen (1829-1911) e publicado em 1861.

de adolescente diante da vida foi fortemente influenciada pelo clima de desgosto pelo mundo desse romance altamente medíocre. Durante algum tempo também arrisquei alguns poemas e contos curtos. Alguns dos meus versos foram até impressos no *Wiener Hausfrauenzeitung* [Jornal das donas de casa vienenses],[7] do qual minha mãe tinha uma assinatura, na coluna "Album der Poesie" [Álbum de poesia] (logo abaixo da "Kuechenzettel für ein Bürgerliches Haus"[8] [Lista de cozinha para o lar burguês]).[9] Eu, estudante do quinto ou sexto ano ginasial, | fiquei naturalmente muito orgulhoso. Porém, tive autocrítica suficiente para perceber a inaptidão do meu talento para obras artísticas. Se Spielhagen estava na literatura do início desse período de minha vida, Knut Hamsun estava no final. De fato, posteriormente nunca perdi o contato com a poesia moderna e principalmente com

| 2

---

7   O *Wiener Hausfrauen-Zeitung. Organ für hauswirtschaftliche Interessen* [Jornal das donas de casa vienenses. Publicação para assuntos de economia doméstica], depois *Organ des Wiener Hausfrauenvereins* [Publicação da associação das donas de casa vienenses], foi publicado entre 1875-1913.
8   Kelsen refere-se à "Speisezettel für ein bürgerliches Haus" [Lista de receitas para o lar burguês], que certamente se encontra na mesma página apenas do segundo dos poemas transcritos abaixo.
9   Trata-se dos três poemas que seguem:
    Zu spät. "*Ich blickte so sehnsuchtsvoll-fragend dich an, / Doch du, du lächeltest stumm, / Und als ich von meiner Liebe begann, / Da wandtest du schweigend dich um. // Und als wir nach Jahren uns wiedersah'n, / Wie's eben im Leben so geht – / Da blickten einander wir wiederum an – / Da war es zu spät*" (*Wiener Hausfrauen-Zeitung*, ano XXVI, n. 12, p. 93, 25 mar. 1900).
    Liebesglück. Sonett. "*Ich hörte einst als Knab' vor vielen Jahren / Das süße Lockelied vom Liebesglück, / Und ruh'los bin ich seit dem Augenblick / Dies holde Glück zu suchen ausgefahren. // Manch Mägdlein liebte mich mit gold'nen Haaren, / Und auch die Schwarzgelockte stieß mich nicht zurück, / Doch von dem vielgerühmten Liebesglück / Hab'ich beim Himmel – nie etwas erfahren! // Denn meines Liebchens Küsse wurden Thränen / Und koste mich mein Lieb, zog heißes Sehnen / Mit traurigsüßem Drang mich gräberwärts. // Da lernte denn mein armes Herz begreifen, / Daß Liebe nur ein schmaler goldner Reifen / Ringsum die thränenfeuchte Perle Schmerz*" (*Wiener Hausfrauen-Zeitung*, ano XXVI, n. 35, p. 277, 2 set. 1900).
    Ein Sterbenswort. "*Wir gingen so sittsam zusammen / Und sprachen so ernst und gelehrt, / Und dennoch haben die Flammen / Der Liebe uns beide verzehrt. – // Wir sprachen vom Weltengetriebe, / Wir sprachen von Süd und von Nord, / Allein von unserer Liebe / Sprach keiner ein Sterbenswort*" (*Wiener Hausfrauen-Zeitung*, ano XXVI, n. 41, p. 326, 14 out. 1900).

o teatro. Na minha época de universidade, não perdi quase nenhuma estreia no Burgtheater e no Deutschen Volkstheater[10] – mas depois que me voltei para o trabalho científico, passei a ler romances e ver peças de teatro mais para distração e relaxamento, e não como eu devorava "Victoria", "Pan" e "Mysterien"[11] de Hamsun: como meio de encontrar a vida verdadeira na ilusão.

A transição das belas-letras para a ciência foi preparada já durante meu período literário por um interesse crescente por questões filosóficas. A visão de mundo materialista, de que eu, como de costume, havia tomado conhecimento em *Kraft und Stoff* [Força e matéria], de Büchner,[12] fascinou-me durante pouco tempo apenas, e provavelmente só como reação contra a postura religiosa primitiva da escola, que desde o início suscitou minha oposição. Muito mais duradoura foi a impressão que teve sobre mim a assim chamada filosofia idealista. Ainda hoje lembro-me vivamente do estremecimento espiritual que ressenti – eu tinha então 15 ou 16 anos – quando tomei consciência pela primeira vez de que a realidade do mundo exterior é problemática. Sob a influência de um amigo mais velho,[13] tomei conhecimento da obra de Schopenhauer e comecei, ainda no ginásio, a ler Kant. No cerne da sua filosofia eu via – com ou sem razão – a ideia do sujeito que constrói o objeto no seu processo de conhecimento. Minha autoconsciência permanentemente ferida pela escola e faminta por satisfação encontrou evidentemente nessa interpretação subjetivista de

---

10 Entre as peças que estrearam nessa época no Burgtheater estão, entre outras, "Gespenster" [Fantasmas], de Henrik Ibsen, "Rose Bernd" e "Griselda", de Gerhart Hauptmann, "Zwischenspiel" [Intermezzo], de Arthur Schnitzler, e peças de autores populares de então, como Otto Ernst, Hermann Bahr e Ferdinand von Saar.
11 Kelsen faz alusão a três romances do escritor norueguês Knut Hamsun (1859-1952): *Victoria. Die Geschichte einer Liebe* [Victoria. A história de um amor], publicado em 1898; *Mysterien* [Mistérios], publicado em 1892; e *Pan. Aus Lieutenant Thomas Glahns Papieren* [Pã. Dos papéis do tenente Thomas Glahn], publicado em 1894.
12 Büchner, Ludwig. *Kraft und Stoff. Empirisch-naturphilosophische Studien. In allgemein-verständlicher Darstellung* [Força e matéria. Estudos de filosofia natural empírica. Em versão acessível a todos]. Frankfurt, 1855. Büchner (1824-1899) é tido como um dos precursores do materialismo vulgar e tentou em *Kraft und Stoff* responder a todas as perguntas da filosofia e da teologia do ponto de vista empírico com ajuda do estado das ciências naturais em 1850.
13 Provavelmente, Ludwig von Mises (1881-1973), mais tarde um importante economista.

Kant, na ideia do Eu como centro do mundo, a expressão filosófica adequada. Concluí a escola secundária[14] com a intenção de estudar filosofia, matemática e física. Durante um período de minha vida, lamentei não ter realizado essa intenção.

Faculdade

A decisão, determinante para meu futuro, de inscrever-me na faculdade de direito em vez de na de filosofia foi provocada provavelmente por duas circunstâncias. A primeira foi que, imediatamente depois das provas de conclusão, fiz um ano | de serviço militar voluntário.[15] O serviço militar significava uma ruptura completa de minha existência até então intelectual. Os problemas filosóficos e das ciências naturais perderam nessa época de atividade eminentemente corporal a atualidade imediata que tinham anteriormente para mim. Daí veio a ideia de uma profissão prática. A única possibilidade que os estudos na faculdade de filosofia pareciam abrir para mim era um cargo de professor no ensino secundário. Eu nunca considerara seriamente a oportunidade de tornar-me um professor universitário e um acadêmico. No círculo em que transitavam meus pais, pequenos advogados e médicos práticos eram os representantes das profissões intelectuais. No meio social no qual eu cresci, homens como o filósofo Gomperz,[16] o professor de medicina Nothnagel[17] ou o romanista Exner[18]

| 3

---

14 Kelsen formou-se em 1900 no Ginásio Acadêmico de Viena.
15 O ano de serviço militar voluntário consistia em uma extensão do serviço militar que os formados costumavam fazer como preparação para a carreira de oficial e suboficial da ativa ou oficial e suboficial de milícia. Como Kelsen cumpriu um ano de exercícios de tiro além do ano de serviço militar voluntário, foi chamado para o serviço de guerra em 1914 como tenente da reserva.
16 A referência é provavelmente a Theodor Gomperz (1832-1912), filólogo clássico e historiador da filosofia. Ele foi professor universitário em Viena.
17 Hermann Nothnagel (1841-1905), internista e célebre clínico, a partir de 1882 diretor da primeira clínica médica de Viena. Foi o primeiro a descobrir a importância da pressão do sangue para certas doenças.
18 Adolf Exner (1841-1894), romanista. Começou como professor universitário em Zurique e lecionou em Viena a partir de 1872. Era membro do Senado e da Corte Imperial.

eram vistos como deuses de um olimpo inatingível para o comum dos mortais. Quem estudava filosofia se tornava professor de ginásio, e minha experiência ginasial havia me desgostado tão profundamente dessa profissão que decidi estudar direito com a perspectiva provável de tornar-me advogado e a esperança silenciosa de vir a ser juiz.

As primeiras aulas a que assisti na Faculdade de Direito e Ciência Política da Universidade de Viena causaram-me amarga decepção. O romanista Czihlarz[19] ensinava direito romano[20] sem levar em conta a relação deste com a cultura antiga ou sua importância para a sociedade do nosso tempo. Logo descobri que, ao estudar seu manual,[21] eu podia assimilar em poucas semanas o que ele levaria um semestre inteiro para expor em uma elocução não muito vivaz. O germanista Zallinger[22] era um orador incomumente ruim. Era visível que ele falava somente mediante grande esforço. Ouvi-lo era uma verdadeira tortura. Sigmund Adler,[23] que ensinava a história do direito austríaco, era uma figura cômica. Depois de pouco tempo desisti de assistir à maioria das aulas e voltei-me para a leitura de obras filosóficas. Fui reforçado nessa orientação pelo meu amigo Otto Weininger,[24] dois

---

19 Karl Ritter von Czyhlarz (1833-1914) ensinou direito romano entre 1892 e 1905 nas Universidades de Praga e Viena.
20 No semestre de inverno de 1901-1902, Karl Ritter von Czyhlarz lecionou "História e instituições do direito romano", "Colóquio de instituições", "Direito romano das sucessões" e "Exercícios romanísticos para alunos avançados (seminário)".
21 Czyhlarz, Karl Ritter Von. *Lehrbuch der Institutionen des römischen Rechtes* [Manual das instituições do direito romano]. Praga; Viena; Leipzig, 1889. Kelsen pode ter utilizado a edição dupla (5ª e 6ª) de 1902.
22 Otto von Zallinger (1856-1933), germanista, foi professor entre 1894 e 1906 em Viena e lecionou "História do direito alemão" no semestre de inverno de 1901-1902.
23 Sigmund Adler (1853-1920), historiador do direito. Livre-docente de história do direito administrativo na Universidade de Viena em 1889, professor extraordinário em 1890, professor ordinário em 1900. Sua obra mais importante é *Zur Rechtsgeschichte des adeligen Grundbesitzes in Österreich* [Para uma história do direito da propriedade fundiária aristocrática na Áustria]. Leipzig 1902. No semestre de inverno de 1901-1902, ele lecionou "Enciclopédia das ciências jurídicas e políticas (para introdução ao estudo universitário)", "História do direito austríaco" e conduziu um "Seminário de história do direito e do império austríacos".
24 Otto Weininger (1880-1903), filósofo. Desenvolveu na sua obra principal (*Geschlecht und Charakter. Eine prinzipielle Untersuchung* [Sexo e caráter. Uma investigação de princípios]. Viena; Leipzig, 1903) uma teoria filosófico-psicológica

anos mais velho que eu, que então trabalhava na sua tese de doutorado, que ele publicou depois com o título *Geschlecht und Charakter* [Sexo e caráter] e que depois da sua morte prematura – ele cometeu suicídio com a idade de 23 anos e meio – se tornou uma das obras mais célebres da época.

A personalidade de Weininger e o sucesso póstumo da sua obra influenciaram de modo decisivo minha decisão de realizar um trabalho científico. Se isso seria possível no âmbito dos meus estudos | universitários não estava claro de início para mim. Então ouvi, em uma aula do professor Leo Strisower[25] sobre a história da filosofia do direito (o único colega que eu frequentava regularmente), que o poeta Dante Alighieri[26] também tinha escrito uma obra de filosofia do Estado, *De Monarchia*.[27] Eu a li e tive imediatamente a ideia de tentar fazer uma exposição da teoria do Estado de Dante em relação com as correntes de filosofia do Estado da sua época. Perguntei a Strisower se ele julgava oportuno um trabalho desse tipo. Ele me desaconselhou veementemente. Referiu-se à imensa literatura sobre Dante e disse que eu

| 4

---

dos sexos. Apesar de sua ascendência judaica, ele tinha orientação antissemita e defendia uma atitude mental hostil às mulheres e ao corpo. *Geschlecht und Charakter* influenciou gerações e teve até hoje 47 edições. Weininger cometeu suicídio com 23 anos na casa onde morreu Beethoven e assim tornou-se, enfim, um mito.

---

25 Leo Strisower (1857-1931), internacionalista e filósofo do direito, a partir de 1922 professor ordinário de direito internacional na Universidade de Viena. Em 1924, foi eleito presidente do Instituto de Direito Internacional (IDI). Obra mais importante: *Der Krieg und die Völkerrechtsordnung* [A guerra e o ordenamento do direito internacional]. Viena, 1919.
26 Dante Alighieri (ca. 1265-1321), filósofo e o poeta mais importante da Idade Média europeia. A obra de Dante distingue-se pela união da erudição teológica e filosófica com a formação literária. Sua luta pela independência de sua cidade natal, Florença, com relação aos Estados da Igreja resultou na sua destituição de todos os cargos oficiais, na ameaça de punição capital caso retornasse à cidade e, enfim, na sua condenação à morte. Dante morreu em Ravena. Principais obras: *Vita nuova*, por volta de 1292-1293; *Convivio*, entre 1303 e 1308, *A divina comédia*, 1307-1321.
27 Alighieri, Dante. *De monarchia libri tres*, depois de 1313. Nessa obra, Dante defende uma conciliação abrangente sob a égide do Sacro Império Romano e uma separação completa entre o Estado e a Igreja.

deveria primeiramente concluir meus estudos jurídicos. Mas não me deixei intimidar, principalmente porque não encontrara na literatura existente sobre Dante nenhuma monografia sobre a teoria do Estado do poeta e porque disse para mim mesmo que era melhor tentar um trabalho que me interessava, mesmo que talvez nunca fosse publicado, do que perder completamente o gosto pelo direito e pela ciência política estudando apenas para as provas. De fato, meu trabalho foi publicado em 1905,[28] antes mesmo da obtenção do doutorado, na coleção Wiener Staatswissenschaftlichen Studien [Estudos Vienenses de Ciência Política], e teve um sucesso literário relativamente grande. De todo modo, é o único dos meus livros que não sofreu nenhum tipo de crítica negativa. Até na Itália[29] ele foi bem recebido. Era sem dúvida nada mais que um trabalho escolar sem originalidade.

Enquanto eu ainda estava trabalhando sobre a teoria do Estado de Dante Alighieri, começaram a interessar-me cada vez mais problemas da teoria do direito, como os da pessoa jurídica, do direito subjetivo e especialmente do conceito de norma jurídica. O que chamou minha atenção na exposição tradicional desses problemas foi a total falta de exatidão e fundamentação sistemática e, sobretudo, uma tremenda confusão dos questionamentos, a confusão permanente entre o que é o direito positivo e o que o direito deveria ser – seja qual for o ponto de vista valorativo – e a diluição da fronteira entre a questão de como os sujeitos deveriam se comportar segundo o direito positivo e a questão de como eles efetivamente se comportam. A separação nítida entre uma teoria do direito positivo e a ética, de um lado, e a sociologia, do outro, me parecia urgentemente necessária. Mais tarde, quando tomei

---

28 *Die Staatslehre des Dante Alighieri* [A teoria do Estado de Dante Alighieri]. Viena; Leipzig, 1905 (*Wiener Staatswissenschaftlichen Studien*, v. 6, caderno 3). A coleção foi fundada por Edmund Bernatzik e Eugen Philippovich. Kelsen foi seu editor a partir de 1922.
29 Solmi, Arrigo, [resenha:] Kelsen, Hans. Die Staatslehre des Dante Alighieri. *Bulletino della Società Dantesca Italiana. Rassegna critica di studi danteschi*, n. 2, p. 98-111, 1907. Mario Losano informa que Arrigo Solmi "*nel 1907 commentava e criticava l'interpretazione dantesca proposta da Kelsen partendo da un punto di vista molto diverso*" (Losano, Mario G. Presenze italiane in Kelsen. In: idem (Ed.). *Hans Kelsen – Umberto Campagnolo. Diritto internazionale e Stato sovrano*. Milão, 1999. p. 7-77).

conhecimento dos escritos de Hermann Cohen,[30] ficou claro para mim que a "pureza do método"[31] era o objetivo ao qual eu tendia, mais instintivamente que por meio de reflexão sistemática. No segundo período de estudos,[32] | as aulas do professor Edmund Bernatzik[33] me impressionaram muito. Bernatzik não era um teórico. Desde sua tese de livre-docência[34] ele havia publicado pouca coisa de monta e presumivelmente não tinha realizado nenhum trabalho científico há anos. Ele não tinha – como pude constatar em conversas com ele – conhecimento nenhum da literatura recente e só estava interessado nas questões políticas práticas relacionadas com a Constituição austríaca. Tinha um temperamento eminentemente crítico, com grande perspicácia e ironia mordaz; um cínico, no fundo. Ele disse de si mesmo uma vez: não leciono o direito público austríaco, mas as lacunas do direito público austríaco. E de fato o antigo direito público austríaco oferecia-

| 5

---

30 Hermann Cohen (1842-1918), filósofo, estudou teologia e filosofia em Breslau e Berlim. Lecionou entre 1875 e 1912 na Universidade de Marburg, e entre 1913 e 1918 no Instituto de Ciência do Judaísmo em Berlim. Fundou a escola neokantiana de Marburg. Principais obras: *Kants Theorie der Erfahrung* [A teoria kantiana da experiência]. Berlim, 1871; *Kants Begründung der Ethik nebst ihren Anwendungen auf Recht, Religion und Gesellschaft* [A fundamentação kantiana da ética e suas aplicações ao direito, à religião e à sociedade]. Berlim, 1877; *System der Philosophie* [Sistema da filosofia]. 3 v.: *Logik der reinen Erkenntniss* [Lógica do conhecimento puro]. Berlim, 1902; *Ethik des reinen Willens* [Ética da vontade pura]. Berlim, 1904; *Ästhetik des reinen Gefühls* [Estética do sentimento puro]. Berlim, 1912.
31 Kelsen refere-se aqui visivelmente ao "método da pureza" defendido por Cohen na sua *Ética da vontade pura* (p. V, 90, 91, 92, 108, 135, 136 e 147; cf. também p. 27 e segs.).
32 Conforme o regulamento de estudos de 1893, que vigeu com algumas modificações até 1938, o curso de oito semestres era dividido em dois períodos de estudo: o primeiro compreendia matérias de história do direito e o segundo, todas as matérias jurídicas (direito civil e penal), de direito público e econômicas.
33 Edmund Bernatzik (1854-1919) era então o professor de direito público e constitucional mais célebre da Áustria. Entre 1891 e 1893, foi professor na Basileia; em 1893, em Graz; e de 1894 até sua morte, em 1919, na Universidade de Viena. Editou *Die Österreichischen Verfassungsgesetze* [As leis constitucionais austríacas]. Leipzig, 1906. Lecionou, entre outras matérias, "Direito público geral e austríaco" e "Teoria do Estado e direito administrativo austríaco, 1ª e 2ª partes".
34 Bernatzik, Edmund. *Rechtsprechung und materielle Rechtskraft. Verwaltungsrechtliche Studien* [Jurisdição e força material do direito. Estudos de direito administrativo]. Viena, 1886.

lhe fartas oportunidades de exibir sua personalidade nas aulas, que eram muito apreciadas pelos estudantes, não porque se aprendesse muito nelas, mas porque eram muito divertidas. Frequentei também o seminário de Bernatzik[35] e apresentei diversos pequenos trabalhos que, ao que me parecia, obtinham a aprovação do crítico professor, contanto que não se aprofundassem demais em problemas teóricos. Mas eram exatamente estes que me atraíam. No seminário de Bernatzik, do qual ocasionalmente também participavam livre-docentes mais jovens e aqueles que aspiravam a tornar-se um deles, amadureceu em mim a decisão de tentar me doutorar. Fui reforçado nessa decisão pelo fato de que Bernatzik aceitou minha teoria do Estado de Dante na coleção Wiener Staatswissenschaftlichen Studien dirigida por ele.

Livre-docência

Logo após a realização da primeira prova estatal (sobre história do direito), comecei um trabalho de vastas proporções no qual eu pretendia submeter os problemas mais importantes da teoria do direito público a uma análise crítica. O conceito fundamental de uma teoria científica do direito parecia ser para mim o conceito da norma jurídica – em um paralelo com o conceito da lei da causalidade como conceito fundamental das ciências da natureza. Decidi limitar-me aos problemas da teoria do direito público apenas por motivos práticos: de um lado, para não deixar que o trabalho ficasse abrangente demais, e, de outro, porque eu acreditava poder mais facilmente me tornar livre-docente em direito público graças à minha relação pessoal com Bernatzik. O trabalho foi publicado em 1911 com o título *Hauptprobleme der Staatsrechtslehre, entwickelt aus der Lehre vom Rechtssatz* [Principais problemas da teoria do direito público, desenvolvidos a partir da teoria da norma jurídica], por J. C. B. Mohr, em Tübingen, mediante consideráveis custos de impressão que precisei

---

35 Anunciado como "Seminário de direito público e administrativo (apenas para os senhores que passaram em uma das provas políticas)".

pagar,[36] | e formou a base da minha livre-docência na Faculdade de | 6
Direito e Ciência Política, que ocorreu no mesmo ano.
Entrementes, a situação financeira na casa dos meus pais alterara-se de modo muito desfavorável. A pequena fábrica do meu pai, que havia prosperado durante algum tempo, não estava à altura da concorrência de empresas com maior capital. Em 1905, meu pai sofreu uma severa complicação cardíaca que o impossibilitou completamente de trabalhar. Meu irmão Ernst, dois anos mais novo do que eu, tentou com todas as suas forças evitar a falência da empresa. Mas a falta de experiência – ele tinha 22 anos de idade – e a falta de capital suplementar tornaram inevitável a liquidação da firma após a morte do meu pai, ocorrida em 1907. Já antes disso, por volta de 1905, minha irmã – quatro anos mais nova do que eu – e eu mesmo havíamos decidido ganhar algum dinheiro para contribuir com o orçamento doméstico. Ela arranjou emprego como secretária, eu dava aulas particulares de preparação para as provas de direito. Como nessa época eu também tinha de me preparar para as últimas provas, meu trabalho sobre os principais problemas da teoria do direito público avançou lentamente. Eu só poderia pensar em terminá-lo se conseguisse obter uma bolsa substancial. Candidatei-me para várias. Embora eu pudesse sustentar minhas tentativas com trabalhos publicados – entrementes eu havia publicado não somente a teoria do Estado de Dante, mas também um comentário sobre a nova regulamentação eleitoral imperial (1907)[37] e alguns ensaios menores[38] –, de início não tive sucesso. Em 1907 ou

---

36 Paul Siebeck, então proprietário da editora J. C. B. Mohr (Paul Siebeck), informou Kelsen por correspondência de 1.9.1910 que precisaria ser pago, "tendo em vista o caráter teórico de sua pesquisa, um módico subsídio para os custos de impressão" de um montante de 15 marcos por folha de impressão de 16 páginas. Portanto, o subsídio para os custos de impressão para uma quantidade total de 735 páginas deve ter chegado a cerca de 690 marcos. Para comparação: em 1910, a renda anual média de um trabalhador equivalia a 1.078 marcos brutos. O preço de venda dos *Hauptprobleme* era de 16 marcos (18,50 marcos em capa dura).
37 Kommentar zur österreichischen Reichsratswahlordnung (Gesetz vom 26. Jänner 1907, RGBl. Nr.17) [Comentário à regulamentação eleitoral imperial austríaca (Lei de 26 de janeiro de 1907, RGBl. nº 17)]. Viena, 1907.
38 Naturalisation und Heimatsberechtigung nach österreichischem Rechte. In: *Das österreichische Verwaltungsarchiv 3. Jg.* [Naturalização e direito de permanência

1908, creio, obtive uma bolsa de viagem substancial,[39] provavelmente porque era o único candidato. Ela me deu a possibilidade de ir durante um semestre para Heidelberg para assistir às aulas de Georg Jellinek,[40] que era então considerado a maior autoridade no campo da teoria geral do Estado, a fim de concluir meu trabalho de livre-docência.[41]

---

segundo o direito austríaco. In: *Arquivo austríaco de administração*, ano 3], 1907, p. 195-204. Ademais, foram publicadas sete resenhas de livros.

---

39 Kelsen obteve, em 29.5.1908, da Faculdade de Direito e Ciência Política da real-imperial Universidade de Viena, a bolsa de viagem do jubileu da universidade, de um montante de 1.200 coroas.
40 Georg Jellinek (1851-1911), o maior especialista em direito público e internacional de sua época. Formado em Viena, primeiro foi professor na Basileia (1889-1890) antes de lecionar direito público geral e direito internacional a partir de 1890 na Universidade de Heidelberg. Com base no princípio da separação estrita entre ser e dever-ser, ele desenvolveu a "teoria bilateral" do Estado – tido como idêntico. Ele subdividiu a teoria geral do Estado na "teoria geral social do Estado", de orientação empírica, e na "teoria geral jurídica do Estado", de orientação normativa. Entre ambas encontra-se, segundo Jellinek, a "força normativa do fático". Kelsen, que simpatizava fortemente com o conceito positivista de Jellinek, criticou a consequência falha: não se trata de dois lados do mesmo objeto – "Estado" ou "direito" –, mas de dois objetos totalmente incompatíveis (o Estado, em sentido jurídico e sociológico; o direito, em sentido jurídico e sociológico). Entre as obras principais de Jellinek estão: *Die Lehre von den Staatenverbindungen* [A teoria das relações entre os Estados]. Viena, 1882; *Gesetz und Verordnung* [Lei e regulamento]. Friburgo, 1887; *System der subjektiven öffentlichen Rechte* [Sistema dos direitos públicos subjetivos]. Friburgo, 1892 (2. ed., Tübingen, 1905); *Allgemeine Staatslehre* [Teoria geral do Estado]. Berlim, 1900 (3. ed., Berlim, 1914).
41 No seu currículo para candidatura à livre-docência na Universidade de Viena (Currículo de Kelsen de 6.2.1911 para candidatura à livre-docência na Universidade de Viena. In: Arquivo Público Geral de Viena, Atos do Ministério do Culto e da Educação, nº 30728/1911), Kelsen escreve que participou dos seminários de ciência política de Georg Jellinek e Gerhard Anschütz em Heidelberg nos semestres de inverno de 1907-1908 e 1908-1909. Gerhard Anschütz (1867-1948), professor de direito público em Tübingen (a partir de 1899), em Heidelberg (a partir de 1900), em Berlim (1908) e de novo em Heidelberg (1908-1933), encarnava como teórico do direito público a continuidade entre o Império alemão e a República de Weimar e foi, juntamente com Richard Thoma (1874-1957), a figura mais significativa do positivismo legal burguês-liberal que apoiava o sistema de Weimar. Anschütz foi o autor do principal comentário sobre a Constituição de Weimar. Ele pediu sua aposentadoria em 1933 por motivos políticos. Principais obras:

Quando, depois de obter a bolsa, procurei o professor Bernatzik para comunicar-lhe que eu tinha a intenção de ir a Heidelberg, ele deu-me a entender com bastante clareza que eu teria poucas perspectivas de carreira acadêmica e que seria melhor para mim tornar-me advogado ou bancário. Eu já havia reparado antes que sua atitude para comigo havia se tornado sensivelmente mais fria e que ele dava visivelmente a preferência a outros participantes do seu seminário. Eu só conseguia entender parcialmente a atitude de Bernatzik como decorrência de sua recusa do meu posicionamento teórico. Mas o motivo principal pode bem ter sido que ele desejava porventura evitar tomar partido por um candidato judeu diante da atitude não muito amigável da faculdade | para com os judeus. Não acredito que ele próprio fosse antissemita. Porém, como o número de professores e docentes não arianos da faculdade era considerado relativamente alto, na prática não era fácil apoiar um candidato judeu. De modo geral, a orientação política de Bernatzik era a de um liberal do século XIX.

Parti então para Heidelberg sem a bênção do meu orientador, que era decisivo para meu futuro. Ali, passei alguns meses de trabalho extremamente intenso nos meus *Hauptprobleme*. Não reservei tempo algum para assistir a aulas e frequentei apenas o seminário de Jellinek,[42] que não me causou nenhuma emoção especial. Tampouco tive contato pessoal mais próximo com Jellinek. Ele andava rodeado de um círculo quase impenetrável de estudantes fascinados por ele que adulavam sua vaidade de maneira inacreditável. Ainda me lembro da apresentação de um dos seus estudantes prediletos, que consistia em pouco mais que citações dos escritos de Jellinek. Depois desse seminário, foi-me

---

Meyer, Georg. *Lehrbuch des Deutschen Staatsrechts* [Manual de direito público alemão], editado por Anschütz a partir da 6. ed., Leipzig, 1905; *Die Verfassung des Deutschen Reichs* [A Constituição do Império alemão]. 1. ed. Berlim, 1921 (14ª e última ed. Berlim, 1933); *Handbuch des Deutschen Staatsrechts* [Manual de direito público alemão]. Ed. em coautoria com Richard Thoma. Tübingen, 1930 e 1932. 2 v.

---

42 No seu currículo para candidatura à livre-docência, Kelsen fala – sem dar detalhes – de um seminário de direito público.

permitido acompanhar Jellinek até em casa. No caminho ele me perguntou o que eu tinha achado da apresentação. Exprimi um elogio dos mais comedidos. Jellinek ficou visivelmente irritado. Ele afirmou que havia sido uma realização excepcional e predisse um grande futuro acadêmico para o expositor. Posteriormente, no curso de sua atividade acadêmica o tal sujeito só teve parcas e medianas realizações. Jellinek era muito melhor escritor que professor. Ele não tolerava a menor contradição, o que eu percebi tarde demais, privando-me totalmente da sua graça. Antes de ir a Heidelberg, eu já havia estudado suas obras com a maior atenção e tido a impressão de que, no campo da teoria jurídica, ele era deveras fraco e desprovido de originalidade. Contudo, no campo histórico e filosófico-sociológico, sua contribuição para a teoria do Estado do século XIX foi considerável. Como eu estava interessado justamente no aspecto jurídico-teórico, havia entre ele e eu mais oposição do que convinha ao nosso relacionamento pessoal. Aliás, fora do seminário eu não o vi mais do que duas ou três vezes. Se bem me lembro, naquela época ele também era reitor[43] da universidade e tinha, nessa qualidade, pouco tempo para se dedicar a estudantes recém-chegados. Logo descobri que tanto a pessoa de Jellinek quanto o seu seminário não seriam de muita valia para o meu trabalho e concentrei-me inteiramente neste último. Por causa disso deixei de ter contato mais próximo com o círculo de Max Weber,[44] que lecionava então com grande sucesso em Heidelberg e com | cujos escritos

| 8

---

43 Os grão-duques de Baden detiveram o reitorado formalmente entre 1806 e 1919, porém materialmente a universidade era dirigida pelos pró-reitores eleitos a cada ano. Jellinek foi pró-reitor em 1907-1908.

44 Max(imilian Carl Emil) Weber (1864-1920), jurista, economista político e sociólogo. Lecionou entre 1897 e 1903 em Heidelberg. Entre 1903 e 1918, ocorriam tertúlias regulares na casa de Weber em Heidelberg, das quais participavam, entre outros, Georg Jellinek, Friedrich Naumann, Emil Lask, Karl Jaspers, Werner Sombart, Georg Simmel, Georg Lukács, Ernst Bloch, Gustav Radbruch e Theodor Heuss. Weber é tido como o fundador da sociologia alemã como ciência livre de juízos de valor, como fundador da sociologia da soberania e cofundador da sociologia da religião. Principais obras: *Die protestantische Ethik und der "Geist" des Kapitalismus* [A ética protestante e o espírito do capitalismo]. *Archiv für Sozialwissenschaft und Sozialpolitik*, v. 20, p. 1-54, 1905; *Wissenschaft als Beruf* [Ciência como vocação]. Munique; Leipzig, 1919; *Politik als Beruf* [Política como vocação]. Munique; Leipzig, 1919; *Wirtschaft und Gesellschaft* [Economia e sociedade]. Tübingen, 1922.

eu só me familiarizaria muito tempo depois. Só cheguei a conhecer esse homem excepcional no curto período em que ele trabalhou em Viena após a Primeira Guerra Mundial.[45] Não travei relações pessoais em Heidelberg. Tive algum contato apenas com Emil Lederer,[46] que eu já conhecia de Viena e que vivia em Heidelberg como assistente de Max Weber e redator do *Archiv für Sozialwissenschaften* [Arquivo de ciências sociais].[47] Minha única distração durante esse período era um passeio ocasional ao Molkenkur e uma caneca de cerveja preta à noite no Perkeo.[48] Mas foi um período feliz. Depois de anos de dificuldades financeiras e grave aflição junto ao leito do meu pobre pai doente, eu podia dedicar-me de corpo e alma ao trabalho no meu livro, que eu esperava que me abrisse o caminho para uma carreira científica. Eu estava completamente extasiado pela sensação de estar trilhando um novo caminho no campo da minha ciência. Foi só muitos anos depois que descobri que, meio século antes, o grande teórico inglês do direito John Austin[49] já havia empreendido uma tentativa absolutamente semelhante de fundamentação da ciência do direito. Mas eu só havia

---

45 Max Weber lecionou no semestre de verão de 1918 em Viena; como se depreende de uma carta manuscrita de 2.7.1918 de Weber à sua mulher Marianne, ele frequentou – pelo menos esporadicamente – o seminário de Kelsen.
46 Emil Lederer (1892-1939) lecionou entre 1918 e 1931 em Heidelberg e dirigiu entre 1923 e 1931, juntamente com Alfred Weber, o Instituto de Ciências Sociais e Políticas em Heidelberg. Ele emigrou em 1933 para Nova Iorque.
47 Desde 1904 eram responsáveis pela redação da revista *Archiv für Sozialwissenschaft und Sozialpolitik* Max Weber, Edgar Jaffé e Werner Sombart.
48 Os tradicionais hotéis Molkenkur e Perkeo, que ainda existem em Heidelberg.
49 John Austin (1790-1859), jurista e filósofo do direito inglês. Entre 1826 e 1832, foi professor de jurisprudência na recém-fundada Universidade de Londres. Junto com Jeremy Bentham (1748-1832), Austin é tido como o fundador da teoria da imperatividade. Sua obra se caracteriza, por um lado, pela separação entre direito positivo ("*laws or rules* properly *so called*") e moral ("*laws or rules* improperly *so called*") e, por outro, pela distinção entre o direito como ele é (a ele se dedica a "*science of jurisprudence*") e o direito como ele deve ser (a ele se dedica a "*science of legislation*"). Ele teve grande influência póstuma sobre a discussão jurídico-filosófica no âmbito do *Common Law* e é tido hoje como o mais importante precursor do positivismo anglo-americano moderno. Principais obras: *The province of jurisprudence determined* [Definição do campo da ciência do direito]. Londres, 1832; *Lectures on jurisprudence or the philosophy of positive law* [Aulas de ciência do direito ou a filosofia do direito positivo]. Londres, 1863. 2 v.

começado a aprender inglês em Heidelberg e, portanto, as literaturas inglesa e americana eram então quase desconhecidas para mim.

Infelizmente, tive de interromper minha estada em Heidelberg antes do previsto, pois meu irmão Ernst, que na minha ausência custeava as despesas da casa junto com minha irmã, precisou aceitar um cargo na Alemanha que não lhe rendia o suficiente para sustentar minha mãe e meu irmão mais novo, que então ainda era criança. Voltei então para Viena. Primeiro arranjei uma vaga em um escritório de advocacia (eu já havia realizado meu ano de estágio[50] antes da minha viagem a Heidelberg). Porém, logo abandonei a vaga porque não queria ser advogado de modo algum. Essa profissão não me deixaria tempo nenhum para o trabalho científico. Durante alguns meses, trabalhei no secretariado da exposição do jubileu do imperador,[51] e depois do fracasso dessa empreitada consegui ser empregado como adjunto provisório no real-imperial Museu Austríaco do Comércio.[52] O trabalho que eu tinha de fazer lá era altamente desinteressante, mas me deixava no mínimo duas ou três horas por dia para trabalhar na minha tese de livre-docência. Além disso, eu também dava aulas particulares. Nessas circunstâncias, só consegui concluir meus *Hauptprobleme* | no ano seguinte, 1910. Uma segunda bolsa substancial, que obtive em 1909,[53] permitiu-me ir mais uma vez para Heidelberg por um curto período e depois para Berlim,[54] além de cobrir os custos de impressão que Mohr exigiu para a publicação do meu livro. Imediatamente após a publicação, submeti minha candidatura para a livre-docência. Os dois examinadores da

---

50 Kelsen cumpriu um ano de estágio em 1907-1908 no Tribunal Estadual Superior de Viena.
51 Francisco José I (1830-1916) tornou-se imperador da Áustria em 1848. Por ocasião dos jubileus de sua ascensão ao trono, ocorreram diversas exposições, portanto também em 1908.
52 O real-imperial Museu Austríaco do Comércio foi fundado em 1875 no palácio Festetics no 9º distrito de Viena e reunido à real-imperial Academia de Exportação em 1898.
53 Trata-se da bolsa de viagem Haber-Linsberg. No entanto, no seu currículo para candidatura à livre-docência Kelsen data a concessão de 1910.
54 Kelsen estudou em Berlim no semestre de inverno de 1910-1911 e frequentou o seminário de direito público.

faculdade foram o professor Bernatzik e o professor Adolf Menzel,[55] o segundo catedrático de direito público e administrativo. Até então eu só havia tido pouco contato com este último. Ele tinha sido originariamente professor de direito civil e só havia se voltado mais tarde para o direito público, no qual sua área de concentração era o direito administrativo, que estava bem distante do meu foco. Seu interesse científico recaía sobre a filosofia do Estado dos antigos, que era então desconhecida para mim, já que só muito mais tarde ele se destacou com notáveis publicações nessa área.[56] Pessoalmente, ele sempre havia se portado de maneira muito amigável para comigo e me proporcionado algumas explicações muito proveitosas. Mas os problemas da teoria do direito, que formavam o objeto principal da minha tese de livre-docência, lhe eram estranhos. Talvez seja exatamente por isso que ele apresentou um parecer que me era muito favorável. O professor Bernatzik provavelmente sequer leu minha tese. Seu parecer consistia em nada mais que uma anuência com a recomendação do professor Menzel em admitir-me nos passos seguintes da livre-docência. Todas as minhas tentativas de conhecer a opinião de Bernatzik sobre as teorias desenvolvidas no meu livro foram em vão, pois ele esquivava-se de qualquer discussão, o que me levou a supor que ele desconhecia totalmente o livro. Parece que, na reunião decisiva da Congregação, ele afirmou que era a favor da minha livre-docência, mas que eu não tinha condições de ser professor. O único a apresentar um parecer minucioso contra a minha livre-docência foi o professor de história do direito, o barão Schwind.[57] Posteriormente, quando eu já era catedrático, ele publicou um panfleto

---

55 Adolf Menzel (1857-1938), jurista e cientista social. Formou-se na Universidade Alemã de Praga, foi professor da Universidade de Viena a partir de 1898 e reitor em 1915. Também foi vice-presidente da Corte Constitucional austríaca entre 1919 e 1930.
56 Menzel, Adolf. *Untersuchungen zum Sokrates-Processe* [Investigações sobre o processo de Sócrates]. Viena, 1902; *Kallikles. Eine Studie zur Geschichte der Lehre vom Recht des Stärkeren* [Calícles. Um estudo sobre a história da teoria do direito do mais forte]. Viena; Leipzig, 1922; *Griechische Soziologie* [Sociologia grega]. Viena; Leipzig, 1936.
57 Ernst Freiherr Baron von Schwind (1865-1932) lecionou história do direito em Graz em 1898 e em Viena entre 1899 e 1932, onde também foi reitor em 1919-1920.

absolutamente tolo contra mim,[58] no qual cometeu equívocos tão evidentes – ele confundiu, por exemplo, hipótese com hipostasia – que foi uma brincadeira desarmá-lo na minha réplica. Essa réplica, intitulada *Rechtsgeschichte gegen Rechtsphilosophie* [História do direito contra filosofia do direito],[59] teve grande sucesso, pois os que riam estavam do meu lado. Parece que o barão Schwind nunca se recuperou desse golpe, como me asseguraram os seus amigos em tom de repreensão.

| 10 | No verão de 1911, fui admitido como livre-docente de direito público e filosofia do direito e comecei minha atividade docente no outono com uma aula sobre a equiparação austro-húngara.[60] Nos três anos até a eclosão da guerra mundial, publiquei alguns ensaios de maior extensão[61] e fundei a *Österreichische Zeitschrift*

---

58 Schwind, Ernst. *Grundlagen und Grundfragen des Rechts. Rechtstheoretische Betrachtungen und Erörterungen* [Fundamentos e questões fundamentais do direito. Considerações e discussões de teoria do direito]. Munique, 1928.
59 *Rechtsgeschichte gegen Rechtsphilosophie? Eine Erwiderung* [História do direito contra filosofia do direito? Uma réplica]. Viena, 1928.
60 Referência ao tratado firmado em 15.3.1867 sobre a relação de direito público entre a Áustria e a Hungria, por meio do qual o Império da Áustria foi transformado na dupla monarquia austro-húngara, que durou até 1918. A partir de então, diferenciaram-se as instituições comuns (*"kaiserlich und königlich"* – "k.u.k." – imperial e real), as da metade austríaca (*"kaiserlich-königlich"* – "k.k." – imperial-real) e as da metade húngara (*"königlich ungarisch"* – "k.ung." – real húngara).
61 *Hauptprobleme der Staatsrechtslehre entwickelt aus der Lehre vom Rechtssatze* [Principais problemas da teoria do direito público, desenvolvidos a partir da teoria da norma jurídica]. Tübingen, 1911; *Grenzen zwischen juristicher und soziologischer Methode* [Limites entre os métodos jurídico e sociológico]. Tübingen, 1911; Zur Soziologie des Rechts. Kritische Betrachtungen [Para uma sociologia do direito. Observações críticas]. *Archiv für Sozialwissenschaft und Sozialpolitik*, v. 34, p. 601-614, 1912; Politische Weltanschauung und Erziehung [Visão de mundo política e educação]. *Annalen für soziale Politik und Gesetzgebung*, v. 2, p. 1-26, 1913; Über Staatsunrecht. Zugleich ein Beitrag zur Frage der Deliktsfähigkeit juristischer Personen und zur Lehre vom fehlerhaften Staatsakt [Sobre a injustiça estatal. Uma contribuição para a questão da capacidade delituosa das pessoas jurídicas e para a teoria do ato estatal defeituoso]. *Grünhuts Zeitschrift für das Privat- und öffentliche Recht der Gegenwart*, v. XL, p. 1-114, 1913; Zur Lehre vom öffentlichen Rechtsgeschäft [Para uma teoria do negócio jurídico público]. *Archiv des öffentlichen Rechts*, v. 31, p. 53-98, 190-249, 1913; Reichsgesetz und Landesgesetz nach österreichischer Verfassung [Lei imperial

für Öffentliches Recht [Revista austríaca de direito público].[62] Como editores, consegui os professores Bernatzik, Menzel, Lammasch[63] e Hussarek;[64] como editora, a casa Manz.[65] Embora a ideia tenha partido exclusivamente de mim e eu tenha realizado sozinho e sem

---

e lei estadual segundo a Constituição austríaca]. *Archiv des öffentlichen Rechts*, v. 32, p. 202-245, 390-438, 1914; Sociologická právická idea státní [A ideia de Estado sociológica e jurídica]. Trad. Karel Englis. *Sborník věd právních a státních*, v. XIV, p. 69-101, 1914.

---

62 A *Österreichische Zeitschrift für Öffentliches Recht*, fundada por Edmund Bernatzik, Max Freiherr von Heinlein Hussarek, Heinrich Lammasch e Adolf Menzel, foi publicada por três anos entre 1914 e 1918 e continuada pela *Zeitschrift für Öffentliches Recht* (1919/1920-1943/1944, v. I-XXIII). No entreguerras, ela foi marcada decisivamente por Kelsen, o antigo editor, e depois de 1934 pelo seu aluno Alfred Verdross. Depois do seu encerramento no v. XXIII (1944), a revista foi publicada a partir de 1948 em uma nova série iniciada no v. 1 com o título *Zeitschrift für öffentliches Recht*. No v. 28 (1977), ela recebeu, por iniciativa de Verdross, o nome de *Österreichische Zeitschrift für öffentliches Recht und Völkerrecht*. A internacionalidade crescente foi reconhecida com o subtítulo *Austrian Journal of Public and International Law*. Entre 1981 e 1990, Ignaz Seidl-Hohenveldern foi o editor da revista. Entre 1991 e 1995 (v. 42-49), ela foi publicada majoritariamente em inglês, com o nome *Austrian Journal of Public and International Law*, editada por Christoph Schreuer. Desde 1996 (v. 50-51) ela é editada por Heinz Schäffer e chama-se novamente *Zeitschrift für öffentliches Recht*.
63 Heinrich Lammasch (1853-1920) lecionou a partir de 1882 em Viena, a partir de 1885 em Innsbruck e a partir de 1889 novamente em Viena. Ele foi o último primeiro-ministro da monarquia austro-húngara (27.10 a 11.11.1918). Lammasch pertencia ao movimento pacifista internacional e ao grupo pacifista Meinl. Julius Meinl (1869-1944) fundou em 1919 a Meinl AG, que foi por muito tempo o principal conglomerado da indústria alimentícia austríaca. Na condição de diplomata conceituado, esforçou-se em 1917-1918 para obter um acordo de paz.
64 Max Freiherr von Heinlein Hussarek (1865-1935) lecionou na Universidade de Viena. É tido como o principal representante do direito canônico estatal austríaco. De 25.7.1918 a 27.10.1918 ele foi o penúltimo primeiro-ministro da Áustria-Hungria e autor das reformas federalistas anunciadas em outubro de 1918 pelo imperador Carlos I, que queria criar com o "manifesto de outubro" Estados federados com fronteiras nacionais dentro da Áustria-Hungria.
65 A editora e livraria universitária Manz foi fundada em 1849 em Viena e é uma das mais conhecidas editoras jurídicas austríacas.

nenhuma remuneração toda a organização e todo o trabalho de redação, julguei correto não deixar publicar meu nome na capa. Somente no lado de dentro da capa eu era mencionado como secretário de redação. Com a eclosão da guerra, a publicação da revista teve de ser interrompida. Após o término da guerra e a queda da monarquia austro-húngara, dei prosseguimento à revista como *Zeitschrift für Öffentliches Recht* [Revista de direito público], primeiro na editora Deuticke e depois na editora Springer em Viena, agora como editor-chefe. Posteriormente, transferi o trabalho de redação a um dos meus mais antigos alunos, o professor Alfred Verdross.[66] Em 1934, fui forçado pela redação e pela editora a renunciar à editoria sob a alegação de que um judeu não era mais tolerável como editor – mesmo de uma revista científica publicada na Áustria antes da anexação![67]

---

66 Alfred Verdross (1890-1980), internacionalista e filósofo do direito. Trabalhou entre 1918 e 1924 no Ministério do Exterior austríaco, lecionou de 1924 a 1960 na Universidade de Viena e foi juiz na Corte Europeia de Direitos Humanos de 1958 a 1977. Entre 1927 e 1953, deu cinco cursos na Academia de Direito Internacional de Haia e foi membro da International Law Commission entre 1956 e 1966. Junto com Adolf Merkl, é o mais importante e um dos primeiros alunos de Kelsen. Influenciou a teoria pura do direito especialmente pela inclusão do direito internacional na hierarquia das normas. Logo cedo ele adotou uma orientação radicalmente diferente para sua teoria, afastando-a da teoria pura do direito em direção a uma teoria do direito natural de base neoaristotélica e neotomista, mas continuou tentando integrar a ela elementos essenciais da teoria pura do direito. É característica a descrição de Verdross da norma fundamental como uma norma ancorada no cosmo dos valores. Principais obras: *Einheit des rechtlichen Weltbildes auf Grundlage der Völkerrechtsverfassung* [Unidade da visão de mundo jurídica com base na Constituição de direito internacional]. Tübingen, 1923; *Die Verfassung der Völkerrechtsgemeinschaft* [A Constituição da comunidade de direito internacional]. Viena, 1926; *Völkerrecht* [Direito internacional]. 5. ed. Berlim; Viena, 1937-1964 (continuada por três edições como *Universelles Völkerrecht* [Direito internacional universal] com Bruno Simma, Berlim 1976-1984).

67 Não existem mais documentos sobre esse fato, já que o arquivo da correspondência da editora Franz Deuticke foi destruído por um bombardeio perto do final da Segunda Guerra Mundial.

Ministério da Guerra

Em 1912, casei-me com Margarete Bondi,[68] cunhada de um dos meus colegas no Museu do Comércio, o dr. Adolf Drucker, que depois se tornou conselheiro no Ministério do Comércio. Ligada ao Museu do Comércio estava a Academia de Exportação, depois Escola de Comércio Exterior.[69] Naturalmente, logo de início esforcei-me para obter um cargo docente permanente nessa instituição. O professor de direito público era o então chefe de seção e depois primeiro-ministro Seidler.[70] Ele fez de mim seu assistente. Em seguida, tornei-me professor suplente, encarregado de um curso especial sobre a Constituição e administração dos Estados balcânicos. Enfim, depois que Seidler cessou suas atividades como professor, em 1914, logo antes da eclosão da guerra mundial, tornei-me professor principal de direito público. Era um passo altamente significativo para mim, pois a partir de então eu podia dedicar todo o meu tempo ao objeto do meu trabalho científico. | Minha alegria por esse sucesso não durou muito. | 11 Pouco depois da minha nomeação como professor na Academia de Exportação eclodiu a guerra, e precisei reintegrar minha tropa como

---

68 Margarete Kelsen, nascida Bondi (1890-1973), era a filha do próspero casal vienense Ferdinand e Bertha Bondi, nascida Prager. Ela casou-se com Kelsen em 25.5.1912 e foi sua esposa por quase 61 anos. Tiveram duas filhas, Anna (Hanna) Renate (1914-2001) e Maria Beatrice (1915-1994). O casal morou no 8º distrito de Viena em um apartamento da Wickenburggasse 23 até partir de Viena em 1930. Margarete foi ao lado do seu marido para Colônia, Genebra e finalmente para os Estados Unidos.
69 A "real-imperial Academia de Exportação" foi fundada em 1.10.1898, transformada na "Escola de Comércio Exterior" em 1919 e recebeu o nome de "Universidade de Economia de Viena" em 1975. Kelsen lecionou esporadicamente teoria do direito constitucional e administrativo (colóquio especial sobre Constituição e administração dos Estados balcânicos) na Academia de Exportação a partir do semestre de verão de 1909. A partir do semestre de inverno de 1909-1910, ele dirigiu um curso regular sobre Constituição e administração austríacas, e entre 1911 e 1918 ocupou um cargo de professor permanente.
70 Ernst Seidler ou Seidler-Feuchtenegg (1862-1931), jurista e político. Lecionou entre 1906 e 1908 na Escola de Agricultura em Viena e entre 1905 e 1917 na Academia de Exportação. Também foi ministro da Agricultura (1917) e primeiro-ministro de junho de 1917 a julho de 1918.

oficial da reserva.[71] Uma severa pneumonia abateu-me, de tal modo que fui declarado "inapto" e "apto somente para serviços administrativos". Fui lotado primeiramente no Almoxarifado da Guerra e depois na Divisão Jurídica do Real e Imperial Ministério da Guerra. Ali, trabalhei na repartição que preparava os atos de indulto imperial. Era uma atividade sumamente interessante e altamente satisfatória do ponto de vista humano. Porém, ela não durou muito. Por uma singular coincidência de circunstâncias, fui convocado para o Gabinete do Ministério da Guerra e nomeado assessor direto do ministro.[72] Essa promoção extraordinária aconteceu da seguinte maneira: um oficial jurídico do Estado-Maior do Exército, o major-auditor Schager[73] (que depois exerceu uma influência considerável sobre o monarca na chancelaria militar do imperador Carlos e teve um fim vergonhoso após a queda da monarquia), tencionava fundar uma revista de direito militar[74] e mandou solicitar, por meio da direção da Divisão Jurídica do Ministério da Guerra, que os oficiais ali lotados fornecessem contribuições para o primeiro número dessa revista. Eu tinha escrito já há algum tempo um extenso artigo que tratava da questão de uma reforma constitucional a ser realizada depois da guerra, com a intenção de publicá-lo, depois da celebra-

---

71 Em 4.8.1914, Kelsen precisou apresentar-se como tenente (desde 1.1.1902, tenente da reserva) ao serviço ativo junto à real e imperial Divisão de Treinamento nº 14 em Innsbruck. Já em 19.9.1914, ele foi declarado inapto para o serviço de campo no exército. Em 1.11.1914, foi nomeado primeiro-tenente em tempo de guerra; em 7.8.1915 (com efeito a partir de 1.8.1915), primeiro-tenente-auditor; em 26.12.1917 (com efeito a partir de 1.11.1917), foi nomeado capitão-auditor com título e caráter; em 14.5.1918 (com efeito a partir de 1.5.1918), capitão-auditor. Os oficiais jurídicos do exército austro-húngaro eram chamados de "auditores".
72 Rudolf Stöger-Steiner Freiherr von Steinstätten (1861-1921) foi o último ministro da Guerra da monarquia austro-húngara, de 12.4.1917 a 1.12.1918.
73 Albin Freiherr Schager von Eckartsau (1877-1941) doutorou-se em 1917 na Universidade de Innsbruck em direito penal com especialização em direito processual militar. A partir de 1927, trabalhou em um escritório de advocacia e foi político partidário. Ele esteve envolvido na segunda tentativa de restauração de Carlos na Hungria (20.10.1921), mas seu papel nesta última não foi esclarecido.
74 A *Zeitschrift für Militärrecht* foi fundada por Albin Schager Freiherr von Eckartsau em 1917 e editada por este último juntamente com Georg Lelewer (Viena) e Viktor Csàszàr von Kolgyár (Budapeste). A partir do número 5 (1918), Kelsen foi nomeado colaborador permanente dessa revista junto com sete outros especialistas em direito militar. Ela foi encerrada com a publicação do primeiro volume em 1918.

ção da paz, na minha *Österreichische Zeitschrift für Öffentliches Recht* [Revista austríaca de direito público]. Nesse artigo, havia um capítulo dedicado à cisão do exército comum proposta pelo lado húngaro. Eu literalmente recortei esse capítulo do manuscrito e entreguei-o ao meu chefe como contribuição para a nova revista.[75] Como não ouvi mais nada sobre isso, esqueci o assunto, ao qual não conferi importância alguma. Um dia, meu chefe, um coronel-auditor,[76] mandou chamar-me e comunicou-me que eu deveria apresentar-me ao ministro da Guerra. Ele me perguntou se eu sabia do que se tratava e respondi com sinceridade que não tinha ideia alguma. O ministro – era o último ministro da Guerra da monarquia, o major-general Stöger-Steiner – recebeu-me de forma extremamente hostil. Ele me perguntou se eu não sabia que os oficiais do Ministério da Guerra só podiam publicar algo com o consentimento do Ministério. Eu retruquei que, desde que estava no Ministério, não havia publicado nada. Então, o ministro disse: "E o seu artigo na revista de direito militar?". De fato, eu o havia esquecido; não havia recebido notícia alguma sobre o destino do meu manuscrito e não sabia nem mesmo se a revista já havia sido publicada. Defendi-me explicando ao ministro que eu havia entregado o manuscrito ao editor da revista pela devida via oficial, por meio do meu superior, e que eu não podia supor que a publicação em uma revista editada por um oficial do Estado-Maior do Exército pudesse ter algo repreensível em si. No decorrer do meu interrogatório, descobri que o ministro suspeitava que eu trabalhasse a serviço do Estado-Maior do Exército, que estava em um conflito de competências permanente com o Ministério da Guerra, agravado por invejas pessoais. Logo após assumir o governo, o imperador Carlos fizera algumas promessas ao governo húngaro a

---

75 Zur Reform der verfassungsrechtlichen Grundlagen der Wehrmacht Österreich-Ungarns [Para uma reforma dos fundamentos constitucionais do exército da Áustria-Hungria]. *Zeitschrift für Militärrecht*, v. 1, p. 8-23, 1917. O artigo, do qual a contribuição citada é um capítulo, não foi publicado na íntegra e tampouco foi encontrado.
76 Na Advocacia Militar, Kelsen esteve subordinado, a partir de 1.8.1915, ao capitão-auditor dr. Karl Grube, e a partir de 1.10.1915, como oficial na Divisão 4/I, ao auditor-geral Josef Killian. Kelsen possivelmente não se lembra corretamente da patente do seu superior.

respeito da cisão do exército exigida por este último[77] e encarregara o novo ministro da Guerra de estudar o assunto e preparar as medidas necessárias. E, agora, o ministro ficara sabendo de alguma forma que o primeiro número da revista de direito militar, editada sob os auspícios do Estado-Maior do Exército, teria por primeiro artigo um ensaio sobre a cisão do exército, o que o fez temer que o Estado-Maior do Exército quisesse apoderar-se do assunto. O fato de que o ensaio provinha de um dos seus oficiais foi considerado por ele como uma espécie de traição. Eu só pude adivinhar tudo isso a partir das insinuações muito vagas que o ministro fez. Consegui facilmente convencer o ministro de que o pano de fundo político do caso me era totalmente desconhecido e de que eu não tinha nenhuma outra ambição além de colocar meus modestos conhecimentos no campo do direito público austro-húngaro à sua disposição e à de mais ninguém. O resultado foi que ele me convocou imediatamente para o gabinete e mandou que me instalassem na escrivaninha mais próxima da sua. Recebi a tarefa de elaborar os projetos de lei necessários juntamente com suas exposições de motivos e de informá-lo constantemente do avanço do meu trabalho. Nessa minha nova posição, participei repetidas vezes ao lado do ministro de reuniões com o chefe do Estado-Maior,[78] seu vice[79] e os ministros da Defesa Nacional austríaco[80] e húngaro,[81] e também

---

77 Depois da equiparação de 1867, o exército comum austro-húngaro estava subordinado à direção unitária do Ministério da Guerra comum com língua oficial alemã. Desde início exigiu-se, sobretudo do lado húngaro, que se separassem os assuntos relativos ao exército de ambos os Estados reunidos na monarquia real e imperial e que a direção deles fosse confiada a cada um dos Estados. Em contrapartida, via-se no exército comum, especialmente do lado austríaco, a garantia da integração das diversas etnias e de sua identificação com o Estado comum.
78 Cargo ocupado entre 1912 e 1917 por Franz Freiherr Conrad von Hötzendorf (1852-1925) e de 1.3.1917 até o fim da monarquia, por Arthur Freiherr von Arz von Straussenburg (1857-1935).
79 Tenente-marechal Alfred Freiherr von Waldstätten (1872-1952).
80 Até junho de 1917, o ministro da Defesa Nacional foi Friedrich Freiherr von Georgi (1852-1926); de 23.6.1917 a 27.10.1918, Karl Freiherr Czapp von Birkenstetten (1864-1952). Os ministros da Defesa Nacional eram os ministros – independentes do Ministério da Guerra em Viena – responsáveis pelo exército real-imperial (Áustria) e pelo exército real húngaro (Hungria).
81 Samuel Freiherr von Hazai (1851-1942). Apresentou uma contraproposta minuciosa à proposta de Kelsen de reforma da lei militar.

despachei pessoalmente com o imperador. A confiança do ministro em mim se mostrou no fato de que ele logo me pediu conselho em outras questões de direito público e internacional e ocasionalmente também | perguntava minha opinião em assuntos puramente políticos. Meu cargo implicou que pude observar com a maior proximidade a última e trágica fase da queda da monarquia austro-húngara e que tive conhecimento de circunstâncias e personalidades que foram decisivas para o destino da monarquia. Infelizmente, nessa época rica em acontecimentos eu não mantive um diário, e assim esqueci muitos detalhes interessantes ou guardei-os apenas obscuramente na memória. Creio não dever reproduzir muita coisa, especialmente os juízos do ministro sobre personalidades eminentes, pois não sou capaz de julgar em que medida estavam fundados em fatos objetivos ou somente em juízos de valor subjetivos. Uma das minhas últimas conversas com o ministro ainda está muito viva na minha memória. No meio da noite, fui convocado por telefone à presença do ministro. Ele me recebeu de roupão no seu escritório particular nos aposentos oficiais que ele tinha no prédio do Ministério da Guerra e entregou-me o texto do telegrama que o presidente Wilson havia enviado como resposta[82] à oferta do governo austro-húngaro de garantir o direito de autodeterminação às nacionalidades da monarquia, e solicitou-me que comentasse as declarações de Wilson. Enquanto eu lia a resposta de Wilson, o ministro vestiu sua farda e convidou-me a ir com ele ao seu gabinete. A caminho de lá tínhamos de passar pelo salão de baile que pertencia aos aposentos do ministro. Então o ministro me disse que era penoso, em uma época tão terrível, viver em cômodos tão suntuosos. "Sobretudo, Excelência, quando se sabe que se é o último ministro da Guerra da monarquia." "O senhor está louco", replicou ele, "como o senhor pode dizer algo tão horrível!" "De acordo com a resposta que o presidente Wilson deu à nossa oferta", respondi, "não vejo mais nenhuma possibilidade de conservar a monarquia". Até o

---

82 O conteúdo do telegrama devia estar relacionado com os célebres 14 pontos do presidente estadunidense Thomas Woodrow Wilson (1856-1924), que ele apresentou em seu discurso de 8.1.1918 como linhas mestras para a paz mundial. O número 10 continha a exigência da maior liberdade possível para o desenvolvimento autônomo dos povos da Áustria-Hungria.

último momento, embora ele não tivesse ilusão alguma a respeito da escala da derrota militar, o velho oficial não conseguia acreditar que fosse possível que um império pluricentenário pudesse simplesmente desaparecer do palco da história.

Quando me despedi pessoalmente dele pouco tempo depois, ele estava lívido no seu gabinete. No caminho até o Ministério, a multidão havia apedrejado seu carro e um estilhaço de vidro tinha ferido sua bochecha. Ele apertou minha mão e disse, comovido: "O senhor tinha razão. Eu sou o último ministro da Guerra da monarquia."

| 14 | Depois da ruptura do *front* búlgaro,[83] estava claro para qualquer um que conhecia as circunstâncias do exército que a guerra estava definitivamente perdida. Como o exército era a única coisa que mantinha a monarquia, eu não tinha mais dúvidas de que a sua dissolução era inevitável se não fosse feita alguma tentativa de conservá-la sob uma forma inteiramente nova. Nesse sentido, elaborei um memorando que desembocava na proposta de que o imperador deveria instaurar uma comissão, composta de homens de confiança das diversas nacionalidades, com a tarefa de realizar de maneira ordenada a liquidação da monarquia e a formação de Estados nacionais com base no direito de autodeterminação dos povos, a fim de evitar uma catástrofe econômica e política. O imperador deveria declarar no manifesto a ser promulgado que sua pessoa e a dinastia não constituiriam obstáculo, mas que ele estaria pronto a assumir de alguma forma o comando dessa federação de Estados se uma tal federação dos Estados recém-constituídos parecesse recomendável por questões econômicas e políticas. Os fatores econômicos e políticos que haviam tornado necessária, até então, a existência da monarquia no coração da Europa seriam talvez fortes o bastante para mantê-la em vida como uma federação de povos centro-europeia. Porém, isso não poderia acontecer por meio de coação, mas somente com base em uma decisão voluntária das nacionalidades. O plano relacionava-se primeiramente apenas à metade austríaca da monarquia, para não enfrentar logo de início a resistência do

---

83 Em 29.9.1918, o fronte búlgaro foi rompido depois de um ataque da *Entente* na Macedônia. Na sequência, a Bulgária firmou separadamente um cessar-fogo segundo o qual ela deveria desmobilizar e ceder todos os antigos territórios sérvios e gregos. Porém, nesse momento a guerra já estava perdida.

governo húngaro,[84] que era hostil a qualquer autonomia nacional das etnias não magiares.

O ministro, embora ainda não fosse naquele momento tão pessimista quanto eu acerca do futuro da monarquia, estava disposto mesmo assim a submeter o memorando ao imperador, e o fez com o pedido que o imperador lesse o memorando tão logo fosse possível e tomasse sua decisão. Infelizmente, esse pedido não foi atendido. Passaram-se semanas sem que o imperador se manifestasse a esse respeito. Parece que, na época, ele havia considerado outros planos para a salvação da monarquia, oriundos do lado alemão.[85] No entanto, em meados de outubro fui convocado à noite pela chancelaria militar do imperador; o major Schager – que presumivelmente havia convencido o imperador a ler o memorando – estava ao telefone e comunicou-me que o imperador havia finalmente aprovado o plano e que havia me encarregado de entrar em contato imediatamente com | |15 o conselheiro Lammasch, apresentar-lhe o plano e perguntar-lhe se estaria disposto a assumir o comando da comissão de liquidação a ser instituída. Lammasch, que havia se aposentado há algum tempo e se retirado para Salzburgo, encontrava-se então em Viena, onde estava hospedado na casa do conhecido industrial Meinl. Na mesma noite dirigi-me de automóvel, que a chancelaria militar colocara à disposição, até Lammasch, que aceitou a missão. Ele acrescentou de próprio punho ao programa de ação que lhe apresentei apenas um ponto, cujo conteúdo esqueci. No dia seguinte, fui com Lammasch

---

84 Pela época, deve tratar-se do governo Wekerle, que tentou bloquear a reforma constitucional da Áustria-Hungria. O primeiro-ministro da Hungria, até 23.5.1917, foi István Graf Tisza (1861-1918); depois, de junho a agosto, Moritz Graf Esterházy (1881-1960), e de agosto de 1917 a outubro de 1918, Alexander Wekerle (1848-1921), que declarou em 19.10.1918 a independência do Estado húngaro e foi consequentemente destituído pelo imperador Carlos, que ainda era nominalmente rei da Hungria. Ele foi sucedido em 11.11.1918 por Mihali Graf Karolyi von Nagykarolyi (1875-1955).

85 A referência é muito provavelmente aos três deputados de nacionalidade alemã: Oskar Teufel, Karl Hermann Wolf e Ferdinand Freiherr von Pantz. Eles haviam elaborado um projeto de manifesto dos povos e submetido-o ao ministro da Agricultura Ernst Silva-Tarouca, que fez com que ele chegasse ao imperador – com auxílio do primeiro-ministro austríaco Max Hussarek. O imperador Carlos I levou esse projeto em 15.10.1918 ao conselho comum de ministros (austro-húngaro). Na sequência, Hussarek elaborou o manifesto dos povos.

encontrar o imperador no quartel-general em Baden, onde ele recebeu a incumbência oficial. Até então, o ministério austríaco sob o primeiro-ministro Hussarek-Heinlein ainda não havia sido informado do assunto.

De início, as negociações que Lammasch realizou com os líderes das diversas nacionalidades não se mostraram desfavoráveis. Mas elas fracassaram quando Kramarz,[86] o líder dos Jovens Tchecos,[87] condenado à morte durante a guerra e depois indultado, que estava prestes a ir para Genebra com um passaporte emitido pelo Ministério do Exterior austro-húngaro para reunir-se com o "seu governo" (Masaryk[88] e Beneš[89]), como ele dizia, declarou decididamente não querer colaborar com uma combinação desse tipo. Parece que, nas negociações, Lammasch colocou mais peso na manutenção da dinastia do que estava no plano original. Ele me contou que Kramarz lhe havia dito que ele

---

86 Kelsen refere-se a Karel (Karl) Kramář (1860-1937), um dos políticos tchecos mais eminentes do século XIX e início do século XX. Antes da Primeira Guerra Mundial e no seu início, ele defendeu a independência tcheca, em maio de 1915 foi preso e em 1916 condenado à morte porque teria incitado soldados tchecos a desertarem do exército austro-húngaro. Ele só foi libertado graças à anistia que o imperador Carlos I decretou após a morte do imperador Francisco José. De 14.11.1918 a 8.7.1919, foi o primeiro primeiro-ministro da Tchecoslováquia.
87 Velhos Tchecos e Jovens Tchecos são as denominações de duas facções rivais do movimento nacionalista tcheco na segunda metade do século XIX. Os Jovens Tchecos constituíam uma ala mais radical, que se formou por volta de 1860 e se tornou um partido próprio em 1876. Eles defendiam, primeiramente sob Tomáš Garrigue Masaryk, um pan-eslavismo intransigente. No entanto, mais tarde Masaryk adotou um neoeslavismo mais restrito e aspirou à unidade tchecoslovaca (no máximo incluindo os poloneses) em aliança afrouxada com a Rússia. Ao contrário, Kramář, o líder dos Jovens Tchecos, aclamou de início o czar russo como imperador de todos os eslavos, mas em 1918 aderiu aos neoeslavistas juntamente com Edvard Beneš.
88 Tomáš Garrigue Masaryk (1850-1937) foi presidente da Tchecoslováquia entre 1918 e 1935.
89 Edvard Beneš (1884-1948) foi ministro do Exterior da Tchecoslováquia entre 1918 e 1935 sob a presidência de Tomáš Garrigue Masaryk e foi seu sucessor de 1935 a 1938. Depois do pacto de Munique, Beneš partiu em 1938 para o exílio em Londres e foi reconhecido pelos Aliados como presidente da Tchecoslováquia. Entre 1945 e 1948, foi presidente da Tchecoslováquia. Depois da tomada do poder pelos comunistas, em 1948, ele renunciou ao cargo. Os "decretos Beneš" de 1945 e 1946 foram responsáveis pela expulsão dos alemães da Tchecoslováquia.

pessoalmente era monarquista, mas que não podia assumir nenhum compromisso nesse sentido. Sem os tchecos o plano todo era, naturalmente, impossível. Algumas semanas antes, quando a dissolução da monarquia ainda não estava tão avançada, a comissão de liquidação teria talvez sido possível e teria tido alguma chance de manter o bloco de Estados austro-húngaro no centro da Europa e, com ele, o equilíbrio europeu. Mas, quando a missão foi confiada a Lammasch, já era evidentemente tarde demais.

Em uma tarde por volta de 20 de outubro, Lammasch veio me ver em minha residência para me informar que sua missão havia fracassado. Ele me solicitou que comunicasse isso por telégrafo ao imperador, que estava então em Gödöllö (Hungria). Ele tinha vindo à minha casa com o automóvel colocado à sua disposição pela chancelaria militar, e eu | propus ir com ele ao Ministério da Guerra, que tinha ligação direta | 16 com o imperador. No carro encontrei, para minha surpresa, o professor Josef Redlich,[90] que era amigo de Lammasch e que tinha – talvez – sido chamado por este último para aconselhá-lo em sua missão. No caminho do meu apartamento ao Ministério da Guerra, Redlich persuadiu Lammasch a não desistir simplesmente da missão atribuída a ele pelo imperador, mas a propor que este dissolvesse o governo Hussarek e encarregasse o próprio Lammasch da formação de um novo governo austríaco. De início, Lammasch não queria concordar. Quando ele perguntou diretamente minha opinião, eu disse que não conseguia enxergar o que ele ainda poderia fazer – diante do colapso da monarquia – como chefe de um governo austríaco. Mas finalmente Redlich conseguiu persuadi-lo com o argumento de que ele, como pacifista notório, quando estivesse no comando do governo austríaco, poderia obter melhores condições de paz que qualquer outro. O argumento pareceu-me deveras tolo, já que o ministro do Exterior comum,[91] e não o primeiro-ministro austríaco, devia representar a monarquia

---

90 Josef Redlich (1869-1936), professor de direito público e político. Lecionou a partir de 1907 em Viena e entre 1926 e 1934 na Universidade Harvard. Foi ministro das Finanças de outubro a novembro de 1918 no último governo da monarquia austro-húngara.
91 Como a indicação de Kelsen, "por volta de 20 de outubro", não é precisa, pode tratar-se de dois ministros do Exterior: o barão István Burián von Rajecz (16.4.1918 – 24.10.1918) e o conde Gyula Andrássy Jr. (24.10.1918 – 2.11.1919).

nas negociações de paz, e sobretudo porque, àquela altura, já havia se tornado altamente improvável que a monarquia como tal comparecesse como parte contratual às negociações de paz. Mas como vi que Lammasch estava visivelmente impressionado pelo argumento de Redlich e também não perguntara mais nada, julguei melhor me calar. No Ministério convidei Lammasch e Redlich a irem até minha sala para discutir o comunicado a ser enviado ao imperador e a proposta referente à nova formação do governo austríaco. Informei, naturalmente, o ministro da Guerra, que veio pessoalmente à minha sala para cumprimentar Lammasch.

Ao compor a lista de ministros a ser proposta ao imperador, Lammasch declarou que precisava imperativamente propor que fosse incluído nela seu amigo dr. Seipel,[92] antigo professor de teologia em um seminário em Salzburgo, como ministro da Assistência Social. Sem ele, Lammasch não podia assumir o governo. Era um assunto delicado, porque nunca, até então, na Áustria católica, um padre católico havia sido ministro ativo. Como contrapartida, ele queria propor dois judeus, entre os quais Redlich, obviamente, como ministro das Finanças. Acredito que esse era o verdadeiro objetivo de Redlich ao convencer Lammasch a propor ao imperador a formação de um ministério austríaco. Além dele, Lammasch queria sugerir o antigo professor de anatomia Tandler[93] como ministro da Saúde. No entanto, ele desistiu diante das advertências de Redlich, pois dois judeus em um ministério imperial pareciam intoleráveis, dado o antissemitismo existente. Ditei o comunicado ao oficial que operava o aparelho de telégrafo. Até onde me lembro, a decisão favorável do imperador chegou ainda na mesma tarde.

Lammasch ofereceu-me um cargo alto no gabinete do conselho ministerial, que eu recusei. O novo ministério – o último da monarquia austríaca – exerceu suas funções por poucos dias apenas, já que o imperador foi forçado a abdicar no início de novembro.[94]

---

92 Ignaz Seipel (1876-1932), teólogo, padre e político social-cristão. Lecionou de 1909 a 1917 teologia moral em Salzburgo, e a partir de 1917 em Viena. Entre 1926 e 1929, foi chanceler federal da República da Áustria.
93 Julius Tandler (1869-1932), médico e político social-cristão. A partir de 1910, lecionou anatomia na Universidade de Viena.
94 Em 11.11.1918, o imperador Carlos declarou que reconhecia "de antemão" a decisão que a Áustria germânica tomasse sobre sua futura forma de Estado e que

Meu cargo no Ministério da Guerra contribuiu fundamentalmente para minha carreira acadêmica. Em 1915, eu tinha obtido – conforme a rotina usual – o título de professor extraordinário, e naquelas circunstâncias tinha de considerar essa posição como a mais alta que eu poderia alcançar em função da minha origem judaica. O ministro da Guerra havia me oferecido permanecer no Ministério após a guerra com um cargo bastante elevado. Eu também tinha recebido – sobretudo graças à minha posição junto ao ministro da Guerra – uma oferta muito favorável para ingressar no Ministério da Assistência Social. Antes de decidir entre uma ou outra direção, eu queria avaliar minhas chances na universidade. Procurei Bernatzik, comuniquei-lhe minhas perspectivas e disse-lhe que não tencionava aceitar nenhuma dessas ofertas se obtivesse um cargo efetivo de professor. Depois de tudo o que eu soubera até então da atitude que Bernatzik havia adotado na faculdade a meu respeito, eu precisava estar preparado para uma recusa direta ou indireta. Como foi grande minha surpresa quando a resposta de Bernatzik foi simplesmente perguntar-me quais disciplinas eu queria lecionar! Propus direito público com especial ênfase no direito militar. Ele então prometeu apresentar minha candidatura na próxima reunião da congregação. Fez isso, e a congregação aceitou minha candidatura sem dificuldades. Não duvidei que a atitude de Bernatzik tivesse sido determinada de modo decisivo pela minha posição no Ministério da Guerra. Esta causou sobre ele uma impressão maior do que todas as minhas publicações anteriores.

No entanto, minha nomeação atrasou em razão de uma circunstância que me parece digna de menção, porque é muito característica das relações de então. O decreto | do Ministério da Educação que | 18 continha a proposição de minha nomeação por parte do imperador precisava, já que eu era funcionário do Ministério da Guerra, ser aprovado também por este último. Isso também ocorreu sem entraves. Mas do Ministério da Guerra o decreto foi levado também à chancelaria militar do imperador, provavelmente apenas por excesso de zelo de um funcionário do gabinete. Ali coube ao major-auditor

---

renunciava a qualquer participação nos negócios de Estado. Além disso, ele exonerou seu governo. Isso equivale a uma abdicação.

Schager examiná-lo. Quando ele ficou sabendo por meio do decreto que seria criada uma cátedra de direito militar na Faculdade de Direito de Viena, moveu céu e terra – ou seja, o chefe da chancelaria militar – para obter ele mesmo essa cátedra. Ele tinha um verniz de legitimidade, já que havia sido livre-docente de direito penal militar na época em que fora oficial jurídico no comando do batalhão do Tirol. A totalidade da sua produção científica resumia-se, creio eu, à edição do *Código de Direito Penal Militar*. Um dia, quando encontrei o antigo ministro da Educação, Czwicklinsky,[95] no caminho do quartel-general em Baden para Viena, ele me disse que minha nomeação não poderia ocorrer porque uma personalidade muito alta também havia apresentado sua candidatura. Diante da minha observação de que ninguém mais além de mim havia sido proposto pela faculdade, ele fez rindo uma insinuação por meio da qual eu deduzi de quem se tratava. Comuniquei isso ao ministro da Guerra, que resolveu imediatamente o assunto a meu favor com a chancelaria militar. Assim, em 1917 fui nomeado professor e permaneci como oficial no meu cargo no Ministério da Guerra.

Docência universitária

Meus três anos e meio de atividade no Ministério da Guerra não foram perdidos para meu trabalho científico. Ainda tive tempo suficiente para começar uma extensa pesquisa sobre o problema da soberania, que foi publicada em 1920 com o título *Das Problem der Souveränität und die Theorie des Völkerrechts* [O problema da soberania e a teoria do direito internacional].[96] Também pude reunir alguns jovens que haviam frequentado minhas aulas entre 1911 e 1914 em um seminário privado que realizei regularmente

---

95 Ludwig Alois Cwiklinski (1853-1943) foi ministro do Culto e da Educação entre 1917 e 1918.
96 *Das Problem der Souveränität und die Theorie des Völkerrechts. Beitrag zu einer reinen Rechtslehre* [O problema da soberania e a teoria do direito internacional. Contribuição para uma teoria pura do direito]. Tübingen, 1920.

no meu apartamento. Entre eles estavam meus dois alunos mais antigos, Adolf Merkl,[97] depois catedrático de direito público e administrativo, e Alfred Verdross, depois catedrático de direito internacional, ambos na Faculdade de Direito de Viena; Fritz Sander,[98] depois professor de direito público na Universidade Alemã de Praga,[99] e Walter Henrich,[100] depois professor de direito público | na Escola Técnica | 19

---

[97] Adolf Julius Merkl (1890-1970), publicista. Formou-se em 1913 na Universidade de Viena, trabalhou de 1918 a 1921 no círculo do chanceler de Estado, dr. Karl Renner, e participou consideravelmente dos trabalhos preparatórios para a Constituição Federal. Doutorou-se em 1919 na Universidade de Viena com a tese *Die Verfassung der Republik Deutschösterreich* [A Constituição da República da Áustria germânica] nas matérias de direito público geral e austríaco, teoria da administração e direito administrativo austríaco. Foi professor extraordinário de 1920 a 1930, ordinário por título de 1930 a 1932 e ordinário de 1932 a 1938 e de 1950 a 1965 na Universidade de Viena, e de 1943 a 1950 na Universidade de Tübingen. Merkl foi o aluno de Kelsen mais importante, mais antigo e "mais genial" (Kelsen) e cofundador da teoria pura do direito. Teve influência duradoura sobre o desenvolvimento desta, especialmente por meio da teoria da hierarquia das normas e da teoria da força do direito. Principais obras: *Die Lehre von der Rechtskraft, entwickelt aus dem Rechtsbegriff. Eine rechtstheoretische Untersuchung* [A teoria da força do direito, desenvolvida a partir do conceito de direito. Uma investigação jurídico-teórica]. Leipzig, 1923; *Allgemeines Verwaltungsrecht* [Direito administrativo geral]. Viena; Berlim, 1927; *Prolegomena einer Theorie des rechtlichen Stufenbaus* [Prolegômenos de uma teoria da hierarquia das normas jurídicas]. In: Verdross, Alfred (Ed.). *Gesellschaft, Staat und Recht. Untersuchungen zur reinen Rechtslehre, Festschrift für Hans Kelsen zum 50. Geburtstag*. Viena, 1931. p. 252-294.

[98] Fritz Sander (1889-1939), publicista e filósofo do direito. Lecionou de 1918 a 1922 na Escola de Comércio Exterior de Viena (antiga real-imperial Academia de Exportação), a partir de 1921 foi professor na Escola Técnica Alemã de Praga e, enfim, de 1931 a 1939, como ordinário na Universidade Alemã de Praga. Por causa de uma acusação de plágio – que se revelou infundada – de Sander contra Kelsen, a relação entre ambos foi permanentemente abalada.

[99] A Universidade Carlos, fundada em 1348 em Praga, foi dividida entre 1882 e 1945 em uma universidade tcheca e outra alemã. No século XIX, a presença de estudantes tchecos na Universidade cresceu continuamente. Porém, mal havia docentes e professores que falassem tcheco, por isso os políticos tchecos exigiram do governo de Viena, a partir dos anos 1860, a introdução do necessário bilinguismo. Conforme um decreto imperial de 1882, a Universidade de Praga foi, enfim, dividida em duas instituições totalmente independentes entre si.

[100] Walter Henrich (1888-1955) lecionou teoria geral do Estado, filosofia do direito e história do direito de 1928 a 1936 como professor extraordinário na Escola

Alemã em Brno. Também compareciam Felix Kaufmann[101] e Fritz Schreier,[102] que só puderam chegar até a livre-docência em Viena. Kaufmann é hoje professor da Graduate Faculty of Political and Social Science em Nova Iorque; Schreier não conseguiu, infelizmente, obter um posto acadêmico depois de sua liberação de um campo de concentração nazista e de sua emigração para os Estados Unidos. Leonidas Pitamic,[103] que já era então livre-docente na

Técnica Alemã em Brno. A partir de 1936, foi professor ordinário na Escola Técnica Alemã em Praga e, enfim, a partir de 1948 até sua morte, em 1955, foi catedrático de direito constitucional e administrativo na Universidade de Würzburg.

101 Felix Kaufmann (1895-1949), filósofo do direito. Doutorou-se em 1922 na Universidade de Viena para as matérias teoria das ciências sociais e fundamentos da matemática. Ali lecionou filosofia do direito de 1922 a 1938 como livre-docente e participou regularmente das reuniões do "Círculo de Viena". Após sua emigração em 1938, lecionou na New School for Social Research em Nova Iorque. Desenvolveu a teoria pura do direito de Kelsen com base na fenomenologia (*Logik und Rechtswissenschaft. Grundriß eines Systems der reinen Rechtslehre* [Lógica e ciência do direito. Projeto de um sistema da teoria pura do direito]. Tübingen, 1922) e foi o elo mais importante entre o "Círculo de Viena" e a "escola de teoria do direito de Viena" (teoria pura do direito).

102 Fritz Schreier (1897-1981) foi livre-docente na Universidade de Viena entre 1925 e 1938. Liberado dos campos de concentração de Dachau e Buchenwald, emigrou em 1938 para a Suíça, onde foi colaborador de Kelsen em Genebra até a emigração deste para os Estados Unidos em 1940. Em 1941, o próprio Schreier emigrou para os Estados Unidos, onde foi, entre outras atividades, professor convidado na Universidade da Califórnia. Principais obras: *Grundbegriffe und Grundformen des Rechts. Entwurf einer phänomenologisch begründeten formalen Rechts- und Staatslehre* [Conceitos e formas básicas do direito. Esboço de uma teoria formal do direito e do Estado com fundamentação fenomenológica]. Leipzig; Viena, 1924; *Die Interpretation der Gesetze und Rechtsgeschäfte* [A interpretação das leis e dos negócios jurídicos]. Leipzig; Viena, 1927.

103 Leonidas Pitamic (1885-1971) lecionou direito público a partir de 1918, especialmente direito constitucional, teoria do Estado, filosofia do direito, direito administrativo e por vezes também direito internacional na Universidade de Laibach (hoje Liubliana/Eslovênia), tendo ocupado numerosos cargos políticos na sua nova pátria, a Iugoslávia. Contribuiu para a teoria pura do direito com artigos ora favoráveis, ora críticos, sobretudo acerca do desenvolvimento da teoria da norma fundamental. Principal obra: Denkökonomische Voraussetzungen der Rechtswissenschaft [Pressupostos de economia do pensamento da ciência do direito]. *Österreichische Zeitschrift für öffentliches Recht*, ano 3, p. 339-367, 1918.

Faculdade de Viena, também participou desse seminário; depois ele se tornou professor da Universidade de Liubliana e legado da Iugoslávia em Washington.

Em 1919, Bernatzik morreu repentinamente de um ataque do coração, e a faculdade propôs meu nome, por sugestão do professor Menzel, o segundo catedrático de direito público e administrativo, em primeiro lugar como seu sucessor. A nomeação sucedeu logo depois. O secretário de Estado da Educação era então o social-democrata Glöckel.[104] Minha nomeação veio de surpresa. Eu acreditava ter estragado as chances de que o social-democrata Glöckel se ativesse à proposta da faculdade. Pouco depois da apresentação da proposta, ocorreu uma assembleia dos professores da Universidade de Viena, que havia sido convocada para decidir a questão de se a universidade deveria participar como "empresa" das eleições para o conselho de trabalhadores da cidade interna,[105] onde se encontrava a sede da universidade. No estatuto das eleições, a filiação ao marxismo – ou outra fórmula semelhante – figurava como condição. Eu era decididamente contrário à participação na eleição. Porém, compareci à assembleia com a intenção oportunista de não tomar parte na discussão, para não piorar com tomada de posição desse tipo minhas perspectivas de ser nomeado. A organização dos conselhos de trabalhadores fora recomendada pelo partido social-democrata, e o Ministério da Educação estava, como foi dito, nas mãos do partido. Entre os que se pronunciaram na assembleia a favor da participação da universidade nas eleições do conselho de trabalhadores estava um colega que estava sendo seriamente considerado para a sucessão de Bernatzik. Até então ele não tinha se declarado abertamente marxista. Isso me deixou com a pulga atrás da orelha. Contrariamente à

---

104 Otto Glöckel (1874-1935), reformador educacional e político social-democrata. Realizou a reforma educacional social-democrata (escola unitária) na Primeira República, que deveria superar barreiras educacionais e proporcionar igualdade de oportunidades e integração social.
105 Os conselhos de trabalhadores foram instituídos em 1917 pelo Partido Social-democrata dos Trabalhadores (SDAP). O Partido Social-democrata da Áustria foi fundado como SDAP em 1888-1889 e manteve esse nome até 1934. De 1945 a 1991, ele se chamou Partido Socialista da Áustria (SPÖ), e desde então se chama Partido Social-democrata da Áustria (SPÖ).

minha intenção original, tomei a palavra. Salientei que a constituição dos conselhos de trabalhadores era incompatível com o fundamento da liberdade científica; lembrei aos colegas que, há não muito tempo, a universidade havia concedido de maneira muito subserviente | ao arquiduque Frederico[106] o doutorado *honoris causa*, e que esse ato era dificilmente conciliável com a adesão a uma organização marxista; e concluí que a Universidade de Viena não devia jogar-se aos pés de cada cruz que se erguesse diante dela. Creio que meu discurso contribuiu muito para que a participação na eleição do conselho de trabalhadores fosse rejeitada. O fato de que o ministro da Educação social-democrata tivesse me nomeado apesar disso foi um sinal de grande objetividade, pois havia sido proposto em segundo lugar um professor que havia se filiado ao partido social-democrata, o que eu não fizera. Em primeiro lugar porque eu recusava a teoria política do marxismo (ditadura do proletariado – morte do Estado) – eu a submeti a uma crítica minuciosa no meu livro *Sozialismus und Staat* [Socialismo e Estado][107] –, e em segundo lugar porque eu era da opinião, e ainda sou hoje, de que um professor e pesquisador no campo das ciências sociais não deve se filiar a partido nenhum, pois a filiação a um partido prejudica a independência científica. Desde o início concordei sem reservas com o programa democrático do partido austríaco, que se apoiava fundamentalmente em bases marxistas, mas na prática não tinha nada a ver com as teorias do Estado anarquistas de Marx e Engels. A princípio, eu era contrário – na condição de individualista – ao seu programa econômico de nacionalização da economia. Posteriormente, sobretudo sob o impacto dos abalos econômicos trazidos pela guerra, tornei-me mais e mais inclinado a reconhecer que o sistema do liberalismo econômico, tal como realizado nas circunstâncias dadas, não constituía garantia nenhuma para a segurança econômica da massa dos despossuídos, e que a segurança econômica – nas circunstâncias dadas – só podia ser alcançada por meio da economia planejada, o que significa em última instância a nacionalização da produção. Estava e estou

---

106 Frederico, arquiduque da Áustria (1856-1936), foi comandante em chefe das tropas reais e imperiais entre 1914 e 1917.

107 *Sozialismus und Staat. Eine Untersuchung der politischen Theorie des Marxismus* [Socialismo e Estado. Uma análise da teoria política do marxismo]. Leipzig, 1920.

plenamente consciente da dificuldade de conciliar a nacionalização da produção com a liberdade política do indivíduo, mas creio dever ser suficientemente objetivo para reconhecer que a segurança econômica para a grande massa é mais importante que qualquer outra coisa, e que eu não tenho o direito de ser politicamente ativo em prol da manutenção de um sistema econômico no qual eu mesmo e meus semelhantes estamos em situação confortável, e manifestar-me contra um sistema econômico que suponho ser do interesse da grande massa e ao qual, creio eu, pertence o futuro – quer queiramos nós, beneficiários | da economia livre, quer não. Portanto, pessoalmente, tenho toda simpatia por um partido socialista e ao mesmo tempo democrático, e nunca dissimulei essa simpatia. Porém, mais forte do que essa simpatia era e é minha necessidade de independência partidária na minha profissão. O que eu não concedo ao Estado – o direito de limitar a liberdade da pesquisa e da expressão do pensamento – eu não posso conceder a um partido político por meio da submissão voluntária à sua disciplina.

Atividade acadêmica em Viena, 1919-1929

Nos meus 10 anos de atividade como catedrático de direito público na Faculdade de Direito de Viena, publiquei, entre outras, a monografia *Der Soziologische und Juristische Staatsbegriff* [Os conceitos sociológico e jurídico de Estado],[108] como trabalho preparatório à minha *Allgemeine Staatslehre* [Teoria geral do Estado],[109] que foi publicada em 1925 pela editora Springer em Berlim. Desde o início considerei a teoria do Estado parte integrante da teoria do direito. Na minha obra *Reine Rechtslehre* [Teoria pura do direito],[110] publicada em 1934, e no meu livro *General theory of law and State* (Harvard University Press,

---

[108] *Der soziologische und der juristische Staatsbegriff. Kritische Untersuchung des Verhältnisses von Staat un Recht* [Os conceitos sociológico e jurídico de Estado. Análise crítica da relação entre Estado e direito]. Tübingen, 1922.

[109] *Allgemeine Staatslehre* [Teoria geral do Estado]. Berlim, 1925.

[110] *Reine Rechtslehre. Einleitung in die rechtswissenschaftliche Problematik* [Teoria pura do direito. Introdução à problemática da ciência do direito]. Leipzig; Viena, 1934.

1945),[111] apresentei minhas teorias do direito e do Estado como unidade sistemática. A questão decisiva com relação à essência do Estado me parecia ser o que constitui a unidade na multiplicidade dos indivíduos que compõem essa comunidade. E não pude encontrar outra resposta cientificamente fundamentada a essa questão senão a de que é um ordenamento jurídico específico que constitui essa unidade, e de que todas as tentativas de fundamentar essa unidade de modo metajurídico, ou seja, sociológico, devem ser consideradas fracassadas. A tese de que o Estado, do ponto de vista de sua essência, é um ordenamento jurídico relativamente centralizado, e de que, por conseguinte, o dualismo entre Estado e direito é uma ficção apoiada em uma hipostasia animística da personificação, com auxílio da qual se costuma apresentar a unidade jurídica do Estado, tornou-se um elemento essencial da minha teoria do direito. Pode ser que eu tenha chegado a essa visão porque o Estado que me era mais próximo e que eu conhecia melhor por experiência pessoal, o Estado austríaco, era aparentemente apenas uma unidade jurídica. Com relação ao Estado austríaco, que era composto de tantos grupos distintos em raça, língua, religião e história, | as teorias que tentavam fundamentar a unidade do Estado em alguma relação sociopsicológica ou sociobiológica entre as pessoas juridicamente pertencentes ao Estado mostravam-se com toda evidência como ficções. Na medida em que essa teoria do Estado é parte essencial da teoria pura do direito, esta última pode ser vista como uma teoria especificamente austríaca. Ela encontrou, por motivos compreensíveis e essencialmente políticos, oposição fervorosa, sobretudo nos círculos nacionalistas, mas também muitos adeptos. Traduções de diversos escritos meus[112] foram publicadas em quase

---

111 *General Theory of Law and State*. Trad. Anders Wedberg. Cambridge (Mass.), 1945.
112 Até 1947, surgiram traduções de *Hauptprobleme der Staatsrechtslehre* (1911) em duas línguas (japonês e polonês), de *Allgemeine Staatslehre* (1925) em duas línguas (japonês e espanhol), de *Grundriß einer allgemeinen Staatslehre* (1926) em 10 línguas (chinês, francês, grego, italiano, japonês, português, romeno, espanhol, tcheco e húngaro), de *Vom Wesen und Wert der Demokratie* (2. ed., 1929) em seis línguas (francês, japonês, polonês, espanhol, tcheco e turco), de *Staatsform und Weltanschauung* (1933) em três línguas (japonês, espanhol e tcheco) e de *Reine Rechtslehre* (1. ed., 1934), parcialmente ou na íntegra, em 11 línguas (búlgaro, chinês, inglês, francês, italiano, japonês, polonês, português, sueco, espanhol e tcheco).

todas as línguas do mundo. O maior sucesso da teoria pura do direito, até onde sei, foi na Espanha, na América Latina e no Japão; o menor, na Alemanha, na Inglaterra e na América do Norte.

Quanto ao lado pessoal daquilo que ainda me recordo da minha vida acadêmica entre 1919 e 1929 e que vale a pena mencionar, não tenho muito o que contar. Depois que fui eleito decano[113] em 1922 ou 1923, considerei minha obrigação fazer de tudo para que meu antigo professor Leo Strisower, que ainda era professor extraordinário, fosse promovido a catedrático. Ele podia não ter produzido muito, mas seus poucos trabalhos no campo do direito internacional e do direito internacional privado[114] tinham tido reconhecimento internacional, o que se refletiu também no fato de que ele se tornara membro do Instituto de Direito Internacional.[115] Minha sugestão de propô-lo para uma cátedra encontrou certas resistências que não tinham nada a ver com sua qualificação científica. Tentei superá-las incluindo igualmente na proposta o outro professor extraordinário de direito internacional, o barão Hold von Ferneck.[116]

---

113 Kelsen foi eleito decano da Faculdade de Direito e Ciência Política em 1921.
114 Por exemplo: Strisower, Leo. *Die vermögensrechtlichen Massregeln gegen Österreicher in den feindlichen Staaten, ihre internationalrechtliche Wirkung und Zurückweisung* [As sanções de direito patrimonial contra os austríacos nos países inimigos, seu efeito e sua contestação no direito internacional]. Viena, 1915; L'extraterritorialité et ses principales applications. In: *Recueil des cours*. 1923. t. I (1925), p. 233-287; Die Geschichte des Neutralitätsgedankens [A história da ideia de neutralidade]. *Zeitschrift für öffentliches Recht*, v. V, p. 184-204, 1926.
115 O Instituto de Direito Internacional (IDI) foi fundado em 8.9.1873 em Gand, Bélgica, por 11 internacionalistas de renome mundial, entre eles Gustave Rolin-Jaequemyns e Gustave Moynier. O número de membros é limitado a 132. O IDI fixou-se a tarefa de contribuir para o desenvolvimento do direito internacional na qualidade de instituição independente. Em 1904, ele obteve o prêmio Nobel da Paz. Leo Strisower foi presidente da assembleia em Viena em 1924.
116 Alexander Freiherr Hold von Ferneck (1875-1955), internacionalista. A partir de 1912, foi professor de direito internacional e filosofia do direito na Universidade de Viena, e no ano letivo 1919-1920 foi catedrático de direito penal na Universidade Alemã de Praga. Principais obras: *Die Rechtswidrigkeit. Eine Untersuchung zu den allgemeinen Lehren des Strafrechts* [A ilicitude. Uma análise da teoria geral do direito penal]. Jena, 1903 e 1905. 2 v.; *Die Kriegskonterbande: ein Beitrag zur Reform des internationalen Seerechts* [O contrabando de guerra: uma contribuição para a reforma do direito internacional marítimo]. Viena, 1907.

Essa dupla proposta foi aceita pela faculdade e ambos foram nomeados pouco tempo depois. Minha postura em outro assunto pessoal, a livre-docência do dr. Max Adler,[117] rendeu-me muitos adversários. Adler era, junto com Otto Bauer,[118] o mais destacado escritor entre os marxistas austríacos. Embora eu discordasse totalmente de sua visão das coisas e até estivesse envolvido com ele em uma polêmica muito violenta sobre a questão da teoria do Estado – Adler atacara minha obra *Sozialismus und Staat* com muita agressividade e eu revidei de forma não menos agressiva[119] –, posicionei-me de modo muito enérgico a favor de sua livre-docência, já que | seus trabalhos eram de um nível científico notavelmente elevado, e a oposição na faculdade relacionava-se unicamente com a sua filiação ao partido social-democrata. Defendi o ponto de vista de que a filiação a um partido político, mesmo que eu a recusasse para mim mesmo, não poderia ser um motivo para excluir alguém terminantemente da carreira acadêmica, à condição de que seus trabalhos tivessem a qualidade científica necessária. Muitos dos meus colegas nunca me perdoaram por minha defesa a Max Adler.

Um terceiro caso que desempenhou um papel importante nesse período da minha vida está ligado a lembranças muito dolorosas para mim. Entre os meus alunos que se formaram ao longo dos anos estava Fritz Sander. Quando ele começou a frequentar meu seminário, por volta de 1915, ele ainda não tinha, conforme me disse, a intenção de dedicar-se à carreira acadêmica; ele queria tornar-se advogado. Estimulado pelas discussões no seminário, iniciou trabalhos teóricos, e publiquei seu primeiro trabalho como artigo na minha

---

117 Max Adler (1878-1937), jurista, político e filósofo social austríaco. Lecionou sociologia e filosofia social na Universidade de Viena e é tido, junto com Otto Bauer, Karl Renner e Rudolf Hilferding (1877-1941), como o principal representante do austromarxismo.
118 Otto Bauer (1881-1938) foi um social-democrata austríaco e o principal autor do "Programa de Linz" (programa partidário do SDAP de 1926).
119 Adler criticou a primeira edição de *Sozialismus und Staat*, de 1920, especialmente na sua obra *Die Staatsauffassung des Marxismus. Ein Beitrag zur Unterscheidung von soziologischer und juristischer Methode* [A concepção de Estado do marxismo. Uma contribuição para a diferenciação dos métodos sociológico e jurídico]. Viena, 1922 (Marx-Studien, v. IV). A réplica de Kelsen encontra-se na segunda edição de *Sozialismus und Staat*. Leipzig, 1923.

Zeitschrift für Öffentliches Recht. Era uma contribuição preciosa à teoria do direito da perspectiva da lógica transcendental kantiana. Sander era, sem dúvida, um dos meus alunos mais brilhantes, muito aplicado, com intuições originais e energia intelectual incomum. Era natural que ele muito em breve procurasse seguir seu próprio caminho e afastar-se da minha própria linha. Os outros também fizeram mais ou menos a mesma coisa, e eu não somente não coloquei obstáculos no caminho do seu desenvolvimento intelectual autônomo, especialmente de Sander, mas também os incentivei a criar forças. Creio que um professor não pode cometer erro maior que esperar de seus alunos apenas um *jurare ad verba magistri*. Se consegui fundar algo semelhante a uma escola de teoria do direito, foi provavelmente porque, antes de mais nada, mentes realmente produtivas puderam se desenvolver livremente no interior da comunidade que tinha se formado em torno de mim. O grau do meu empenho no apoio a Sander é comprovado pelo fato de que eu não somente promovi sua livre-docência contra grandes resistências, mas também publiquei sua obra em dois volumes *Staat und Recht* [Estado e direito],[120] da qual eu discordava em muitos aspectos, na coleção Wiener Staatswissenschaftlichen Studien, que eu então editava, apesar das dificuldades consideráveis por parte da editora. Um dia, Sander me | 24 trouxe um manuscrito para publicação na *Zeitschrift für Öffentliches Recht*, no qual ele atacava diversos posicionamentos da minha teoria do direito de maneira muito violenta e, a meu ver, não muito fundamentada.[121] Eu lhe informei que naturalmente publicaria o trabalho, mas que me reservava o direito de responder. Minha resposta também foi publicada, com o título "Rechtswissenschaft und Recht. Erledigung eines Versuchs zur Überwindung der Rechtsdogmatik" [Ciência do direito e direito. Execução de uma tentativa de

---

120 Sander, Fritz. *Staat und Recht. Prolegomena zu einer Theorie der Rechtserfahrung* [Estado e direito. Prolegômenos a uma teoria da experiência jurídica]. Leipzig; Viena, 1922. 2 v.
121 Kelsen refere-se certamente a: Sander, Fritz. Rechtsdogmatik oder Theorie der Rechtserfahrung? Kritische Studie zur Rechtslehre Hans Kelsens [Dogmática jurídica ou teoria da experiência jurídica? Estudos críticos sobre a teoria do direito de Hans Kelsen]. *Zeitschrift für öffentliches Recht*, v. II, p. 511-670, 1921.

superação da dogmática jurídica].¹²² Porém, minha oposição objetiva a Sander não me impediu de recomendá-lo com muita ênfase quando vagou um cargo de professor na Escola Técnica Alemã de Praga. Acredito que Sander obteve o cargo fundamentalmente graças à minha recomendação. Mal estava ele seguro no cargo, exprimiu-se publicamente contra mim, com a afirmação de que eu havia tomado dele partes substanciais da minha teoria sem reconhecê-lo devidamente.¹²³ Era uma clara acusação de plágio. Requeri imediatamente uma investigação disciplinar contra mim, que levou à minha plena justificação.¹²⁴ Posteriormente, Sander fez repetidas tentativas de reatar boas relações comigo. De início, rejeitei tais tentativas, mas meu amigo Franz Weyr,¹²⁵ professor em Brno, que promoveu a teoria pura do direito na Tchecoslováquia com muito sucesso, rogou-me que eu abandonasse minha atitude intransigente no interesse da

---

122 Rechtswissenschaft und Recht. Erledigung eines Versuchs zur Überwindung der "Rechtsdogmatik" [Ciência do direito e direito. Execução de uma tentativa de superação da "dogmática jurídica"]. *Zeitschrift für öffentliches Recht*, v. III, p. 103-235, 1922-1923.

123 Cf. Sander, Fritz. Kelsens Rechtslehre. Kampfschrift wider die normative Jurisprudenz [A teoria do direito de Kelsen. Panfleto de combate contra a ciência normativa do direito]. Tübingen, 1923.

124 Em 16.7.1923, foi publicada a decisão da câmara disciplinar da Universidade de Viena, na qual ela rejeitou a autodenúncia apresentada pelo próprio Kelsen em 7.5.1923, já que "não se pode fazer ao professor dr. Hans Kelsen na sua conduta para com o Professor Dr. Fritz Sander a menor repreensão por comportamento indecoroso ou de qualquer modo incompatível com os deveres de honra de um docente acadêmico e autor especializado". Kelsen fez imprimir a decisão na *Zeitschrift für öffentliches Recht* ("Em defesa própria". *Zeitschrift für öffentliches Recht*, v. III, p. 499-502, 699-700 (699 e segs.), 1922-1923), certamente porque a maior parte da polêmica havia acontecido nesse foro.

125 František (Franz) Weyr (1879-1951), teórico do direito e filósofo do direito tcheco. Doutorou-se em 1908 na Universidade Alemã de Praga em direito administrativo e foi professor em Brno entre 1912 e 1948. Na condição de líder da "escola de teoria do direito de Brno", foi um dos colaboradores mais próximos de Kelsen na criação e defesa da teoria pura do direito. Principais obras: Zur Lehre von den konstitutiven und deklaratorischen Akten [Para uma teoria dos atos constitutivos e declaratórios]. *Österreichische Zeitschrift für öffentliches Recht*, ano 3, p. 490-549, 1918; *Soustava československého práva státního*. Brno, 1922 (2. ed. Praga, 1924); *Teorie práva*. Praga, 1936. Weyr fundou, em 1926, com Kelsen e Léon Duguit (1859-1928), a *Revue Internationale de la Théorie du Droit*.

escola e aceitasse uma explicação de Sander, na qual ele retiraria a acusação de plágio. Efetivamente, Sander pronunciou tal declaração pública, após o que declarei o assunto todo encerrado. Creio que o desejo de Sander de reatar boas relações comigo era sincero. Ele tinha um caráter altamente contraditório, e seu comportamento para comigo era um exemplo típico de amor e ódio, ou, para utilizar uma expressão psicanalítica, um complexo de Édipo.[126] Nenhum dos meus alunos me cumulou de tantas declarações de admiração, amor e lealdade como Sander no primeiro período de nossa relação. Ele me assegurou repetidamente que me considerava seu pai intelectual – ele odiava seu próprio pai e contou-me histórias horripilantes a respeito dele. Ele me afirmou reiteradamente que era eu que o havia despertado para a vida intelectual e que sem mim ele estaria intelectualmente perdido. Sua acusação de plágio foi uma verdadeira tentativa de parricídio, e realmente acredito que | mais tarde ele próprio tenha se recriminado severamente. Quando vagou um cargo de professor de direito público na Universidade Alemã de Praga, solicitaram-me que fornecesse um parecer sobre Sander. Apesar de tudo o que havia acontecido entre nós, forneci um parecer em seu favor e com isso ele obteve o cargo. Isso não o impediu de estar entre aqueles que, na Faculdade de Direito de Praga, combateram minha contratação pela Universidade de Praga depois da minha demissão da Universidade de Colônia em 1933. Quando fui nomeado com base na proposta majoritária do governo tchecoslovaco e fui para Praga no outono de 1936, surgiu a questão de como eu devia me comportar para com ele no trato pessoal. Meu amigo Franz X. Weiss,[127] professor de economia política na Faculdade de Praga, que havia se empenhado mais que todos os outros pela minha contratação, pediu-me que, quando eu encontrasse Sander na sala dos professores, eu

| 25

---

[126] No período que passou em Viena, Kelsen teve contato frequente com Sigmund Freud (1856-1939) e seu círculo e também dedicou-se intensamente à teoria freudiana da psicanálise.
[127] Franz Xaver Weiss (1885-1956) foi professor de economia política na Escola Técnica Alemã de Praga a partir de 1926 e na Universidade Alemã de Praga a partir de 1930, além de decano da Faculdade de Direito no ano letivo 1934-1935. Após 1938, precisou deixar a universidade em razão de sua ascendência judaica e emigrou para a Inglaterra.

tomasse a iniciativa de estender-lhe a mão para tornar possível pelo menos uma aparência de relacionamento cordial. Foi o que fiz. Sander estava visivelmente nervoso. Quando retornei ao meu hotel, ele pediu para deixá-lo acompanhar-me. Ele me agradeceu com palavras muito calorosas e pediu-me – cito literalmente – a honra de visitar a ele e sua mulher em sua residência. Durante o tempo em que estive em Praga, ele não apenas cobriu-me de deferências, mas também assegurou-me reiteradamente o quanto estava feliz de ter contato comigo novamente e que eu era a única pessoa com quem ele podia trocar ideias pessoalmente. Ao mesmo tempo, se ele não organizou diretamente as manifestações que foram realizadas contra mim pelos estudantes nacional-socialistas da Universidade Alemã de Praga, ele apoiou-as moralmente, por meio da sua ligação ativa com o movimento nacional-socialista estudantil. Mesmo assim, acredito que sua postura pessoal sobremaneira amistosa para comigo não era fingida. Também pude perceber isso em uma ocasião em que ele me fez uma confissão que poderia ter-lhe custado o cargo se eu tivesse traído a sua confiança. Ele me disse que já tinha se deixado envolver tanto pela organização nacional-socialista que não podia mais voltar atrás e que era obrigado a relatar periodicamente à organização os processos intra-acadêmicos da universidade. Ele também me disse, em 1936, que a anexação da região dos Sudetos[128] pela Alemanha nazista era coisa resolvida e esperada para dali a pouco nos círculos internos. Eu lhe disse que tudo isso era um jogo altamente arriscado, dada a sua origem judaica, ao que ele me respondeu, encolhendo os ombros, que não tinha mais escolha. Quando os nazistas ocuparam a Tchecoslováquia[129] e afastaram todos os judeus da Universidade Alemã de Praga, pelo menos de início deixaram Sander no cargo, como agradecimento pelos serviços prestados ao partido.

---

128 A anexação da região lindeira da Boêmia habitada por alemães ocorreu por meio do Pacto de Munique, de 29.9.1938, entre o Império Alemão e a Tchecoslováquia, por meio do qual o "distrito imperial dos Sudetos" foi incorporado ao Império Alemão. A anexação foi precedida por uma pressão maciça sobre o governo tchecoslovaco, especialmente por parte do Partido dos Sudetos, próximo ao NSDAP e dirigido por Konrad Henlein.
129 Em 15.3.1939, o exército alemão entrou em Praga. Isso significou o fim da República Tchecoslovaca, que dali em diante foi submetida ao Império Alemão como "protetorado imperial da Boêmia e Morávia".

Porém, ele não aproveitou essa situação por muito tempo, pois morreu subitamente logo depois, com cerca de 50 anos de idade, sem ter ficado adoentado previamente. Diversas pessoas que estavam em Praga naquela época disseram-me que era presunção geral que ele tinha cometido suicídio.

Trabalho constituinte

Depois de deixar o serviço militar no final de outubro de 1918 e retomar minha atividade acadêmica, fui chamado pelo dr. Karl Renner,[130] o chanceler de Estado do governo provisório da Áustria germânica, ao seu escritório na chancelaria para colaborar na preparação da Constituição definitiva da Áustria germânica. A primeira Constituição provisória havia sido redigida pelo próprio Renner. Ela se mostrou muito rapidamente carente de complementação. Colaborei apenas ocasionalmente nos respectivos trabalhos constituintes. Minha tarefa principal era a redação da Constituição definitiva. Como Renner tinha muito o que fazer com as negociações de paz e os graves problemas econômicos, só podia ocupar-se pouco da questão da Constituição. Por isso, ele precisou limitar-se a dar-me as diretivas políticas essenciais: estrutura federativa do Estado e democracia até onde fosse possível no âmbito de uma Constituição representativa. Para tanto, a Constituição de Weimar, que estava em preparação, deveria ser usada como modelo na medida em que isso parecesse factível. No entanto, isso só foi possível em uma escala muito reduzida, pois na solução da questão da presidência Renner assumiu um ponto de vista muito mais

---

[130] Karl Renner (1870-1950), jurista e político social-democrata. Foi chanceler de Estado da 1ª República entre 1918 e 1920, e entre 1919 e 1920 foi ao mesmo tempo secretário de Estado do Exterior. Depois de 1945, foi o primeiro chefe de governo do governo tripartidário provisório, e depois das primeiras eleições livres foi o primeiro presidente federal da 2ª República. Renner e Kelsen também eram próximos no seu trabalho científico. Principais obras: *Österreichs Erneuerung* [A renovação da Áustria]. Viena, 1916. 3 v.; *Marxismus, Krieg und Internationale* [Marxismo, guerra e Internacional]. Stuttgart, 1917; *Staatswirtschaft, Weltwirtschaft und Sozialismus* [Economia estatal, economia mundial e socialismo]. Berlim, 1929.

democrático que o da Constituição de Weimar,[131] e a parte mais característica desta última, a regulamentação dos direitos fundamentais,[132] não fazia parte de nossas considerações. De fato, o partido social-cristão havia conseguido impedir uma nova regulamentação dos direitos fundamentais e manter em vigor a antiga Lei Fundamental do Estado austríaca como parte da nova Constituição, acima dos direitos gerais dos cidadãos. Mas não havia nenhum motivo para se lamentar, porque a antiga Lei Fundamental do Estado não era o pior produto do liberalismo | político do século XIX.

| 27

Minha tendência própria era codificar do modo mais irrepreensível possível do ponto de vista da técnica jurídica os princípios políticos que me eram dados e construir, assim, garantias eficazes para a constitucionalidade da atividade estatal. Considerei como o núcleo jurídico da Constituição a seção sobre as garantias constitucionais e administrativas. Nesse sentido, pude referir-me a instituições da antiga monarquia: a Corte Imperial e o Tribunal Administrativo. Este último pôde ser incorporado sem modificações substanciais. A Corte Imperial foi transformada em uma verdadeira corte constitucional – a primeira desse tipo na história do direito constitucional. Até então, nenhuma corte havia recebido competência para revogar leis por motivo de inconstitucionalidade com efeito geral e não restrito ao caso particular.

---

131 A posição jurídica do presidente do Império, regulamentada na Terceira Seção da Primeira Parte da Constituição do Império Alemão, de 11.8.1919 (RGBl, p. 1.383, arts. 41-59), tinha quatro características: eleição popular direta, comando supremo do exército, sistema de governo presidencial e competência para fazer decretos. Nenhuma dessas características encontrava-se nas disposições acerca do presidente federal austríaco na Seção A da Terceira Parte (arts. 60-68) da Lei Constitucional Federal de 1920 (B-VG 1920): a eleição do presidente federal era realizada pela Assembleia Federal; o poder de comando sobre o exército federal e a nomeação do governo federal cabiam ao Conselho Nacional.
132 Os "direitos e deveres fundamentais dos alemães" estavam regulamentados na Segunda Parte da Constituição de Weimar (arts. 109-165). A B-VG 1920 não possuía nenhum catálogo de direitos constitucionalmente garantidos, mas continha disposições isoladas (por exemplo, o direito ao juiz natural no art. 82 § 2º). No entanto, por meio do art. 149 § 1º, da B-VG 1920, a "Lei Fundamental do Estado de 21 de dezembro de 1867 sobre os direitos gerais dos cidadãos para os reinos e países representados no Conselho Imperial, RGBl. 142" foi incorporada em nível constitucional no ordenamento jurídico da República.

Elaborei diversos projetos para levar em conta diferentes possibilidades políticas. Com relação ao aspecto da técnica jurídica dos projetos, eu era completamente livre. Renner estava, como foi dito, demasiado solicitado por outras tarefas, e o membro do gabinete cuja tarefa precípua era a preparação da Constituição, o professor de história na Universidade de Innsbruck, dr. Michael Meyer,[133] filiado ao partido social-cristão, não tinha compreensivelmente interesse nenhum nos problemas jurídicos específicos. Ele me deu carta branca nesse sentido. Tive a impressão de que considerava sua tarefa principal manter afastadas do texto da Constituição disposições indesejáveis para o partido social-cristão. Um dos projetos elaborados por mim foi efetivamente adotado pela assembleia nacional constituinte com relativamente poucas alterações.[134] A seção que me era mais cara e que eu considerava minha obra mais pessoal, a jurisdição constitucional, não sofreu alteração alguma nos debates parlamentares.

Corte Constitucional

Logo depois que a Corte Constitucional viu a luz em virtude da nova Constituição Federal, fui eleito membro[135] e depois de pouco tempo nomeado pela Corte como um dos seus relatores permanentes. Contudo, exerci essa função somente como trabalho paralelo, pois mantive meu cargo de professor na Faculdade de Direito. | Permaneci | 28 como membro e relator permanente da Corte Constitucional até sua

---

133 Kelsen refere-se provavelmente a Michael Mayr (1864-1922). Mayr era membro do Partido Social-cristão e professor de história moderna em Innsbruck a partir de 1900. Em outubro de 1919, foi nomeado secretário de Estado do governo de coalizão social-cristão e social-democrata. Mayr tomou em 1920 a decisão de levar um dos pré-projetos constitucionais de Kelsen aos debates da subcomissão constitucional.
134 Os debates começaram em 11.7.1920. Em 1.10.1920, foi adotada no plenário da Assembleia Nacional Constituinte a "Lei pela qual a República da Áustria é instituída como Estado federativo", em suma: "Lei Constitucional Federal de 1920" (B-VG 1920), que entrou em vigor em 10.11.1920.
135 Em 15.7.1921.

dissolução pela reforma constitucional de 1929.[136] Esse foi o motivo pelo qual deixei a Áustria e aceitei um convite da Universidade de Colônia. A reforma constitucional de 1929 foi um ataque político do partido social-cristão contra o partido social-democrata, que desde a entrada em vigor da Constituição Federal de 1920 podia não estar mais representado no governo central, mas controlava o governo do Estado de Viena e o partido dos trabalhadores. Sua postura durante e após o incêndio do Palácio de Justiça em 1927[137] havia mostrado que ele não era tão forte quanto supunham os burgueses e, sobretudo, que não se devia temer nenhum perigo sério de tomada revolucionária do poder por parte dele. A diminuição de sua influência política ocorreu também no campo da política externa, que o partido social-cristão seguia de forma cada vez mais clara: o alinhamento com a Itália fascista. A reforma constitucional de 1929, iniciada pelos social-cristãos, tinha em primeiro lugar por objetivo fortalecer substancialmente o poder do presidente da Federação e com ele todo o Executivo, e assim tornar possível um governo sem parlamento, no qual a forte minoria social-democrata era altamente incômoda e os social-cristãos só compunham a maioria junto com os nacionais alemães. Um segundo

---

136 Em 1929, houve uma reforma profunda da B-VG 1920, que transformou a República de uma "República extremamente parlamentarista" (Brauneder) em uma República presidencialista com aspectos parlamentaristas. No âmbito dessa reforma, foi modificada, entre outras, a Seção D da Sexta Parte, sobre a Corte Constitucional. Nos arts. 137 a 148 da B-VG de 1920 com alteração em 1929, BGBl 1/1930, foi realizada particularmente o que se chamou então de "despolitização" da Corte Constitucional, que se caracteriza, entre outras coisas, pela introdução da exigência de qualificação profissional especial dos juízes e pela criação de disposições de incompatibilidade, mas também pela alteração do modo de nomeação dos juízes no art. 147 § 2º: a partir de então, os membros titulares e suplentes da Corte Constitucional não eram mais nomeados pelo Conselho Nacional, mas pelo presidente federal, mediante sugestão do governo federal, do Conselho Nacional e do Conselho Federal.

137 Em 30.1.1927, em Schattendorf, Burgenland, em uma manifestação da Liga Defensiva Republicana, um homem e uma criança foram mortos a tiros por membros da União dos Combatentes. Os acusados foram absolvidos em julho de 1927 por um júri popular. Nas marchas de protesto desencadeadas em Viena por essa decisão, os manifestantes atearam fogo ao Palácio de Justiça em 15.7.1927. A repressão violenta da manifestação pela polícia teve um resultado sangrento: 89 mortos e 1.000 feridos.

objetivo, não menos importante, era a eliminação da Corte Constitucional, pelo menos na forma que ela tinha.

A Corte Constitucional tinha entrado em conflito com o governo. Em primeiro lugar, por causa de um julgamento no qual ela havia decidido contra a competência da polícia federal.[138] E, depois – e isso foi o principal motivo de sua eliminação –, com suas decisões a respeito do casamento resultante de dispensa.[139] Não cabe apresentar aqui tais assuntos com todos os seus detalhes jurídicos. Também me faltam aqui os auxílios necessários. Ressalto apenas o essencial, na medida do que ainda me recordo.

De acordo com o direito matrimonial austríaco, tal como fora codificado no Código Civil de 1811, o casamento contraído por católicos é indissolúvel; isso significa que o vínculo matrimonial só podia ser dissolvido pela morte de um dos cônjuges. No entanto, o direito austríaco permite uma separação de mesa e cama, que é a supressão dos deveres dos cônjuges resultantes da relação matrimonial, especialmente do dever de coabitação.[140] Tal separação de mesa e cama

---

138 Kelsen refere-se provavelmente ao acórdão de interpretação da divisão constitucional de competências de 19.6.1928 (VfSlg. 1030/1928; BGBl 171/1928) sobre "Competência para legislar sobre assuntos de determinação dos órgãos que devem exercer o poder de polícia no âmbito do policiamento viário em outras vias que não as federais". A Corte Constitucional decidiu que, com base em uma lei federal que não tem caráter de lei constitucional, os próprios órgãos federais, especialmente as autoridades policiais federais, não devem exercer o poder de polícia no âmbito do policiamento viário.

139 A primeira decisão data de 5.11.1927 (VfSlg 878/1927). Com essa decisão, a Corte Constitucional abriu aos cônjuges que viviam em casamento resultante de dispensa a possibilidade de recorrer à Corte Constitucional e proteger-se, assim, contra uma declaração de invalidade do seu matrimônio pelos tribunais ordinários. A Corte fundamentou-se unicamente no fato de que, segundo o art. 138 da B-VG, os tribunais ordinários não são competentes para examinar atos administrativos.

140 O Código Civil Geral de 1811 (ABGB) tinha um viés confessional no que tange ao direito matrimonial, de modo que regras diversas valiam para praticantes de confissões diferentes. Para os nubentes católicos, tinham especial importância os §§ 103 e 111 do ABGB, que regulavam a indissolubilidade do matrimônio contraído entre católicos: "§ 103. Quando ambos os cônjuges consentirem e estiverem de acordo com as condições, a separação de mesa e cama deve ser autorizada em juízo com as seguintes precauções. [...] § 111. O vínculo de um matrimônio válido entre pessoas católicas só pode ser dissolvido pela morte de um dos cônjuges. É

não tem o efeito de dissolver o vínculo matrimonial. Um novo matrimônio de qualquer um dos cônjuges | é contrário ao impedimento matrimonial do vínculo matrimonial existente.[141] Quando o Código Civil entrou em vigor, a Áustria estava não só sob a influência decisiva da Igreja católica, cujo direito matrimonial ela adotou, mas era também uma monarquia absoluta. Por isso o Código Civil continha também uma disposição segundo a qual o monarca ou seu representante em cada Estado austríaco, o governador, tinha o direito de conceder dispensas para impedimentos matrimoniais existentes, ou seja, autorizar pessoas em casos concretos a contrair matrimônio apesar dos impedimentos matrimoniais existentes.[142] O Código Civil não contém nenhuma disposição que restrinja essa competência do governo. Dos trabalhos preparatórios do Código Civil depreende-se que, na discussão do texto, aventou-se a questão de se os impedimentos matrimoniais para os quais as autoridades podiam conceder dispensas não deveriam ser determinados com mais detalhe. A questão foi decidida negativamente, com a justificativa de que a concessão de uma dispensa matrimonial era um ato de graça imperial e de que não se podia impor limites à graça imperial. Portanto, o Código

---

igualmente indissolúvel o vínculo do matrimônio quando apenas uma parte pertencia à religião católica à época da contração do matrimônio."

---

141 § 62 ABGB: "Um homem pode ser casado com apenas uma mulher e uma mulher com apenas um homem ao mesmo tempo. Quem já foi casado e quer casar-se novamente deve comprovar juridicamente a separação ocorrida, ou seja, a dissolução completa do vínculo matrimonial."
142 A dispensa de qualquer tipo de impedimento matrimonial que podia ser concedida pelas autoridades estaduais estava regulamentada nos §§ 83-88 do ABGB, especialmente nos §§ 83 e 84: " § 83. Por motivos importantes, a indulgência para impedimentos matrimoniais pode ser requerida ao cartório estadual, que, segundo a natureza das circunstâncias, deverá intervir na autorização ulterior. § 84. Antes da contração do matrimônio, a indulgência para impedimentos matrimoniais deve ser requerida pelas próprias partes e em nome próprio. No entanto, se após a contração do matrimônio manifestar-se um impedimento insuperável anteriormente desconhecido, as partes também podem requerer a indulgência ao cartório estadual por intermédio de seu pastor de almas e com segredo do nome." O § 83 não mencionava os impedimentos dos quais se pode obter dispensa.

contém dois princípios contraditórios: um é o princípio católico da indissolubilidade do matrimônio, o outro é a competência ilimitada do governo para conceder dispensas para impedimentos matrimoniais existentes, inclusive para o impedimento consistente em um vínculo matrimonial católico prévio. Como sempre, em tais casos, é possível uma dupla interpretação, segundo a qual um princípio é considerado limitado pelo outro. Pode-se argumentar que o governo tem competência para autorizar o casamento de uma pessoa que está apenas separada em mesa e cama do seu antigo cônjuge e que tal ato das autoridades tem por consequência a dissolução do primeiro vínculo matrimonial, senão ocorreria bigamia, que é proibida pelo direito penal. Mas também se pode argumentar inversamente que a competência das autoridades para conceder dispensas dos impedimentos matrimoniais não se estende ao impedimento matrimonial do vínculo matrimonial católico prévio, já que o respectivo ato das autoridades não é dotado expressamente pela lei do efeito de dissolver o vínculo matrimonial existente, e levaria, portanto, a um fato punível. No entanto, na época da monarquia foram efetivamente concedidas algumas poucas dispensas do impedimento matrimonial do vínculo matrimonial católico prévio, evidentemente apenas a personalidades altamente influentes.

O primeiro parlamento da Áustria germânica que se reuniu após a queda da monarquia[143] tinha uma maioria formada de social-democratas e nacionais alemães que era decididamente a favor de uma reforma do direito matrimonial para adequá-lo ao direito matrimonial alemão: casamento civil obrigatório e dissolubilidade de todos os matrimônios, inclusive aqueles contraídos por católicos. O partido social-cristão, que estava sob o controle da Igreja católica, procurava impedir essa reforma a qualquer preço. Assim, surgiu um compromisso de acordo com o qual os partidos social-democrata e nacional alemão renunciariam à realização da reforma do direito matrimonial planejada por eles e em troca as autoridades fariam de sua competência para conceder dispensas do impedimento matrimonial do vínculo matrimonial católico prévio um uso mais generoso do

---

[143] A sessão de abertura da Assembleia Nacional Constituinte da Áustria germânica ocorreu em 4.3.1919.

que na época da monarquia. Com base nesse acordo firmado entre os partidos políticos, foram concedidos pelos dirigentes estaduais (que haviam assumido o lugar dos governadores) vários milhares de dispensas matrimoniais desse tipo. Quando o dirigente estadual era um social-democrata ou nacional alemão, o pedido de concessão de dispensa matrimonial não encontrava naturalmente nenhum obstáculo; se fosse um social-cristão e oferecesse dificuldades, o recurso subia para o chanceler federal. Desde 1920, este sempre havia sido um social-cristão,[144] mas seu substituto, o vice-chanceler, era um nacional alemão em função da coligação dos dois partidos.[145] Para cumprir a obrigação que resultava nessa questão do acordo entre os partidos, o chanceler federal social-cristão saía em um curto recesso para dar ao seu substituto nacional alemão a possibilidade de deferir com sinceridade os recursos de dispensas acumulados. A prática também foi observada quando o padre católico Ignaz Seipel foi chanceler federal. Deve-se mencionar que, nesse assunto, os dirigentes estaduais estavam hierarquicamente subordinados ao chanceler federal e que, portanto, o chanceler federal podia proibir a concessão dessas dispensas matrimoniais com uma simples instrução aos dirigentes estaduais. Porém, como o chanceler federal, na qualidade de membro do partido social-cristão, estava vinculado aos acordos firmados pelo seu partido, ele não podia tomar tal atitude, por mais que lhe repugnasse a concessão de tais dispensas matrimoniais. É compreensível que essa prática fosse profundamente odiada pelo chanceler federal Seipel. | Se ele fez algo, direta ou indiretamente,

---

144 A afirmação não está correta nessa forma; os chanceleres federais foram: Michael Mayr, social-cristão (7.7.1920-21.6.1921); Johann Schober, Partido do Povo da Grande Alemanha (21.6.1921-26.1.1922); Walter Breisky, social-cristão (26.1.1922-27.1.1922); Johann Schober, Partido do Povo da Grande Alemanha (27.1.1922-31.5.1922); Ignaz Seipel, social-cristão (31.5.1922-20.11.1924); Rudolf Ramek, social-cristão (20.11.1924-20.10.1926); Ignaz Seipel, social-cristão (20.10.1926-4.5.1929); Ernst Streeruwitz, social-cristão (4.5.1929-26.9.1929); Johann Schober, Partido do Povo da Grande Alemanha (26.9.1929-30.9.1930).

145 A coalizão foi formada pelo Partido Social-cristão (burguês-conservador) e pelo Partido do Povo da Grande Alemanha (nacional alemão). Os "nacionais alemães" compunham o terceiro campo na paisagem política austríaca do entreguerras. Motivados pelo nacionalismo da "Grande Alemanha", seu objetivo era a anexação da Áustria ao Império Alemão.

para gerar a atitude hostil dos tribunais perante a prática das autoridades acerca das dispensas matrimoniais, eu não sei. Porém, um dia um matrimônio contraído com base em uma dispensa matrimonial concedida pelas autoridades foi declarado inválido por um tribunal austríaco com a justificativa de que o ato administrativo por meio do qual a dispensa fora concedida era ilícito, já que não se podia conceder dispensa para o impedimento matrimonial resultante de um vínculo matrimonial católico prévio. Essa decisão foi, se bem me lembro, confirmada pelo Supremo Tribunal.[146] A partir daí multiplicaram-se os casos em que dispensas matrimoniais foram declaradas inválidas por tribunais. Mas os tribunais não eram muito coerentes. Não chegavam ao ponto de declarar ilegítimos os filhos nascidos de um casamento resultante de dispensa, nem de denunciar por crime de bigamia a pessoa que contraía um segundo casamento apesar do vínculo matrimonial católico existente do ponto de vista do tribunal. Contentavam-se em declarar inválido o segundo casamento *pro futuro*. Assim, começou um escândalo único na história do direito austríaco. O mesmo Estado que permitia expressamente por meio de suas autoridades a celebração de um matrimônio declarava por meio de seus tribunais que o mesmo matrimônio era inválido. A autoridade do Estado não poderia ser abalada de modo mais crítico. Além disso, os tribunais eram competentes para examinar via de ofício a validade de relações matrimoniais existentes, e uma simples notificação de qualquer uma das partes bastava para abrir um processo de invalidação. Essa situação foi usada para chantagens desavergonhadas. Qualquer um que vivesse em um casamento resultante de dispensa sancionado pelas

---

[146] A primeira decisão na qual o Supremo Tribunal declarou inválido um casamento resultante de dispensa data de 7.2.1922 (Decisões do Supremo Tribunal austríaco em assuntos civis e de administração judiciária, v. IV, 1922, Viena, 1923, nº 18, p. 47 e segs.). Com relação ao seu parecer de 1921, emitido a pedido do governo (idem, nº 155, p. 406 e segs.), o Tribunal esclareceu que a dispensa de um impedimento matrimonial ao vínculo matrimonial existente era contrária à vontade da lei e que um segundo matrimônio contraído após a concessão de uma dispensa poderia ser declarado inválido pelos tribunais. Os tribunais ordinários seriam competentes para examinar a validade das dispensas concedidas pelas autoridades administrativas, pois os cartórios estaduais ultrapassariam o âmbito de sua competência legal no caso das dispensas.

autoridades estava exposto ao perigo de uma chantagem desse tipo. E não só isso: o próprio cônjuge que havia contraído um segundo matrimônio com auxílio de uma dispensa matrimonial concedida pelas autoridades podia, ao seu bel-prazer, desfazer esse matrimônio simplesmente informando o tribunal competente, por meio de um cartão-postal, | que vivia em um casamento resultante de dispensa. Eu mesmo trabalhei na Corte Constitucional em um caso em que um arquiteto, que estava separado de mesa e cama de sua primeira mulher, havia solicitado às autoridades uma dispensa para desposar uma jovem moça, uma holandesa muito rica. Depois que ele se casou com a moça com base na dispensa obtida e dissipou a fortuna dela ao longo de cerca de um ano, ele literalmente escreveu um cartão-postal para o tribunal competente informando-o de que vivia em um casamento resultante de dispensa. O tribunal interveio por via de ofício e declarou o matrimônio inválido. O ato foi acompanhado de uma petição da segunda mulher, na qual ela salientava o fato inédito e totalmente incompreensível para ela de que um tribunal austríaco pudesse declarar inválido um casamento com a justificativa de que a dispensa matrimonial concedida pelas autoridades austríacas era ilícita. Ela havia contraído esse matrimônio confiando no Estado austríaco e nas suas autoridades, e esse mesmo Estado austríaco declarava-lhe agora que a havia induzido em erro e que permitia ao seu marido livrar-se dela após haver consumido a sua fortuna.

A questão dos casamentos resultantes de dispensa chegou à Corte Constitucional da seguinte maneira: um advogado de Viena, um antigo aluno meu,[147] que desempenhava em um processo de invalidação matrimonial a função de defensor do vínculo matrimonial[148] prevista pela lei em tais processos, veio me ver para pedir aconselhamento

---

147 Deve tratar-se do advogado Dr. Moriz Ludwig Weiss. Já em 5.8.1926, o advogado Josef Turezky tinha se dirigido à Corte Constitucional com uma fundamentação semelhante. Porém, o requerimento foi indeferido em sessão fechada com a argumentação de que a Corte Constitucional não era competente, com votos dissidentes de Kelsen e Julius Sylvester (1854-1944) (Arquivo da República, Corte Constitucional K 4/26/6 Protocolo da sessão fechada de 13.10.1926).
148 Este era nomeado de ofício e tinha a tarefa de arrolar todos os fatos e argumentos que depunham a favor da validade do matrimônio.

jurídico sobre esse assunto. Chamei a atenção dele para a possibilidade de comunicar um conflito de competências à Corte Constitucional. Não havia dúvida de que tal conflito existia segundo a prática adotada até então pela Corte. De acordo com o direito vigente, os tribunais ordinários não eram competentes para decidir sobre a legalidade de um ato administrativo. Somente um tribunal especial era exclusivamente competente para decidir sobre a legalidade de atos administrativos: o Tribunal Administrativo. Quando um tribunal ordinário declarava ilícito – mesmo como questão preliminar, para decidir sobre a validade de um matrimônio – o ato administrativo com base no qual o matrimônio havia sido contraído, ele ultrapassava a competência atribuída a ele e invadia a competência das autoridades administrativas ou do Tribunal Administrativo. A Corte Constitucional já havia julgado casos de direito de passagem nesse sentido.[149] Era da competência das autoridades administrativas declarar pública uma passagem que atravessava um pedaço de terreno particular. Um proprietário de terreno que estava insatisfeito com a respectiva decisão das autoridades administrativas competentes e acreditava não ter perspectivas de poder obter a anulação do ato administrativo junto ao Tribunal Administrativo tinha se voltado para um tribunal ordinário com uma queixa por perturbação da propriedade dirigida contra a primeira pessoa | que tivesse utilizado a passagem declarada pública pelas autoridades administrativas. O tribunal admitiu essa queixa com a justificativa de que o ato administrativo por meio do qual a passagem havia sido declarada pública era ilícito. Diante disso, o ministério federal competente comunicou à Corte Constitucional um conflito de competência. E a Corte Constitucional decidiu que

---

149 Aqui também se tratava de um conflito de competência positivo entre os tribunais ordinários e as autoridades administrativas, que foi decidido no processo segundo o art. 138 da B-VG. A Corte decidiu a favor da competência exclusiva das autoridades administrativas para determinar o conteúdo da lei: "segundo a lei de logradouros da Baixa Áustria, não são os tribunais que são competentes para decidir a questão de se uma passagem possui as características de uma passagem pública, mas os governos estaduais" (VfGH, de 29.4.1921, VfSlg 12/1921). Essa foi a jurisprudência constante da Corte Constitucional quanto ao direito de passagem; cf., por exemplo, VfGH, de 6.7.1927, VfSlg 836/1927, ou de 11.2.1932, VfSlg 1439/1932.

o tribunal havia ultrapassado sua competência ao decidir a questão preliminar relativa à legalidade do ato administrativo, e consequentemente anulou a sentença do tribunal. A situação jurídica no caso dos casamentos resultantes de dispensa era exatamente a mesma. De fato, o advogado supracitado, na condição de defensor do vínculo matrimonial no respectivo processo de invalidação matrimonial, comunicou o conflito de competência à Corte Constitucional, e a Corte, por grande maioria e por sugestão minha, decidiu o caso da mesma maneira que havia decidido o caso do direito de passagem. Ela não podia agir de outro modo se não quisesse ser incoerente com a prática que adotava. A partir de então, todo defensor do vínculo matrimonial em um processo de invalidação matrimonial relativo a um casamento resultante de dispensa voltava-se evidentemente para a Corte Constitucional, que decidia sempre da mesma maneira, ou seja, declarava a incompetência do tribunal ordinário para declarar ilícito o ato administrativo que concedia a dispensa e anulava, por esse motivo, a sentença judicial que declarava inválido esse matrimônio. Nessas decisões, a Corte era determinada não apenas por sua prática adotada em casos de conflito de competência, mas também pelo esforço de restaurar a autoridade do Estado ameaçada pelo conflito aberto entre os tribunais e as autoridades administrativas. A atitude da Corte Constitucional não tinha absolutamente nada a ver com a questão de se a concessão de dispensas matrimoniais por parte das autoridades administrativas, contestada pelos tribunais, era legal ou não. A Corte cumpriu unicamente sua tarefa de manter intacto o limite existente entre a competência dos tribunais e a das autoridades administrativas. Foi justamente essa postura conservadora da Corte, no melhor sentido da palavra, o cumprimento do seu dever de intervir para preservar o direito existente e a autoridade do Estado baseada nesse direito, que levou à sua dissolução. Sob pressão da Igreja católica, a imprensa social-cristã começou uma campanha violenta contra a Corte Constitucional.[150] Como minha participação

---

150 A Corte Constitucional foi criticada por fomentar a bigamia e degradar-se em "corte de perversão" (por exemplo, Reichspost, de 19.1.1928, p. 1-3: "Caminho livre para a bigamia. A insustentável decisão errônea da Corte Constitucional e suas consequências absurdas"; Reichspost, de 28.4.1928, p. 1: "Corte Constitucional ou corte de perversão"; Reichspost, de 9.11.1928, p. 1: "A Corte Constitucional

nas decisões | da Corte havia obviamente se tornado conhecida, | 34 também me tornei pessoalmente objeto de ataques por vezes absolutamente sórdidos. Fui acusado de favorecer a bigamia, e assim por diante. Entre outras coisas, lembro-me que minhas duas filhas pequenas, ao voltar da escola para casa, disseram-me muito abaladas que na porta de entrada do nosso apartamento havia sido colocada uma espécie de cartaz no qual estavam escritas coisas horríveis sobre mim. Como naquele dia eu mesmo ainda não havia deixado o apartamento, ainda não tinha visto o cartaz. Retirei-o imediatamente. Ele continha os mais obscenos impropérios de ordem sexual; mantenedor de harém era um dos mais brandos. O partido social-cristão sob a presidência de Seipel estava visivelmente decidido a eliminar a Corte Constitucional na primeira oportunidade que se apresentasse. Esta surgiu com a reforma constitucional de 1929.

Segundo a Constituição de 1920, os membros da Corte Constitucional eram eleitos vitaliciamente pelo parlamento. Preferira-se, então, a eleição pelo parlamento à nomeação pelo governo, já que, por um lado, uma das funções essenciais da Corte era o controle da constitucionalidade dos atos governamentais e, por outro, a anulação de leis anticonstitucionais representava uma função legislativa, ainda que negativa.[151] O plano do governo era dissolver a Corte Constitucional existente e substituí-la por uma nova cujos membros seriam nomeados pelo governo. Isso deveria dar ao governo a possibilidade de compor a Corte de maneira a tornar impossível a continuação da

---

contra o Estado de direito. Uma farsa insuperável até o momento. Os turcos aboliram a poligamia – a Corte Constitucional austríaca a reintroduz"). Esses ataques deram ensejo a uma troca de cartas entre o presidente da Corte Constitucional, Paul Vittorelli (1851-1932), e o chanceler federal Ignaz Seipel, na qual Vittorelli salientou que as tentativas permanentes de desacreditar a Corte Constitucional poderiam levar a um abalo na confiança na Corte.

---

151 Kelsen caracteriza a Corte Constitucional como "legisladora negativa" em razão de sua função de revogar leis (Wesen und Entwicklung der Staatsgerichtsbarkeit [Natureza e desenvolvimento da jurisdição estatal]. *Veröffentlichungen der Vereinigung der Deutschen Staatsrechtslehrer* [Publicações da Associação dos Publicistas Alemães], v. 5, p. 30-88 (55 e segs.), 1929; *Wer soll der Hüter der Verfassung sein?* [Quem deve ser o guardião da Constituição?]. Berlim, 1931. p. 27).

sua jurisprudência nos casos de dispensa matrimonial. Tal reforma só era possível por meio de uma lei constitucional, e a necessária maioria de dois terços no parlamento não seria alcançada sem o consentimento do partido social-democrata.[152] Para obter esse consentimento dos social-democratas para a reorganização da Corte Constitucional, o governo se declarou disposto a nomear dois dos 14 futuros membros da nova Corte por sugestão do partido social-democrata. O presidente do partido social-democrata à época, que era ao mesmo tempo prefeito e governador de Viena, Karl Seitz,[153] tentou indicar-me – embora eu nunca tivesse pertencido ao partido – como homem de confiança do partido na nova Corte Constitucional. Recusei resolutamente, em primeiro lugar porque não queria exercer uma função judicial como homem de confiança de partido nenhum; considerava isso totalmente incompatível com a independência de um magistrado, mesmo supondo, como Seitz assegurou-me enfaticamente, que eu não precisaria assumir nenhum vínculo com o partido. E em segundo lugar porque eu considerava um erro grave do partido social-democrata concordar com a proposta do governo. As duas pessoas de confiança dos social-democratas eram completamente impotentes diante das 12 pessoas de confiança do governo. Sua presença na Corte só podia ter por efeito dar uma aparência de objetividade às decisões dela. Declarei ao prefeito Seitz que eu considerava a eliminação de uma Corte Constitucional independente do governo um passo funesto, ainda mais porque as tendências fascistas do partido social-cristão já eram bastante claras naquela época. Os acontecimentos ulteriores deram-me razão.

---

152 Depois das eleições para o Conselho Nacional, de 24.4.1927, as 165 cadeiras foram distribuídas como segue: Lista Unitária (social-cristãos, Partido do Povo da Grande Alemanha, grupo de Riehl e proteção nacional-socialista e outras agremiações), 85 cadeiras; social-democratas, 71 cadeiras; União da Terra (associação antimarxista de agricultores protestantes liberais), nove cadeiras.

153 Karl Seitz (1869-1950), professor e político social-democrata. Exerceu diversas funções políticas a partir de 1897. Em 1918-1919, foi um dos três presidentes da Assembleia Nacional provisória, e em 1919-1920, o primeiro presidente da Assembleia Nacional Constituinte, e nessas funções foi também o chefe de Estado da República entre 1918 e 1920. Entre 1920 e 1934, foi deputado no Conselho Nacional e simultaneamente prefeito e governador de Viena, entre 1923 e 1934.

Mas o partido social-democrata acreditava dever aceitar a reforma constitucional proposta pelo governo para salvar a autonomia de Viena, que o governo ameaçava restringir caso o partido não aceitasse a reforma. Assim, a reforma constitucional com reorganização da Corte Constitucional foi aprovada pelo parlamento. A nova Corte adotou imediatamente o curso desejado pelo governo e decidiu, em contradição aberta com a prática da antiga Corte, que os tribunais que declaravam inválido um casamento resultante de dispensa não ultrapassavam sua competência com relação às autoridades administrativas.[154] Por conseguinte, a concessão de dispensas matrimoniais não era impossível, mas a realização de um casamento resultante de dispensa tornara-se suficientemente arriscada. E isso era tudo o que o partido social-cristão almejava naquelas circunstâncias.

Colônia

Esses acontecimentos amarguraram-me profundamente e desgostaram-me de minha atividade na Áustria. Quis o acaso que justamente nessa época eu recebesse um convite da Universidade de Colônia.[155] Aceitei-o, embora ele estivesse vinculado à obrigação de lecionar direito internacional, com o qual eu não havia lidado de maneira muito intensa até então. Em 1920, eu havia publicado,

---

154 Os quatro primeiros acórdãos da nova Corte Constitucional, que rejeitavam cada um a existência de um "conflito de competência positivo", datam de 7.7.1930 (VfSlg 1341/1930 e 1342/1930) e 29.10.1930 (VfSlg 1351/1930 e 1352/1930): foi um retorno à concepção jurídica defendida na decisão de 13.10.1926 (VfSlg 726/1926) pelo relator Friedrich Engel (1867-1941), que havia rejeitado a primeira ação em outubro de 1926 contra os votos de Kelsen e Sylvester.
155 A partida de Kelsen de Viena foi lamentada, sobretudo, nos círculos social-democratas; cf. *Wiener Allgemeine Zeitung*, de 8.7.1930: "Professor Kelsen vai para Colônia. Uma perda irreparável para a Universidade de Viena"; *Neue Freie Presse* (jornal matutino), de 10.7.1930, p. 7: "Um discurso para o professor doutor Hans Kelsen" com o "pedido sincero e insistente" de que não aceite o convite. Kelsen foi nomeado professor ordinário de direito internacional na Universidade de Colônia em 11.8.1930 com efeito em 15.10.1930.

como já disse, meu livro *Das Problem der Souveränität und die Theorie des Völkerrechts* [O problema da soberania e a teoria do direito internacional], e, em 1926, eu havia dado aulas na Academia de Direito Internacional em Haia sobre "Les rapports de système entre le droit interne et le droit international" [As relações de sistema entre o direito interno e o direito internacional],[156] mas tanto meu livro quanto minhas aulas tinham por assunto principal somente a relação entre direito estatal e | internacional. Para dar aulas sobre o direito internacional positivo, eu precisaria antes preparar-me a fundo. De fato, o estudo do direito internacional positivo exigiu de longe a maior parte do tempo que passei em Colônia, que durou do outono de 1929 até abril de 1933. Tenho lembranças muito agradáveis desses três anos. As condições materiais eram sumamente favoráveis. Pudemos alugar uma casa de família muito bonita com um grande jardim em Marienburg, um subúrbio residencial de Colônia. Eu tinha meu próprio instituto e assistentes, bem como fundos abundantes para abastecer a biblioteca de direito internacional. Tinha as melhores relações com meus colegas da faculdade, especialmente com Fritz Stier-Somlo,[157] o professor de direito público, que havia proporcionado meu convite. Infelizmente, ele morreu de uma doença cardíaca já em 1932.

Durante o período em que estive em Colônia, em um semestre de verão,[158] dei aulas como professor convidado no Instituto Universitário de Altos Estudos Internacionais em Genebra e um curso de verão sobre direito internacional na Academia de Direito Internacional em

---

156 Les rapports de système entre le droit interne et le droit international public. *Recueil des cours*. 1926, t. 14, p. 227-331.
157 Fritz Stier-Somlo (1873-1932), publicista. Lecionou, a partir de 1901, na Universidade de Bonn; em 1911-1912, na Escola de Administração de Düsseldorf; de 1912 a 1921, na Escola de Administração Comunal e Social de Colônia; de 1919 a 1932, na recém-fundada Universidade de Colônia, e foi decano da Faculdade de Direito desta em 1919-1920 e 1929-1930, e reitor em 1925-1926. Principais obras: *Handbuch des Völkerrechts* [Manual de direito internacional]. (Ed.). Stuttgart, 1912-1939. 19 v.; *Handbuch des kommunalen Staats- und Verwaltungsrechts* [Manual de direito público e administrativo comunal]. Oldenburg, 1916-1919. 2 v.; *Handwörterbuch der Rechtswissenschaft* [Pequeno dicionário de ciência do direito]. (Ed.). Berlim, 1926-1931. 7 v.
158 Semestre de verão de 1932.

Haia,[159] ambos em francês. Em 1932, fui eleito decano da Faculdade de Colônia.[160] Em 1933, Hitler tornou-se chanceler do Reich e eu fui um dos primeiros professores a serem demitidos pelo governo nazista.[161] Estava tomando o café da manhã e lendo o *Kölner Stadtanzeiger* [Diário de Colônia] quando minha mulher, que estava sentada diante de mim, disse: "O seu nome está no verso da folha!"[162] Era a notícia da minha demissão, da qual fiquei sabendo por esse meio. Naturalmente, estava mais do que na hora de deixar a Alemanha, ainda mais porque, nos jornais nacional-socialistas, exigia-se que meu passaporte fosse confiscado para impedir minha saída para o exterior – pois ali eu faria propaganda difamatória contra a Alemanha. De fato, a saída só era possível com autorização expressa das autoridades policiais, e o quartel-general da polícia de Colônia estava nas mãos dos nazistas. Era bastante certo que eu, por ser pacifista e redator da Constituição democrática austríaca, seria levado a um campo de concentração, e minha situação era desesperadora. Apresentei um requerimento de autorização de saída ao quartel-general da polícia, mas acreditava não ter perspectiva alguma de obtê-la. Foi aí que recebi a visita de um funcionário subalterno da administração da universidade que até então me era desconhecido

---

159 Trata-se, provavelmente, de Théorie générale du droit international public. Problèmes choisis. *Recueil des cours*. 1932 IV, tomo 42 (1932), p. 116-351. Entre os internacionalistas, um convite para um curso em Haia é tido como uma grande honra. O grande renome de Kelsen como internacionalista pode ser visto no fato de que ele deu um total de três cursos em Haia (1926, 1932 e 1953).
160 Kelsen foi eleito decano para o ano letivo 1932-1933 na 97ª assembleia da Faculdade de Direito, em 6.7.1932, "com todos os votos e uma abstenção". Ele assumiu o cargo em 1.11.1932.
161 Em 12.4.1933, Kelsen foi demitido com efeito imediato de seu cargo de professor universitário com base na Lei de Restauração do Funcionalismo, de 7.4.1933 (RGBl, I, p. 175). No mesmo dia também foram demitidos, entre outros, os renomados juristas Hermann Heller (1891-1933), Hermann Ulrich Kantorowicz (tcc Gnaeus Flavius, 1877-1940), Karl Loewenstein (1891-1973) e Hugo Sinzheimer (1875-1945). Kelsen foi aposentado com efeito em 30.9.1933.
162 A edição matinal do *Stadt-Anzeiger für Köln und Umgebung* de 14.4.1933, nº 191, trazia, no verso do "Primeiro Caderno", a manchete "Professores universitários demitidos. Ordens do ministro do Culto prussiano, Rust". O primeiro subtítulo dizia: "Em Colônia o professor Kelsen."

e que me disse ser um antigo membro do partido nacional-socialista e ter, por conta disso, amigos no quartel-general da polícia; ele estava disposto a ajudar-me a obter a autorização de saída. | Aceitei, evidentemente, essa oferta com a maior gratidão, e de fato obtive a autorização. Eu pensava que meu benfeitor esperava uma grande soma em dinheiro, mas não era nada disso. Ele rejeitou com firmeza qualquer pagamento. Foi assim que esse nazista salvou-me a vida de modo altamente desinteressado. E eu nunca nem mesmo soube seu nome.

Genebra

De Colônia fui primeiro para Viena, para dali tomar as medidas necessárias para criar novas bases para minha existência. O fato de que a Universidade de Viena não fez o mínimo para possibilitar de qualquer modo a continuação de minha atividade acadêmica explica-se por si só. Em contrapartida, recebi três ofertas do exterior: uma da London School of Economics, outra da New School of Social Research em Nova Iorque e outra, enfim, do Instituto Universitário de Altos Estudos Internacionais em Genebra. Decidi aceitar esta última, essencialmente porque meus conhecimentos de francês, embora longe de perfeitos, mesmo assim eram muito melhores que meu inglês. As condições exteriores em Genebra eram excelentes, apenas duas aulas e um seminário por semana.[163] O salário podia não ser tão bom quanto em Colônia, mas era suficiente para viver confortavelmente. Mas, sobretudo, havia bastante tempo para o trabalho científico. No começo, decerto, precisei empregar a maior parte do meu

---

163 No semestre de inverno de 1933-1934, Kelsen deu aulas sobre fontes do direito internacional (costume, tratados, jurisprudência de tribunais internacionais); no semestre de verão de 1934, organizou um colóquio e um seminário sobre problemas selecionados da teoria geral do direito internacional. O título de sua aula inaugural em Genebra, em 25.10.1933, foi "Die Technik des Völkerrechts und die Organisation des Friedens" [A técnica do direito internacional e a organização da paz], publicada na *Zeitschrift für öffentliches Recht*, v. XIV, p. 240-255, 1934.

tempo para superar as dificuldades linguísticas por meio de estudo sistemático com especial atenção à pronúncia correta. De início eu precisava mandar traduzir minhas aulas em francês e preparar cada uma delas com extremo cuidado. No primeiro ano não dei nenhuma aula sem antes tê-la lido para mim mesmo em voz alta três ou quatro vezes. Porém, já no segundo ano eu conseguia falar livremente bastante bem e participar de discussões sem muito acanhamento. Logo fui capaz de também escrever em francês e publiquei muitos artigos em francês.[164] Depois de superar as dificuldades linguísticas, retomei um trabalho que já havia começado em Viena, antes de me mudar para Colônia, e que ao longo do tempo havia sofrido muitas modificações. Meu plano | original era uma teoria sistemática do positivismo jurídico ligada a uma crítica da teoria do direito natural. Durante os trabalhos preparatórios, percebi que uma história da teoria do direito natural era imprescindível. Terminei igualmente um manuscrito que tinha por objeto a teoria do direito natural da Antiguidade. Ao corrigir as provas tipográficas – o livro seria publicado pela Springer em Viena –, convenci-me de que a teoria do direito natural dos antigos gregos não podia ser apresentada sem a influência que a religião grega havia exercido sobre a filosofia social. Assim, acrescentei ao manuscrito já composto um extenso capítulo sobre a ideia da justiça – que é exatamente o problema da teoria do direito natural – na religião grega.[165] Esse manuscrito também foi para a composição. Mas não consegui decidir-me pela publicação, por um lado, porque a teoria do direito natural dos gregos e romanos estava demasiado vinculada a toda a sua filosofia social para ser apresentada separada desta última (eu havia terminado dois manuscritos

---

164 Por exemplo: Contribution à la théorie du traité international. *Revue Internationale de la Théorie du Droit*, ano 10, p. 253-292, 1936; Droit et état du point de vue d'une théorie pure. Annales de l'Institut de Droit comparé de l'Université de Paris, p. 17-59; La transformation du droit international en droit interne". *Revue Générale de Droit International Public*, t. XLIII, p. 5-49, 1936.
165 No espólio científico de Kelsen (caixa 4, pasta Ia), restou o manuscrito dessa obra, com o título "Die Idee der Gerechtigkeit in Religion und Dichtung der Griechen" [A ideia da justiça na religião e na poesia dos gregos]; o manuscrito tem 188 páginas.

abrangentes sobre a filosofia social de Platão e de Aristóteles[166]) e, por outro, porque percebi que a religião pré-homérica dos gregos não podia ser compreendida sem as religiões primitivas de outros povos, cujo estudo eu havia iniciado. Reconheci como núcleo de todas essas religiões a crença na alma, e a tarefa mais importante parecia ser, a meu ver, provar a função social preeminente desta última – ou seja, sua importância para a ideia da justiça – em todos os níveis do desenvolvimento religioso. Assim, da história da teoria do direito natural surgiu uma sociologia da crença na alma. Sua ideia fundamental era que a alma, na primeira fase do desenvolvimento religioso das assim chamadas religiões primitivas, é o sujeito da retribuição identificada com a justiça a ser realizada neste mundo, e na segunda fase desse desenvolvimento torna-se o objeto de uma retribuição a ser realizada no além. A alma – na forma de pessoa sobre-humana – que se vinga neste mundo transforma-se na alma imortal sobre a qual uma divindade mais elevada exerce a retribuição no além. Como a crença na alma é o centro de toda metafísica, uma sociologia da crença na alma precisa tornar-se uma crítica fundamental de toda metafísica. Já em Viena e em Colônia eu tinha reunido material etnológico para essa sociologia da crença na alma. Continuei essa pesquisa em

---

[166] A caixa 4 do espólio científico de Kelsen contém um dactiloscrito sobre Platão quase pronto para impressão, que foi publicado postumamente pelo Instituto Hans Kelsen em 1985 (*Die Illusion der Gerechtigkeit. Eine kritische Untersuchung der Sozialphilosophie Platons* [A ilusão da justiça. Uma análise crítica da filosofia social de Platão]. Viena, 1985) e que alcançou na impressão uma extensão de 458 páginas. Além disso, na caixa 3, pasta IIIa, encontra-se um dactiloscrito igualmente em estado avançado sobre a filosofia social de Aristóteles, que compreende 410 páginas, mas não foi publicado nessa forma nem por Kelsen, nem postumamente. Uma apresentação minuciosa das publicações e projetos não publicados de Kelsen sobre a filosofia grega está em: Jabloner, Clemens; Zeleny, Klaus. Kelsen und die griechischen Philosophen – eine Einführung [Kelsen e os filósofos gregos – uma introdução]. In: Walter, Robert; Jabloner, Clemens; Zeleny, Klaus (Ed.). *Hans Kelsen und die griechische Philosophie* [Hans Kelsen e a filosofia grega]. Viena, 2006. p. 1-13.

Genebra. Encontrei muito material nas obras de Tylor,[167] Frazer,[168] Lévy-Bruhl[169] e outros. Mas esses estudiosos, como quase todos os etnólogos, consideravam essencialmente a crença primitiva na alma apenas como superstição, sem enxergar suas funções sociais preeminentes. Além disso, a escola do assim chamado pré-animismo,[170] predominante na etnologia mais recente, desviava a atenção da crença na alma e acreditava reconhecer a essência da visão de mundo primitiva em uma magia independente da crença na alma, uma teoria que eu considerava fundamentalmente equivocada. Precisei retornar às fontes dos autores supracitados e recorrer em primeira mão às descrições das religiões primitivas para comprovar minha tese. Expus os resultados do meu trabalho de aproximadamente 12 anos em um rascunho provisório, um manuscrito redigido

| 39

---

167 Sir Edward Burnett Taylor (1832-1917), antropólogo. Lecionou antropologia de 1896 a 1909 na Universidade de Oxford e pesquisou a mentalidade dos povos naturais, especialmente o animismo. Até hoje seu livro *Anthropology* é considerado moderno graças às teorias e ideias culturais nele defendidas (*Anthropology: an introduction to the study of man and civilization*. Londres, 1881).

168 James George Frazer (1854-1941), filólogo clássico, advogado e etnólogo. Seus trabalhos estimularam consideravelmente a moderna pesquisa socioantropológica. Documentou a tese da evolução das formas de pensamento humanas, da magia passando pela religião até chegar à ciência, na sua obra *The golden bough* (1. ed. Londres, 1890. 2 v.; 2. ed. Londres, 1900. 3 v.; 3. ed. Londres, 1907-1915. 12 v.).

169 Lucien Lévy-Bruhl (1857-1939), filósofo, psicólogo, sociólogo e etnógrafo. Fundou, em 1925, o Instituto de Etnologia na Universidade de Paris e assumiu a sua direção. Seus trabalhos sobre a mentalidade dos povos naturais foram igualmente significativos para a sociologia, psicologia e etnologia. Principais obras: *La Philosophie d'Auguste Comte*. 1. ed. Paris, 1900; *La mentalité primitive*. Paris, 1922; *L'âme primitive*. Paris, 1927.

170 O conceito de pré-animismo foi cunhado por Robert Ranulph Marett (1866-1943), que quis distingui-lo do conceito de animismo, que foi utilizado pela primeira vez pelo seu professor Taylor. Ambos os conceitos surgiram em conexão com a tentativa de explicar cientificamente a origem das religiões. O animismo deriva a origem das religiões da crença na alma. Partindo da ideia ocidental de alma, ele se baseia na tese de que, na visão dos povos naturais, uma alma também habita os animais, as plantas e os objetos. Ao contrário, o pré-animismo presume que a religião derivou da magia (feitiçaria). A expressão "pré-animismo" está fundada na pressuposição de que a feitiçaria é mais antiga que a crença na alma e deve, portanto, ser colocada antes do animismo.

em alemão com cerca de 2 mil páginas escritas à máquina.[171] Como produto derivado desse trabalho, seria publicado em 1939 por Van Stockum & Zoon em Haia o livro *Vergeltung und Kausalität* [Retribuição e causalidade].[172] De fato, ele foi impresso nesse ano, mas só pode ser publicado em 1945 após o término da guerra. Antes disso, foram publicadas uma versão parcialmente divergente em inglês, com o título *Society and nature*,[173] em Chicago, e uma tradução espanhola[174] dessa versão inglesa em Buenos Aires. Publiquei a ideia central da minha sociologia da crença na alma no artigo "L'âme et le droit",[175] em uma revista francesa, e em inglês, "The soul and the law",[176] em uma revista estadunidense. Capítulos isolados dos meus manuscritos sobre Platão e Aristóteles foram publicados em revistas alemãs, francesas e inglesas.[177]

---

171 No espólio científico de Kelsen, encontram-se três caixas (caixas 5-7) com dactiloscritos e material abrangente sobre o projeto "Sociologia da crença na alma" (bem como sobre a tradução inglesa, "Belief of the soul"). Essa obra não foi publicada.

172 *Vergeltung und Kausalität. Eine soziologische Untersuchung* [Retribuição e causalidade. Uma investigação sociológica]. Haia; Chicago, 1941. Em razão de circunstâncias políticas, esse livro só pôde ser publicado no início de 1946, seis anos após sua impressão, em 1940.

173 *Society and nature. A sociological inquiry*. Chicago, 1943.

174 *Sociedad y naturaleza. Una investigación sociológica*. Trad. Jaime Perriaux. Buenos Aires, 1945.

175 L'âme et le droit. *Annuaire de l'Institut International de Philosophie du Droit et de Sociologie Juridique 1935-1936*, ano 2, p. 60-80, 1936.

176 The soul and the law. In: *The review of religion*. 1936-1937. v. 1, p. 337-360.

177 La justice platonicienne. Trad. Robert Guérin, *Revue Philosophique de la France et de l'Étranger*, t. 114, p. 364-396. 1932; Die hellenisch-makedonische Politik und die *Politik* des Aristoteles [A política helênico-macedônica e a *Política* de Aristóteles]. *Zeitschrift für öffentliches Recht*, v. XIII, p. 625-678, 1933; Die platonische Gerechtigkeit [A justiça platônica]. *Kant-Studien*, v. XXXVIII, p. 91-117, 1933; La politique gréco-macédonienne et la *Politique* d'Aristote. Trad. Jean Shapira. *Archives de Philosophie du droit et de Sociologie juridique*, ano 4, p. 25-79, 1934; Platonic justice. Trad. Glenn Negley. *Ethics. An International Journal of Social, Political, and Legal Philosophy*, v. XLVIII, p. 367-400, 1937-1938; The philosophy of Aristotle and the hellenic-macedonian policy. *Ethics. An International Journal of Social, Political, and Legal Philosophy*, v. XLVIII, p. 1-64, 1937-1938.

Praga

No meu período em Genebra, ocorreu a concessão do doutorado *honoris causa* da Universidade Harvard[178] e da Universidade Real em Utrecht,[179] além da minha passagem curta e não muito feliz pela Universidade Alemã de Praga.

Logo após minha demissão pelo governo nazista, a Faculdade de Direito da Universidade Alemã de Praga havia sugerido meu nome, por grande maioria, para um cargo de professor de direito internacional. Essa proposta fora lançada pelo meu amigo Franz X. Weiss, professor de economia política nessa faculdade, que tinha se empenhado calorosamente por mim. Por meio de alguma intriga, a oposição conseguiu retardar o encaminhamento da proposta ao Ministério da Educação e impor uma nova deliberação do assunto. A segunda votação também resultou em uma maioria, porém consideravelmente menor dessa vez do que na primeira. O medo do poder visivelmente crescente do governo nazista havia aumentado. Depois de muita hesitação, o governo tchecoslovaco decidiu contratar-me. Aceitei o convite sob a condição de poder combinar o cargo em Praga com meu cargo em Genebra. Meu plano era lecionar um semestre em Praga e um semestre em Genebra. Não pensei em abandonar totalmente meu cargo em Genebra e mudar-me para Praga, pois não tinha ilusões quanto às perspectivas do meu cargo em Praga. Os acontecimentos me deram razão. Mas eu pensei que não podia recusar a possibilidade, ainda que remota, de obter um cargo com direito a aposentadoria depois da perda das minhas aposentadorias austríaca e alemã.

Em meados de outubro de 1936, fui só, sem minha família, para Praga a fim de começar minhas aulas.[180] Eu havia pedido uma licença do Instituto em Genebra. No dia da minha aula inaugural, o prédio da universidade estava ocupado por estudantes nacionalistas e por membros de organizações não estudantis de nacionalidade alemã. Precisei cruzar por uma brecha estreita essa multidão insuflada pela imprensa

---

178 Em 18.9.1936.
179 Em 20.4.1936.
180 Em Praga, Kelsen morou primeiramente em hotéis e depois em um quarto sublocado.

nacionalista alemã contra minha contratação para chegar ao auditório colocado à minha disposição pelo decano[181] para minha aula inaugural. Como se constatou em seguida, esse auditório também estava ocupado pelas organizações nacionalistas. Os estudantes que haviam se inscrito na minha aula foram impedidos com violência de entrar no auditório. Nunca consegui entender como tudo isso foi possível sem a complacência silenciosa do decano, que, por ser social-cristão, não estava do lado dos nacionalistas. Quando entrei no auditório, ninguém se levantou das cadeiras – era uma afronta direta, já que, segundo a tradição acadêmica, os estudantes tinham de se levantar à chegada do professor. Logo depois das minhas primeiras palavras, ressoou o grito: "Abaixo os judeus, todos os não judeus têm que deixar a sala", com o que todos os presentes deixaram o auditório, onde fiquei sozinho. Tive de atravessar a mesma brecha entre os fanáticos que me encaravam com olhares cheios de ódio para voltar ao decanato. Ao fazê-lo, observei que muitos estudantes eram espancados e jogados escada abaixo. Eram os estudantes inscritos na minha aula, que haviam sido encarcerados em um auditório e agora eram jogados fora do prédio com violência. No decanato, o decano me assegurou estar completamente surpreso | com o comportamento dos estudantes de nacionalidade alemã, já que seus líderes haviam lhe garantido mediante palavra de honra que minha aula inaugural não seria perturbada. Para impedir a repetição desse procedimento, o Ministério da Educação ordenou o fechamento temporário da universidade, o que representava para os estudantes o perigo de perder todo um semestre. Essa medida teve também o efeito de fazer com que o funcionamento da universidade fosse retomado depois de algumas semanas sem que ocorressem novas manifestações dos estudantes de nacionalidade alemã. Estes tentavam agora impedir minhas aulas de outra maneira. Todos os estudantes de nacionalidade alemã foram proibidos de assistir às minhas aulas. De fato, meu público muito reduzido consistia somente em alguns estudantes judeus e

---

181 No ano letivo 1936-1937, o decano da Faculdade de Direito era Edgar Maria Foltin (1898-1974), penalista. A partir de 1929, foi professor extraordinário na Universidade Alemã de Praga; a partir de 1934, professor ordinário; e em 1938 emigrou para os Estados Unidos.

socialistas. Além disso, recebi muitas cartas anônimas com o desenho de uma suástica, nas quais minha vida era ameaçada caso eu não renunciasse à minha atividade na universidade. Tais ameaças deviam ser levadas muito a sério, como comprovou o assassinato, ocorrido pouco tempo antes, do professor Theodor Lessing,[182] que, para escapar à perseguição dos nazistas na Alemanha, havia fugido para a Tchecoslováquia, onde foi vítima de um atentado em Karlsbad.[183] O assassino nunca foi capturado. A viúva de Lessing procurou-me para me avisar. Ela me contou que seu marido também havia recebido cartas de ameaça, mas não as havia levado a sério. Um dia fui chamado à chefia de polícia, onde me comunicaram que a polícia havia sido informada de que o plano de um atentado dirigido contra mim fora discutido no Diretório Alemão de Discursos e Leituras – uma organização estudantil que estava sob controle total dos nacional-socialistas. Eu deveria ser cercado por estudantes na universidade ao sair da minha sala de aula e abatido. O plano, com todos os detalhes, havia sido revelado à polícia por uma faxineira empregada na sede do Diretório. Isso deveria servir de aviso para mim. Ademais, a polícia destacou dois detetives que me acompanhavam por toda parte. Nas minhas aulas um deles se sentava na primeira e o outro na última fila, uma imagem grotesca da liberdade acadêmica! O presidente do Diretório Alemão era, conforme me informou o delegado de polícia na delegacia, um agente nazista vindo da Alemanha que estava inscrito como estudante na Faculdade de Medicina. O delegado me disse que, em razão das dificuldades diplomáticas esperadas com a Alemanha, não era possível simplesmente agir contra ele e os outros membros do Vorstand, e que talvez o plano todo não devesse ser levado muito a sério. Mesmo assim, o presidente foi preso e depois de muito tempo um processo judicial foi aberto contra ele, no qual ele realmente confessou que o

---

182 Theodor Lessing (1872-1933), filósofo e escritor político, era representante de um socialismo pragmático. Atraiu sobre si o ódio dos círculos nacionais alemães e populares ao advertir, no seu artigo "Hindenburg", contra a eleição de Paul von Hindenburg (1847-1934) para presidente do Reich (*Prager Tageblatt*, de 25.4.1925). Por conseguinte, renunciou à sua atividade docente na Escola Técnica de Hanôver (1922-1925) e emigrou em 1.3.1933 para a Tchecoslováquia. Ali faleceu em 31.8.1933 dos ferimentos decorrentes do atentado sofrido em 30.8.1933.
183 O atentado contra Lessing ocorreu em Marienbad, e não Karlsbad.

plano de uma ação dirigida contra mim havia sido discutido, mas que o plano não tinha sido elaborado a sério e que a intenção não era me "abater" – como a testemunha afirmava ter escutado –, mas apenas "bater" em mim. Ele foi absolvido. A postura que a polícia e o tribunal adotaram nesse caso, assim como outros sinais, especialmente a política muito tíbia das autoridades educacionais com relação à Universidade Alemã totalmente nazificada, causaram-me a impressão de que o governo tchecoslovaco não se sentia à altura da Alemanha nazista e preferia evitar conflitos provocados por uma perseguição radical dos nazistas na Tchecoslováquia. Em uma conversa que tive com o presidente Beneš, ofereci a ele minha demissão, tendo em vista as dificuldades que haviam surgido para o governo em consequência da minha nomeação. Porém, ele me solicitou enfaticamente que ficasse, pois o prestígio do governo estava em jogo. Assim, fiquei o resto do semestre de inverno. Como na prática eu só tinha lecionado poucas semanas, não pude realizar meu plano de lecionar novamente em Genebra no semestre de verão. No semestre de verão, voltei para Praga, onde a situação na universidade havia de certo modo se acalmado. Passei as férias de verão em Genebra. No entanto, o semestre de inverno de 1937-1938 era o último da minha atividade em Praga. No semestre de verão de 1938, recebi licença para lecionar novamente no Instituto em Genebra. No outono de 1938, houve a reviravolta política na Tchecoslováquia, o que impossibilitou a retomada da minha atividade docente na Universidade Alemã de Praga.

Na primeira conversa que tive com o presidente Beneš por ocasião de minha posse no cargo em Praga, levantei a questão de uma reforma constitucional. Eu lhe disse que considerava premente a transformação do Estado unitário tchecoslovaco, organizado de modo muito centralizado, em um Estado federativo, formado de um Estado federado tcheco, um eslovaco e um dos sudetos. Esse seria o melhor caminho | para combater o movimento de separação dos sudetos, que se tornava cada vez mais forte, e atender ao desejo de autonomia dos eslovacos. Beneš rejeitou categoricamente essa ideia. Não havia de modo algum, disse ele, uma questão eslovaca, e poder-se-iam acalmar os sudetos proporcionando-lhes certos cargos elevados na administração central. Isso me pareceu uma subestimação fatídica do perigo que o Estado tchecoslovaco corria com o desmoronamento do sistema político internacional erigido sobre os tratados de paz de 1919. A existência da Tchecoslováquia como Estado unitário centralizado sob hegemonia tcheca estava baseada nesse sistema. A tolerância, ou melhor, o incentivo dado à política de poder de Hitler pela Inglaterra e pela França – as únicas a garantir a existência da Tchecoslováquia – tinha implodido o sistema de Versalhes. Nessas circunstâncias, o Estado unitário tcheco não poderia ser mantido. A avaliação da situação feita por Beneš era claramente otimista demais. Ela me lembrou outra declaração que ele havia me dado em Genebra – quando ainda era ministro do Exterior – a respeito de uma entrevista que eu havia solicitado para lhe entregar algumas das minhas publicações relativas à Sociedade das Nações.[184] Foi, creio eu, em 1934. Falávamos dos regimes ditatoriais na Itália e na Alemanha e do perigo que representavam para a democracia e a paz mundial. Beneš disse que acreditava que esses regimes não poderiam se manter por muito tempo, pois ruiriam sob suas dificuldades financeiras internas. Ele ignorou minha objeção de que dificuldades financeiras são um perigo muito menor para ditaduras do que para democracias. Também nesse caso ele exibiu um otimismo exagerado. No verão de 1938, enquanto a situação na Tchecoslováquia tornava-se cada vez mais crítica, recebi em Genebra a visita de um alto funcionário do Ministério do Exterior tchecoslovaco, que solicitou por incumbência do presidente Beneš que eu elaborasse as linhas mestras da reforma constitucional que eu sugerira anteriormente. Foi o que fiz. Mas era tarde demais. A Inglaterra já havia decidido forçar a Tchecoslováquia a entregar a região dos Sudetos à Alemanha nazista.

---

184 Pode ter se tratado dos seguintes escritos: La technique du droit et l'organisation de la paix. La théorie du droit devant le problème du désarmement. *Journal des Nations*, ano 2, n. 135, p. 1 e 6, 3 fev. 1932; Die Technik des Völkerrechts und die Organisation des Friedens. *Zeitschrift für öffentliches Recht*, v. XIV, p. 240-255, 1934; The legal process and international order. *The New Commonwealth. Being the Monthly Organ of a Society for the Promotion of International Law and Order*, ano 2, p. 104-105, 122-123, 1934; *The legal process and international order*. Trad. W. Horsfall Carter. Londres, 1934; La technique du droit international et l'organisation de la paix. *Revue de Droit International et de Législation Comparée*, ano 61, p. 5-24, 1934.

A partir do outono de 1938, eu estava convencido de que a guerra aconteceria. Como Hitler havia anexado a Áustria e a região dos Sudetos sem esbarrar na resistência da Inglaterra e da França, ele certamente não deixaria subsistir o corredor polonês. Eu julgava improvável que a Suíça pudesse | permanecer neutra nessa guerra. Quando a guerra estourou, em 1939, minha decisão de deixar a Europa estava tomada. Tentei primeiro encontrar um cargo fixo nos Estados Unidos. Como isso não deu certo de início, resolvi ir para lá sem emprego, contando com a sorte. Para isso eu precisava de um visto chamado de ex-quota, que só se podia obter mediante um cargo de professor – ainda que temporário – em uma escola estadunidense. A New School of Social Research[185] – a cujo presidente Alvin Johnson sou profundamente grato por isso – ofereceu-me tal cargo para me dar a possibilidade de escapar à catástrofe europeia. Foi com o coração pesaroso que deixei Genebra, com minha mulher, em junho de 1940,[186] onde havia passado sete anos de trabalho gratificante em um ambiente ideal, para começar novamente do início minha carreira acadêmica, com quase 60 anos de idade, em um país cuja língua eu dominava com muita imperfeição.

Embora minha suposição de que a Suíça seria arrastada para a Segunda Guerra Mundial e ocupada pelo exército alemão tenha se mostrado equivocada, nunca me arrependi de minha decisão de ir para os Estados Unidos. Certamente não foi fácil para mim acostumar-me com o inglês, que eu conseguia ler, mas mal conseguia falar e muito menos escrever. Tampouco foi fácil encontrar um cargo permanente. Obtive primeiro uma *lectureship* de um ano na Harvard Law School, a

---

185 Trata-se da New School for Social Research, que hoje faz parte da New School University. Ela foi fundada em 1919 em Nova Iorque por um grupo de intelectuais. A New School tinha contato próximo com estudiosos na Europa e como seu primeiro presidente, Alvin S. Johnson (1874-1971), estava atento aos perigos que representava a Alemanha de Hitler para a Europa, ele criou dentro da New School uma "universidade do exílio", na qual instituiu 10 cátedras de ciências sociais, políticas e econômicas e de psicologia, e apoiou financeiramente e na obtenção de vistos 180 para acadêmicos europeus, entre eles Max Wertheimer e Hannah Arendt.
186 Hans e Margarete Kelsen deixaram Genebra em 28.5.1940 e passaram por Zurique, Locarno e Barcelona para chegar a Lisboa. Ali, embarcaram em 10.6.1940 no S.S. Washington e aportaram em Nova Iorque em 21.6.1940.

Oliver Wendell Holmes Lectureship.[187] Eu tinha apenas algumas aulas para dar – elas foram publicadas mais tarde pela Harvard University Press com o título *Law and peace in international relations*[188] –, mas o salário, complementado pela Rockefeller Foundation,[189] era suficiente para um ano inteiro. No ano seguinte, fui *research associate*, também com ajuda da Rockefeller Foundation, e no semestre de verão de 1942, *visiting professor* no Wellesley College.[190] Também dei um curso sobre sociologia do direito no Departamento de Sociologia da Universidade Harvard. O reitor[191] recusou prorrogação do meu cargo por um terceiro ano, mesmo com a condição de que meu salário fosse pago por uma fundação. Sua justificativa era que uma prorrogação envolveria uma obrigação moral da universidade de me conservar permanentemente e que não havia nenhum cargo vago de professor que me interessasse. Duvido que esse fosse o verdadeiro motivo. Esse insucesso magoou-me muito, ainda mais porque eu tinha esperado um tratamento melhor | na condição de doutor *honoris causa* da Universidade Harvard.

No verão de 1942, recebi um convite para ir como *visiting professor* por um ano à Universidade da Califórnia, em Berkeley. Aceitei e

---

187 A Oliver Wendell Holmes Lectureship leva o nome de Oliver Wendell Holmes Jr. (1841-1935), que foi professor na Harvard Law School (a partir de 1882) e um dos mais importantes juízes da Corte Suprema dos Estados Unidos (1902-1932). Ele é tido também como o mais destacado precursor do realismo jurídico estadunidense. A Oliver Wendell Holmes Lecture é um curso de um ano na Harvard Law School, confiado a cada ano a um jurista renomado e publicado na coleção "Oliver Wendell Holmes Lectures". O convite para a Harvard Law School foi feito por Roscoe Pound (1870-1964), provavelmente o mais importante teórico estadunidense do direito de sua época.

188 *Law and peace in international relations*. Cambridge (Mass.), 1942 (The Oliver Wendell Holmes Lectures, 1940-1941).

189 A Rockefeller Foundation é uma instituição filantrópica com sede em Nova Iorque. Foi fundada em 1913 por John D. Rockefeller e Frederick T. Gates para "fomentar o bem-estar mundial da humanidade".

190 O Wellesley College for Liberal Arts foi fundado em 1870 por Henry Fowle Durant (1822-1881) e sua mulher Pauline (1832-1917) em Wellesley, Massachusetts. Com a faculdade, os fundadores pretendiam contribuir para a formação acadêmica das mulheres.

191 O reitor da Universidade Harvard entre 1933 e 1953 foi James Bryant Conant (1893-1978).

leciono desde então *international law, jurisprudence* e *origin of legal institutions*[192] no Departamento de Ciência Política – não na Faculdade de Direito – dessa universidade. Desde 1945, sou professor titular.[193] Minha atividade docente é muito gratificante. É verdade que, por conta da minha teoria pura do direito, eu seria um professor mais indicado para a Faculdade de Direito. Mas as faculdades de direito estadunidenses não têm interesse particular por uma teoria científica do direito. Elas são *training schools* – escolas jurídicas profissionalizantes; sua função é preparar para a profissão prática de advogado. Ensina-se quase exclusivamente direito estadunidense, e segundo o *case method*. Como os tribunais estadunidenses baseiam suas decisões essencialmente em precedentes, é compreensível que as faculdades de direito considerem como seu objetivo educacional familiarizar os estudantes com o maior número de casos possível. Ao concluir os estudos jurídicos, um estudante estadunidense de direito está certamente muito mais bem preparado para sua profissão como advogado do que um jurista austríaco ou alemão. Talvez o direito como objeto de conhecimento científico pertença realmente mais a uma faculdade filosófica, histórica ou de ciências sociais. O que me faz falta aqui no Departamento de Ciência Política é que, entre os estudantes, inteligentes, aplicados e pessoalmente muito gentis na sua maioria, há relativamente pouco interesse pelo trabalho científico. É verdade que eles se preparam muito conscienciosamente para suas provas e apresentam trabalhos de seminário muito bons, mas em todos esses anos não encontrei um único que quisesse se especializar no campo da teoria do direito ou do direito internacional. Isso está certamente relacionado com o fato de que esses temas são matérias acessórias no Departamento de Ciência Política e de que quem se decide pela docência prefere escolher outras áreas para o doutorado. Porém, minha atividade docente deixa tempo para meu próprio trabalho científico. A biblioteca da universidade é excelente, e tanto o clima como os arredores não deixam nada a desejar. Adquiri em Berkeley uma pequena casa

---

192 Direito internacional, teoria do direito e origem das instituições jurídicas. Em inglês no original. (N.T.)
193 Hans e Margarete Kelsen obtiveram a cidadania estadunidense em 28.7.1945.

com um jardinzinho,[194] onde florescem rosas que me dão muita alegria.

Em 1943, tornei-me doutor *honoris causa* da Universidade de Chicago.[195] Em 1947, a Universidade | de Viena concedeu-me o título de professor emérito[196] e a Academia de Ciências austríaca elegeu-me membro correspondente.[197] | 46

Durante a escrita destas memórias, completei 66 anos de idade. Através da larga janela junto à qual está minha escrivaninha, olho por cima dos jardins para a Baía de São Francisco e a ponte Golden Gate, atrás da qual brilha o Oceano Pacífico.

Aqui será com certeza o último refúgio do viajante cansado[198] ["Wandermüden letzte Ruhestätte"].[199]

Outubro de 1947

---

[194] 2126 Los Angeles Ave., Berkeley, Califórnia.
[195] Kelsen recebeu o doutorado *honoris causa* em 29.9.1941.
[196] Professor emérito de direito público na Faculdade de Direito e Ciência Política da Universidade de Viena, 24.6.1947.
[197] Em 13.5.1947.
[198] Após sua morte, em 19.4.1973, as cinzas de Kelsen foram lançadas ao Pacífico, segundo sua vontade.
[199] Kelsen refere-se ao poema de Heinrich Heine (1797-1856) "Wo?" [Onde?] (cuja data de criação é incerta, talvez no inverno de 1839-1840): "*Wo wird einst des Wandermüden / Letzte Ruhestätte sein? / Unter Palmen in dem Süden? / Unter Linden an dem Rhein? // Werd ich wo in einer Wüste / Eingescharrt von fremder Hand? / Oder ruh ich an der Küste / Eines Meeres in dem Sand? // Immerhin! Mich wird umgeben / Gotteshimmel, dort wie hier, / Und als Totenlampen schweben / Nachts die Sterne über mir.*" O poema está no túmulo de Heine no cemitério de Montmartre em Paris.

Apêndice

Sumário

Cronologia de Hans Kelsen (1881-1973) 113
Árvore Genealógica de Hans Kelsen 122
Fotografias 123
Referências das Fotografias 143

Cronologia de Hans Kelsen (1881-1973)

	Datas biográficas	Datas profissionais	Obras mais importantes
1881	11 de outubro: nasce em Praga, de Adolf Kelsen (*1850, em Brody, na Galícia, †1907, em Viena) e Auguste Löwy (*1859, em Neuhaus, na Boêmia, †1950, em Bled, na Iugoslávia)		
1883	6 de setembro: nasce o irmão Ernst (*1883, em Praga, †1937, em Londres)		
1884	Mudança da família Kelsen para Viena		
1886	8 de janeiro: nasce a irmã Gertrude (*1886, em Viena, †1951, em Hertford, Grã-Bretanha)		
1897	4 de janeiro: nasce o irmão Paul Friedrich (*1897, em Viena, †1975, em Viena)		
1900		Verão: conclusão do Ginásio Acadêmico em Viena 1º de outubro: início do ano de serviço militar voluntário	
1901		Início do estudo de direito e ciência política na Universidade de Viena (até 1906)	
1905	10 de junho: conversão à fé romano-católica		Die Staatslehre des Dante Alighieri
1906		18 de junho: obtenção do doutorado em direito	

	Datas biográficas	Datas profissionais	Obras mais importantes
1907	12 de julho: morte do pai Adolf Kelsen e liquidação da sua firma	Ano de estágio no Tribunal Estadual Superior de Viena	
1908		Primeira temporada de estudos em Heidelberg, onde participa dos seminários de Georg Jellinek e Gerhard Anschütz	
1910		Segunda temporada de estudos em Heidelberg e temporada de estudos em Berlim	
1911		Livre-docência em direito público e filosofia do direito na Faculdade de Direito da Universidade de Viena	*Hauptprobleme der Staatsrechtslehre entwickelt aus der Lehre vom Rechtssatze*
		21 de julho: professor de direito constitucional e administrativo com nível de "adjunto provisório" na Academia de Exportação do real-imperial Museu Austríaco do Comércio em Viena (a partir de 1919, Escola de Comércio Exterior; desde 1975, Universidade de Economia de Viena)	*Über die Grenzen zwischen juristischer und soziologischer Methode*
		Outono: início da atividade docente como livre-docente de direito público e filosofia do direito na Universidade de Viena	
1912	Conversão à fé evangélica (confissão de Augsburgo) 20 de maio: Margarete Bondi (*1890, em Viena, †1973, em Berkeley) converte-se à fé evangélica (confissão de Augsburgo) 25 de maio: casamento de Hans Kelsen e Margarete Bondi		

Datas biográficas	Datas profissionais	Obras mais importantes
1914		Funda a *Österreichische Zeitschrift für Öffentliches Recht*, com Edmund Bernatzik, Adolf Menzel, Heinrich Lammasch e Max Hussarek
	10 de junho: torna-se professor principal de direito público como "adjunto de direito do comércio e do câmbio, bem como de direito constitucional e administrativo" na real-imperial Academia de Exportação (até 1917)	
	4 de agosto: convocação para o serviço de guerra como segundo-tenente da reserva na real e imperial Divisão de Treinamento nº 14 em Innsbruck; depois de uma doença, é declarado "apto somente para serviços administrativos", em 19 de setembro	
	1º de novembro: nomeado primeiro-tenente em tempo de guerra	
23 de novembro: nasce a filha Anna (Hanna) Renate (Oestreicher depois de casada) (*1914, em Viena, †2001, em Nova Iorque)	1º de dezembro: transferência para o Almoxarifado de Guerra em Viena	
1915	1º de agosto: transferência para o Tribunal Militar de Divisão em Viena como suplente do Advogado Militar do Estado; nomeação "excepcional" para primeiro-tenente-auditor	
	14 de setembro: nomeado professor (titular) extraordinário	
5 de dezembro: nasce a filha Maria Beatrice (Feder depois de casada) (*1915, em Viena, †1994, em Kensington, Estados Unidos)	1º de outubro: transferência para a Divisão Jurídica do real-imperial Ministério da Guerra; entre outras tarefas, administração dos relatórios de indulto	

Datas biográficas	Datas profissionais	Obras mais importantes
1917	Fim de julho: nomeado professor extraordinário de direito público e administrativo na Universidade de Viena	
	3 de outubro: destacado para o gabinete – assessor do real-imperial ministro da Guerra, major-general Stöger-Steiner	
1918	1º de maio: nomeação precoce para capitão-auditor	
	Julho: professor extraordinário (permanente) por idade da Faculdade de Direito da Universidade de Viena	
	Fim de outubro: dispensa do serviço militar	
	7 de novembro: por incumbência do chanceler de Estado dr. Karl Renner, começa a colaborar na elaboração da Constituição definitiva da República da Áustria	
1919	30 de março: nomeado juiz da Corte Constitucional da Áustria germânica	
	1º de agosto: professor universitário ordinário de direito público e administrativo na Universidade de Viena (até 1930)	
1920	1º de outubro: publicação da Lei Constitucional Federal da República da Áustria (B-VG 1920)	*Das Problem der Souveränität und die Theorie des Völkerrechts*
		Sozialismus und Staat

Apêndice

Datas biográficas	Datas profissionais	Obras mais importantes
1921	15 de julho: eleito juiz vitalício da Corte Constitucional segundo a B-VG de 1920, em trabalho paralelo (até 1930)	
1922	Decano da Faculdade de Direito e Ciência Política da Universidade de Viena	*Der soziologische und der juristische Staatsbegriff*
1925		*Allgemeine Staatslehre*
1926	Funda a *Revue Internationale de la Théorie du Droit*, com Franz Weyr e Léon Duguit	
	Primeiro curso na Academia de Direito Internacional de Haia	
1928		*Die philosophischen Grundlagen der Naturrechtslehre und des Rechtspositivismus*
1929		*Vom Wesen und Wert der Demokratie* (2ª ed.)
1930	"Membro da direção" do Instituto Internacional de Direito Público, Paris	
	15 de fevereiro: exoneração do cargo de juiz da Corte Constitucional	
15 de outubro: concessão da cidadania prussiana e obtenção da cidadania alemã	15 de outubro: nomeado professor ordinário de direito internacional na Universidade de Colônia (até 1933)	
2 de novembro: chegada a Colônia		

	Datas biográficas	Datas profissionais	Obras mais importantes
1931			Wer soll der Hüter der Verfassung sein?
1932		Segundo curso na Academia de Direito Internacional de Haia	
		1º de novembro: torna-se decano da Faculdade de Direito de Colônia para o ano letivo 1932-1933 (até 12 de abril de 1933)	
1933		12 de abril: demitido do seu cargo de professor universitário com base na Lei de Restauração do Funcionalismo, de 7 de abril de 1933, com efeito imediato	
	18 de setembro: chegada a Genebra	18 de setembro: assume o cargo de professor de direito internacional no Instituto Universitário de Altos Estudos Internacionais (HEI), Genebra (até 1940)	
		30 de setembro: aposentado do cargo de professor da Universidade de Colônia	
1934		Forçado a deixar a editoria da *Zeitschrift für Öffentliches Recht* por causa de sua origem judaica	*Reine Rechtslehre* (1ª ed.)
1936	12 de fevereiro: concessão da cidadania tchecoslovaca e perda das cidadanias austríaca e alemã. Apesar do cargo de professor em Praga, o domicílio da família continua em Genebra	20 de abril: doutor *honoris causa* da Universidade Real de Utrecht	
		18 de setembro: doutor *honoris causa* da Universidade Harvard	
		Outubro: assume o cargo de professor ordinário de direito internacional na Universidade Alemã de Praga (até 1938)	

Apêndice

	Datas biográficas	Datas profissionais	Obras mais importantes
1938		Com o fim do semestre de inverno de 1937-1938, encerra-se a atividade docente em Praga	
1940	28 de maio: Hans e Margarete Kelsen deixam Genebra		
	10 de junho: embarque em Lisboa no S.S. Washington	*Lecturer* na Harvard Law School no âmbito da "Oliver Wendell Holmes Lectureship" (até 1942)	
	21 de junho: chegada a Nova Iorque		
1941		29 de setembro: doutor *honoris causa* da Universidade de Chicago	*Vergeltung und Kausalität*
1942		Semestre de verão: professor convidado no Wellesley College, Massachusetts	
	20 de setembro: chegada a Berkeley	Verão: professor convidado na Universidade da Califórnia, Berkeley	
		Lecturer em ciência política em Berkeley (até 1945)	
1945	28 de julho: concessão da cidadania estadunidense	Professor titular de *international law, jurisprudence and origin of legal institutions* no Departamento de Ciência Política em Berkeley (até 1952)	*General Theory of Law and State*
1947		13 de maio: eleito membro correspondente da Academia de Ciências Austríaca	
		24 de junho: professor emérito da Universidade de Viena	

Datas biográficas	Datas profissionais	Obras mais importantes
1949	25 de junho: professor emérito da Universidade do Rio de Janeiro	
1950 2 de fevereiro: morte da mãe Auguste Kelsen, nascida Löwy		*The Law of the United Nations*
1952	28 de janeiro: doutor *honoris causa* da Universidade da Califórnia, Berkeley	*Principles of International Law*
	27 de maio: aula de despedida em Berkeley	
	Professor convidado no HEI, Genebra	
	4 de julho: Certificado de Mérito da American Society of International Law	
1953	Terceiro curso na Academia de Direito Internacional de Haia	
	Professor convidado no Naval War College, Newport, Rhode Island	
1954	Membro honorário do Instituto de Direito Internacional (IDI)	
1960	5 de abril: professor emérito da Universidade Nacional Autônoma do México	*Reine Rechtslehre* (2ª ed.)
	Concessão do prêmio internacional da Fundação Antonio Feltrinelli pela Accademia Nazionale dei Lincei, Roma	

Datas biográficas	Datas profissionais	Obras mais importantes
1961	20 de julho: doutor *honoris causa* da Universidade Livre de Berlim	
	18 de setembro: doutor *honoris causa* da Universidade de Viena (em ciência política)	
	19 de setembro: Grande Cruz do Mérito com estrela da República Federal da Alemanha	
	27 de setembro: doutor *honoris causa* da New School for Social Research, Nova Iorque	
1963	7 de novembro: doutor *honoris causa* da Universidade de Paris	
1966	25 de outubro: Anel de Honra da cidade de Viena (juntamente com Heimito von Doderer)	
1967	23 de fevereiro: Grande Insígnia de prata com estrela da República da Áustria	
	1º de junho: doutor *honoris causa* da Universidade de Salzburgo	
1971	30 de outubro: por ocasião do aniversário de 90 anos de Kelsen, a República da Áustria cria a fundação federal Instituto Hans Kelsen, em Viena, para cuidar de sua obra científica	
1972	20 de junho: doutor *honoris causa* da Universidade de Estrasburgo	
1973 — 5 de janeiro: a mulher de Kelsen, Margarete, morre em Berkeley		
19 de abril: Hans Kelsen morre em Berkeley		
1979		*Allgemeine Theorie der Normen* (póstuma)

Árvore genealógica de Hans Kelsen[1]

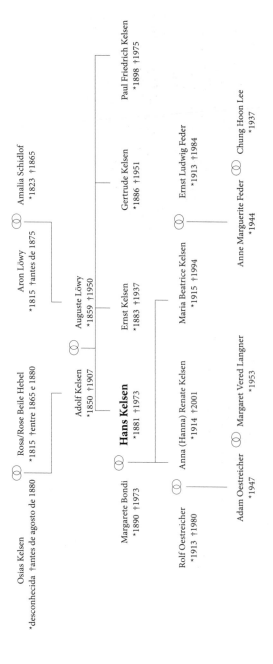

---

1   A árvore genealógica, que se estende da geração dos avós de Kelsen até a geração dos seus netos, baseia-se em informações dadas pela neta de Kelsen, Anne Marguerite Feder Lee.

Fotografias

1. Genitores de Hans Kelsen, Adolf Kelsen e Auguste Löwy, ca. 1880; provavelmente por ocasião do noivado do casal.

2. Auguste Kelsen, nascida Löwy (1859-1950), 1929.

3. Adolf Kelsen (1850-1907), ca. 1887. Esta fotografia permaneceu sempre sobre a mesa de trabalho de Hans Kelsen.

4. Irmão mais novo de Kelsen, Paul Friedrich Kelsen (1898-1975); fotografia não datada.

5. Irmão de Kelsen, Ernst Kelsen (1883-1937); fotografia não datada

6. Irmã de Kelsen, Gertrude (Trudy) Weiss, nascida Kelsen (1886-1951); fotografia não datada.

7. Kelsen com sua irmã Gertrude, 1930.

8. Kelsen como bebê,
Praga – Ano Novo 1881/1882.

9. Kelsen com 4 anos de idade, 1885/1886.

Apêndice 127

10. Classe do Gymnasium Acadêmico em Viena, 1900. Kelsen é segundo, da esquerda para a direita, na segunda fileira.

11. Kelsen com aproximadamente 25 anos de idade, 1906/1907.

12. Otto Weininger (1880-1903). Weiniger presenteou Kelsen com esta fotografia, escrevendo a seguinte dedicatória: "À sua vital recuperação."

Apêndice 129

13. Kelsen como primeiro-tenente, ca. 1915.

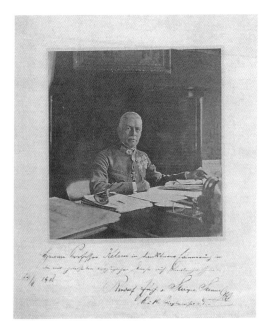

14. Rudolf Freiherr von Stöger-Steiner, o último Ministro da Guerra da real e imperial Monarquia austro-húngara, com pessoal dedicatória a Kelsen (14 de novembro de 1918).

15. Kelsen e sua esposa Margarete, nascida Bondi, na Itália, setembro de 1913.

16. Hans e Margarete Kelsen com suas filhas Hanna Renate e Maria Beatrice, 1916.

17. Com suas filhas, 1919.

18. Família Kelsen, provavelmente em Viena, ca. 1929.

19. Kelsen, na primeira metade dos anos 20.

20. Em Viena, ca. 1925.

21. Kelsen, privadamente, ca. 1925.

22. Como Magistrado na Suprema Corte Austríaca. Da esquerda para a direita: Max Layer, N.N., Presidente Paulo von Vittorelli, Hans Kelsen, Karl Hartl, ca. 1925.

A Escola Vienense da Teoria Geral de Direito

23. Hans Kelsen, início dos anos 30.

24. Adolf Julius Merkl (1890-1970), 1927.

25. Alfred Verdross-Drossberg (1890-1980), 1932.

26. Em Colônia, 1931.

27. 1934, em Paris.

28. Em Praga, 1936/1937.

29. Em Genebra, maio 1935.

30. Em Genebra, ca. 1935.

Apêndice

31. Em Nova Iorque, ca. 1940.

32. Em Berkeley, 1958.

33. Em Berkeley, com a neta Anne, 1946.

34. Festividade para William Emmanuel Rappard por ocasião de sua aposentadoria em Genebra, 9 de julho de 1955. Da esquerda para a direita: Maurice Bourquin, Jacques Freymond, Hans Kelsen, Hans Wehberg, William Rappard, Maurice Baumont, Michael Heilperin, Wilhelm Röpke, Paul Guggenheim.

35. Kelsen como orador na mesma festividade.

36. Homenagem com o grau de doutor *honoris causa* da Universidade da Califórnia, Berkeley, 28 de janeiro de 1952.

37. Homenagem com o Premio Internazionale della Fondazione Antonio Feltrinelli da Academia Nacional de Ciências em Roma, 1960.

38. Homenagem com o grau de doutor *honoris causa* da Universidade Sorbonne, Paris, 7 de novembro de 1963.

39. Kelsen no Programa "Seu Direito provém do Povo ... 40 anos da Constituição Austríaca", 1960.

40. Homenagem com o grau de doutor *honoris causa* da Universidade da Salzburg, com o Prof. René Marcic, 1 de junho de 1967.

Apêndice

41. Em Berkeley, 1965.

42. Em Salzburg, 1 de junho de 1967.

43. Em Viena, 1968.

44. Margarete e Hans Kelsen em frente à sua residência em Berkeley, ca. 1955.

45. Em Berkeley, 1963.

46. Em Berkeley, 1971.

Referências das Fotografias

Agência First Look, Viena, 39
Arquivo Fotográfico da Biblioteca Nacional da Áustria, Viena, 19, 24, 25, 43
G. Paul Bishop, Berkeley: 32
Anne Feder Lee, Honolulu: 1, 2, 3, 7, 8, 9, 10, 11, 12, 14, 15, 16, 17, 18, 20, 21, 22, 27, 29, 30, 31, 33, 36, 37, 38, 40, 41, 44, 45, 46
Instituto Hans Kelsen, Viena: 34, 35, 42
Otto Lierendahl, Colônia: 23
Adam Oestreicher, Nova Iorque: 5, 13
Ullstein Bild, Berlim: 26
Editora Fr. Borový, Praga: 28
Karin Weiss Gretton, Londres: 4, 6

Agradece-se pela permissão da impressão das fotografias, bem como de documentos de Hans Kelsen não publicados anteriormente, as seguintes Instituições, colegas e pessoas:

Agência First Look, Viena
Arquivo da Universidade de Viena
Dr. Nicoletta Bersier Ladavac, Genebra
Arquivo Fotográfico da Biblioteca Nacional da Áustria, Viena,
G. Paul Bishop, Berkeley
Gabinete do Primeiro-Ministro, Viena
Teatro do Cidadão, Viena
Decanato da Faculdade de Direito da Universidade de Colônia
Dr. Hubert Emmerig, Viena
Dr. Anne Feder Lee, Honolulu
Arquivo de Fotos da ORF, Viena
Dr. Andreas Freitäger, Arquivo da Universidade, Colônia
Instituto Hans Kelsen, Viena
Dr. András Jakab, Liverpool
Prof. Dr. Bernhard Kempen, Colônia
Editora OeBV-Klett-Cotta, Viena
Dr. Oliver Kühschelm, Viena
Em. Prof. Dr. Dr. H.c. Rainer Lepsius, Heildelberg
Chefe de Sessão Prof. Dr. Georg Lienbacher, Viena
Národní arquivo (Arquivo estatal da República Checa), Praga
Arquivo estatal da Áustria, Viena
Adam Oestreicher, Nova Iorque
Ao. Univ.-Prof. Dr. Thomas Olechowski, Viena
Dr. H.c. Georg Siebeck, Tübingen
Prof. Dr. H.c. mult. Stanley L. Paulson, St. Louis
Ullstein Bild, Berlim

Prof. Dr. Csaba Varga, Budapest
Karin Weiss Gretton, Londres
Câmara do Comércio Austríaca, Viena
Dr. Klaus Zeleny, Viena.